"空心村"之困惑

KONGXINCUN ZHI KUNHUO

我国农村人力资本投资效率研究

◎ 刘中文　著

ZHEJIANG UNIVERSITY PRESS
浙江大学出版社

前 言

20 世纪 50 年代后期,由于科学技术的进步、社会生产条件的发展以及其他社会性因素的影响,人力资源在生产中的地位发生了很大变化。一些感觉敏锐的学者捕捉到了这种变化,开始对人力资本进行系统的研究。其中,具有代表性的有西奥多·舒尔茨的人力资本理论、加里·贝克尔的人力资源理论、爱德华·丹尼森的人力资本分析理论等。随着对人力资源和人力资本投资理论研究的深入,一些新兴的经济分支学科正在迅速发展起来。其中比较有影响的有教育经济学、卫生经济学、家庭经济学和人力资源会计学。国内对人力资本的研究按内容主要集中在以下几个方面:其一是对我国人力资本现状、形成原因和政策建议的研究;其二是对人力资本与经济增长之间关系的研究;其三是对人力资本的产权及其特性的研究;其四是对人力资本与个人收入分配问题的研究。

在这种重视人力资本研究的大背景下,从 20 世纪 50 年代开始,对农村现代化和农村人力资本的研究也方兴未艾。归纳起来,形成了五大主要研究方向:一是以亨廷顿为代表的政治学方向;二是以罗斯托为代表的经济学方向;三是以帕森斯为代表的社会学方向;四是以英克尔斯为代表的人文学方向;五是以布莱克为代表(体制比较研究)制度学方向。其中最为重要的是舒尔茨的农业经济思想。舒尔茨的农业经济思想主要体现在他的《改造传统农业》一书中,他将农业划分为三种类型:传统型农业、现代型农业和过渡型农业。并提出三条路径:第一,建立一套适于传统农业改造的制度;第二,从供给和需求两方面为引进现代生产要素创造条件;第三,对农民进行人力资本投资。另外,托达罗模型从个人的迁移决策出发,对影响个人迁移决策的因素和人口流动机制提出了几点假说,由此认为城乡要均衡发展,应当减轻因发展战略偏重城市而引起的城乡就业机会不平等。认为若过于偏重城市发展,使得城市收入(工资)水平过快增长,进一步拉大城乡收入差距,不仅会引起人口大规模流动,不利于解决城市失业问题,而且可能造成农忙季节农村劳动力的不足,影响农业生产。所以要鼓励制定一体化的农村发展规划,通过制定创造性的、精心设计的一体化农村发展规划,把对乡—城人口流动的不必要的经济刺激降低到最低限度。重点应放在促进农业和非农业收入的增加、就业的扩张、农村医疗服务的提供、教育的改善和基础设施的发展等方面。

本书主要研究了当前我国农村人力资本投资体系,从投资主体和投资途径两个方面来探索农村人力资本投资体系以及影响我农村人力资本投资效率的基础机制。在研究农村人力资本激励和约束机制时,特别重视农村基层干部沟通能力及其效率的重要作用,认识到农村基层干部沟通能力甚至左右了农村很多事情的结果。重点对影响我国农村人力资本投资效率因素的相关性进行了分析研究,这是核心部分。在上述分析研究的基础上,对提高农村人力资本投资效率的对策进行了研究,首先从总体上看对策问题,主要分析体制、政策导向和统一劳动力市场三个方面的总体对策。从这些全局性的方面着手,采取相应的对策,能提高农村人力资本投资的效率。其次是有针对性地在投资主体和投资路径两大方面提出了一些对策建议。作者认为影响我国农村人力资本投资效率的因素之间具有不同的相关性,且相关程度因地区社会经济发展程度不同而不同。所以,如教育、培训等投资要取得理想的效率一定要重视投资规模,投资规模至少要达到"门槛值"。应该将我国农村人力资本投资体系分为投资主体和投资途径两大方面来研究比较符合我国的实际。认为只有建立完整、科学的农村人力资本投资激励机制,才能充分激励农村人力资本的形成和积累,优化人力资本的配置,提高人力资本的生产效率。重要的是既要从体制、政策导向和统一劳动力市场三个总体方面制定相应的对策,也要从投资主体和投资路径中的各项具体方面有针对性地采取措施提高农村人力资本投资效率。并且根据我国社会主义新农村建设的目标,相应地提出了对农村人力资本的科技素质、增收能力、文化道德修养等方面的要求。

本书从农村人力资本投资效率的影响因素相关性这一视角,系统地研究人力资本投资效率问题。并论证了教育程度与农业收入、非农业收入没有显著相关性,但在经济发达的地区有显著相关性,培训投入与非农业收入有显著相关性,而与农业收入没有显著相关性,农业收入与非农业收入之间也有显著相关性,且为负相关,家庭成员流动性(一年中6个月以上在外)与农业收入显著相关性(负相关),受教育程度与家庭成员从事农业没有显著相关性,与家庭成员外出务工有显著相关性。

在本书的写作过程中,常与我的博士生导师李录堂教授切磋,不少地方得到他的指点。同时得到我的诸多同事的帮助,在此一并感谢!限于我的经验、学识和创新能力,书中错、谬、浅、漏在所难免。敬请各行各界人士不吝赐教!

刘中文

2012 年 2 月 6 日

摘　要

　　我国农村在教育、培训、健康等方面的投资严重不足,致使农村人力资本存量与我国新农村建设的要求不相适应。而且,有限的农村人力资本由于在农村得不到合理的利用而外溢,流向城市。这严重影响了我国农村经济的发展,扩大了本已差异明显的城乡收入差距。本书在这种背景下以舒尔茨的人力资本理论为基本的指导思想,借鉴帕森斯现代化理论和托达罗模型的思路,结合我国城乡二元经济发展的实践,将经济体制、决策理论、经济分析、激励理论等相关方面的知识进行融合,并将浙江省湖州市南浔区农村为主要样本采集点,在认真、客观地采集数据的基础上,采用统计分析方法对影响我国农村人力资本投资效率因素之间的相关性进行了分析研究。国内对我国农村人力资本投资方面的研究,在一定程度上揭示了我国农村人力资本的现状、成因和发展趋势,也分析了人力资本投资与农民收入的关系,但对影响农村人力资本诸构成因素之间的相关性的实证分析涉及较少。论文在这一问题上的研究,在理论上拓展了我国农村人力资本研究的领域,为我国农村人力资本投资效率的现状提供了理论解释。在实践中有利于构建农村和谐社会,推动我国社会主义新农村建设,促进城乡社会经济协调发展。

　　本书中的农村人力资本是指体现在农村劳动力自身中生产知识、技能、创新概念和管理方法等资本存量的总和。农村人力资本投资效率是指农村人力资本产出对人力资本投入的比率。本书研究内容主要包括五个部分:第一部分研究当前农村人力资本投资体系,从投资主体和投资途径两个方面来探索农村人力资本投资体系,并着重分析它存在的问题并探讨解决问题的思路。只有对现有的农村人力资本投资体系进行剖析,才能更好地分析影响农村人力资本投资的效率因素之间的关系。第二部分对影响我农村人力资本投资效率的基础机制进行了研究,一个良好体系的维持和发展总是需要得到有效的激励和约束机制的支持。农村人力资本投资效率的提高很大程度上需要依靠投资机制的作用。农村人力资本投资机制是相对于农村人力资本投资体系的,有怎样的投资体系,就要有相应的激励和约束机制。在研究农村人力资本激励和约束机制时,特别需要重视农村基层干部沟通能力及其效率的重要作用,认识到农村基层干部沟通能力甚至左右了农村很多事情的结果。第三部分对影响我国农村人力资本投资效率因素的相关性进行了分析研究,这是论文的核心部分。采用三种途径进行调查:首先,通过南浔区政府的帮助,选择其中的三个镇进行比较广泛的座谈式调查,其次,直接抽样调查农户,第三,收集政府部门掌握的资料。对数据进行统计分析和对资料进行整理研究,寻找出影响我国农村人力资本投资效率因素之间的相关性。第四部分研究应当采取哪些对策来提高农村人力资本投资效率,首先从总体上看对策问题,主要分析体制、政策导向和统一劳动力市场三个方面的总体对策。从这些全局性的方面着手,采取相应的对策,能提高农村人力资本投资的效率。其次是有针对性地在投资主体和投资路径两大方面提出了一些对策建议。第五部分研究农村人力资本投资与新农村建设是相互关联的命题,对农村人力资本投资效率的研究不能离开建设新农村这一大命题,所以,这一部分也可视为研究展望。对适应我国社会主义新农村建设的农村人力资本投资的体系、机制、效率和方法等方面的研究进行展望。

本书主要研究结论:一是影响我国农村人力资本投资效率因素之间具有不同的相关性,且相关程度因地区社会经济发展程度不同而不同。所以,如教育、培训等投资要取得理想的效率一定要重视投资规模,投资规模至少要达到"门槛值"。二是我国农村人力资本投资体系的建设和完善在结合我国农村特点的同时,要遵守一般人力资本投资体系的基本要求。所以,将我国农村人力资本投资体系分为投资主体和投资途径两大方面来研究比较符合我国的实际。三是农村人力资本投资激励机制包括诱导因素集合、行为导向制度、行为幅度制度、行为时空制度和行为归化制度五个方面,只有建立这样完整、科学的农村人力资本投资激励机制,才能充分激励农村人力资本的形成和积累,优化人力资本的配置,提高人力资本的生产效率。四是既要从体制、政策导向和统一劳动力市场三个总体方面制定相应的对策,也要从投资主体和投资路径中的各项具体方面有针对性地采取措施提高农村人力资本投资效率。五是根据我国社会主义新农村建设"生产发展、生活宽裕、乡风文明、村容整洁、管理民主"五个方面的目标,相应地提出了对农村人力资本的科技素质、增收能力、文化道德修养等方面的要求。

本书的主要创新:一是研究视角的创新,从农村人力资本投资效率的影响因素相关性这一视角,系统地研究人力资本投资效率问题。二是研究内容的创新,论证了教育程度与农业收入、非农业收入没有显著相关性,但在经济发达的宁波、绍兴等地区有显著相关性,培训投入与非农业收入有显著相关性,而与农业收入没有显著相关性,农业收入与非农业收入之间也有显著相关性,且为负相关,家庭成员流动性(一年中 6 个月以上在外)与农业收入显著相关性(负相关),受教育程度与家庭成员从事农业没有显著相关性,与家庭成员外出务工有显著相关性,农村基层干部在投资激励机制中具有重要作用。三是方法上的创新,由于农村情况的特殊性,本书运用相关的理论知识,在借助统计分析方法的同时,特别重视各种调查方法的运用和创新。

关键词:农村人力资本;投资效率;投资体系;投资机制;投资主体

ABSTRACT

The severe underinvestigation in education, training, health and migration in rural areas, led to the inadaptability of the village human capital stock to the requirements of developing a new countryside in China. Moreover, the limited village human capital was overflowing to cities because of unreasonable utilization. This situation had made a great effect on the development of rural economic, and enlarged rural-urban wealth gap. In this context, based on the Schulz's Human Capital theory the paper studied the correlations among factors of investment efficiency of village human capital. Combined with the practice of developing urban-rural dual economics, the research integrated the economic mechanism, decision theory, economic analysis and motivation theories with Parsons modern sociology and Todaro Migration Model. An across sectional random population survey was conducted in Nanxun villages of Huzhou city in Zhejiang Province. In earlier work, status, origin and trends the status, reasons and trends of village human capital were explored to some extent but the correlations among factors of investment efficiency of village human capital were rarely discussed by empirical study. To carry out this problem may theoretically extend the research of village human capital and provide the theoretical explanation of the investment efficiency. Meanwhile, those findings may provide practical guide in developing the new socialist countryside, and promote the coordination of the urban and rural economics.

The scope of village human capital in this dissertation indicates the total capital stock of knowledge, skills, innovation and management methods of rural labor force. The efficiency of investment in village human capital is an input-output ratio of the human capital. The dissertation consists of five parts. The first part studied the current investment system of village human capital in the two aspects of the subject and means of investment. In this part, a number of existing problems were identified and solutions were then explored.

Thus, the correlations of those factors influencing the investment efficiency were thoroughly analyzed. The basic investment efficiency mechanism of village human capital was discussed in the second part. An effective incentive and constraint mechanism is always indispensable to maintain and develop a good system. That is to say, the improving of investment efficiency of village human capital may largely rely on the investment mechanism, whose incentive and constraint mechanism was deduced from its investment system. Particular attention was paid on those village officials, whose communication skills and efficiency always have impact on the results of matters in villages. As the core section, the third part evaluated the correlations of those factors influencing the investment efficiency of village human capital. Three approaches were adopted to obtain data for statistic analysis. Firstly, under the help of local government three towns in Nanxun were selected to be widely interviewed. Secondly, a sampling survey of local peasant households was conducted. Lastly, data was collected from the local government. The fourth section proposed recommendations for improving the investment efficiency of village human capital. The general strategies were put forward from the three perspectives of institutional analyses, policy guidelines and unification of labor market, followed by a number of corresponding strategies of improving investment efficiency. Furthermore, several suggestions concerning the investment subject and paths were presented towards the end of this section. A proposition was obtained in the fifth section that investment in village human capital was inter - related with the development of the new socialist countryside, as well as the efficiency of investment. For this reason, this part can be seen as the research prospects in the areas of the system, mechanism, efficiency and methods of investment in village human capital.

The main findings of the paper can be summarized as follows. Firstly, there existed different relations between factors which influenced the efficiency of investment about village human capital, moreover this situation varied with different level of development regions' socio-economic. Therefore, to achieve Ideal investment efficiency, such as education and training, must attach importance to necessary scale of investment capital, i. e. at least threshold. Secondly, combined with features of countryside, establishing and completing the investment system of village human capital should abide by the basic Rules of Investment system of human capital. So it was factual to study investment system of village human capital by investment main body and paths. Thirdly, the investment incentive mechanism of village human capital was composed of inducer sets, conduct-oriented institutions, conduct-amplitude institutions, conduct-space-time institutions and conduct-naturalized institutions. The raise and accumulate of village human capital cannot be fully incentive unless a complete and scientific incentive mechanism above can be finished, so did as optimizing in configuration and raising of the production efficiency of village human capital. Fourth, to improve the efficiency of investment requires not only the general polices of institutional system, policy guidelines and unification of labor market but also the specific measures regarding the investment subject and paths. Fifth, according to the five goals of developing the new socialist countryside, the paper presented requirements on village human capital in scientific and technological quality, income increasing ability, and cultural and ethical quality, etc.

The dissertation may have following innovative contributions. Firstly, the paper systematically studied the efficiency of investment in village human capital from a new perspective of the correlations of factors influencing the efficiency. Secondly, the empirical study in this research demonstrated that there was no significant correlation between education and farming or non-farming income, except in some most advanced regions, where training investment had a significant correlation with non-farming income but no correlation with farming income. A significant negative correlation was found between the farming and non-farming income, and so did as the mobility of family members and the farming income. The level of education had no significant correlation with occupation in farming but significantly correlated with migrant workers. In addition, it was argued in the paper that the village officials played a central role in investment incentives mechanism. Thirdly, the paper integrated theoretical concepts with a variety of statistics techniques and approaches, while particular attention was paid to the methodological innovation.

KEYWORD: village human capital; investment efficiency; investment system; investment mechanism; investment subject

目 录

第一章 导 论

第一节 研究背景、目的和意义

一、研究的背景

现在研究农村问题基本上都离不开社会主义新农村建设这一大背景。政府比以前更重视农村的发展,农村的很多问题也到了解决的时候。而在这些问题中,人的问题是最重要的,因此,现在有关农村"人"方面的研究越来越多,主要集中在提高农村人口质量方面,但要提高农村人口质量,就需要对人进行投资,要对人进行投资,投资的效率就很关键。对农村人力资本投资效率的研究面对主要的背景同样是社会主义新农村建设,具体来说:

1. 社会主义新农村建设

20世纪80年代初期,国家启动了新农村建设,主要在农村推行了两大基本制度:其一是土地承包责任制;其二是村民自治制度。中国农村社会的发展由此便进入了一个新的历史时期。20多年来,这两大基本制度基本上决定了我国农村政治社会的基本特征和运行机制。这一时期中国农村政策的一个基本导向是,国家逐步撤离村庄,市场机制日渐发挥主导作用,土地权利进一步明确化,村庄政治进一步选举化。时至今日,新农村建设已经成为家喻户晓的词汇,新农村建成为整个国家的社会经济发展的重要组织部分。

2. "三农"问题和"空心村"现象的出现

从20世纪80年代中期以后,农民负担重、农民增收难等问题就一直困扰着中国农村的发展,到了20世纪90年代,农村公益事业举办难、农民福利缺乏保障等问题又凸显出来,中国农村尤其是广大的中西部农村日见衰败,最终在世纪之交出现了"农村真穷,农民真苦、农业真危险"的"三农"危机。20世纪90年代起,大量农村剩余青壮劳动力走向城镇,农村只留下"993861部队"(即只下老人、妇女和儿童),出现了所谓的"空心村"现象。

3. 政府积极的农村政策——从"消灭农民"到"建设农村"

从总体上来看,最初阶段国家解决"三农"问题的总体思路是在农村之外寻求解决"三农"问题的办法,即"解决农民问题的办法在于消灭农民"。于是,2004年开始,我国连续出台了四个指导农业农村工作的中央1号文件,分别以促进农民增收、提高农业综合生产能力、扎实推进新农村建设、发展现代农业为主题,这些重大的政策和措施,坚持以人为本、加强农业基础、增加农民收入、保护农民利益、促进农村和谐的目标和取向。当时开放户籍制度、发展非农产业、进行小城镇建设以及转移农村劳动力等便成了解决"三农"问题的主导思路。但由于农民人口基数的庞大,9亿农民在相当长的一段时间内并不可能顺利地从农村中转移出去。也就是说,以前"消灭农民、消灭农村"的思路是有问题的,甚至是错误的,所以,才导致了"三农"危机的发生。虽然"四减免"(取消农业特产税、牧业税、农业税和屠宰税)、"四补贴"(粮食直补、综合直补,扩大粮种补贴范围和增加农机具购置补贴)等支农惠农政策,切实减轻了农民负担。从2006年起,与农村税费改革前的1999年相比,全国农民每年减轻负担1200多亿元,2007年中央财政安排的粮食直补等农业各项补贴总额达到526亿元。同时,中央财政实际用于"三农"的各项支出逐年增加,但这些政策是对"三农"危机的被动应对。"建设社会主义新农村"则体现出国家在应对"三农"问题上的一个主动姿态,并标志着我国农村政策的一个根本转向,即从"消灭农民"转向了"建设农村",这一转向将对今后我国农村社会的发展产生重大的影响;"建设社会主义新农村"的提出不光对我国农村社会的发展具有重大的意义,对整个中国的现代化建设都具有重大的影响。

4. 我国当前的农村劳动力总体上量大质低

减少农村劳动力数量、提高质量,是提高农村生产力的关键环节之一。目前,我国农村劳动力数量严重过剩,平均每个劳动力负担的耕地面积大约为0.3公顷,仅相当于日本的三分之一,美国的180分之一;且农村劳动力的质量低。(见表1-1)

表 1-1 地区农村住户劳动力文化程度按年纯收入分组①

地区	劳动力文化程度构成(%)					
	不识字或识字很少	小学程度	初中程度	高中程度	中专程度	大专以上
全国	6.87	27.23	52.22	10.25	2.37	1.06
4 000 元以上地区	5.29	25.29	51.40	12.52	3.37	2.13
上海	2.51	16.63	49.43	15.34	8.58	7.52
北京	0.74	6.68	57.91	19.07	8.45	7.14
浙江	5.50	32.30	45.93	12.45	2.24	1.57
天津	2.14	18.08	59.68	13.40	4.89	1.81
江苏	6.97	22.24	53.88	12.65	2.18	2.08
广东	3.82	25.46	53.94	11.78	3.51	1.50
福建	7.63	31.63	46.18	10.35	3.26	0.95
3 000～4 000 元地区	4.14	24.92	55.71	11.74	2.49	1.00
山东	5.43	18.20	56.14	15.08	3.91	1.25
辽宁	1.03	22.47	62.45	8.64	2.98	2.43
吉林	3.60	31.20	55.09	7.96	1.35	0.80
黑龙江	2.44	26.52	61.14	6.93	2.03	0.93
江西	5.94	31.30	50.31	9.52	2.21	0.73
湖南	3.90	29.94	50.85	12.31	2.25	0.76
湖北	5.30	27.01	54.40	10.38	2.40	0.51
海南	6.71	23.08	51.39	15.72	2.31	0.78
2 000～3 000 元地区	8.74	28.95	51.24	8.43	1.93	0.72
内蒙古	5.46	30.96	50.12	11.13	1.60	0.73
山西	3.16	21.32	62.48	10.66	1.62	0.77
河南	6.64	18.47	61.23	10.52	2.12	1.02
重庆	6.15	37.18	47.65	6.37	1.98	0.67
四川	7.13	32.61	50.26	7.26	2.20	0.54

① 表格来自《中国农业年鉴 2006》,第 345 页。

续 表

地区	劳动力文化程度构成（%）					
	不识字或识字很少	小学程度	初中程度	高中程度	中专程度	大专以上
安徽	11.66	24.17	54.27	6.92	2.23	0.74
宁夏	21.13	31.90	40.04	5.63	0.72	0.60
广西	2.22	25.06	58.32	10.59	2.95	0.86
新疆	4.62	40.06	44.98	7.31	2.12	0.91
青海	24.10	39.76	28.47	6.16	1.08	0.43
西藏	52.62	43.42	3.55	0.35		0.06
陕西	7.10	22.78	55.80	11.68	1.76	0.87
云南	13.97	42.03	38.01	4.62	1.11	0.25
2 000以下地区	15.27	35.16	40.28	7.00	1.61	0.66
甘肃	16.28	31.22	39.20	10.90	1.52	0.88
贵州	14.48	38.29	41.14	3.92	1.68	0.49

从表1-1看出，在收入很低的甘肃、贵州省，文盲（准文盲）的比例达到16.28%、14.48%，小学文化程度以下占到31.22%、38.29%，即近一半农村人口没有受过初中以上教育，而有普遍认为现代意义上的农民应该接受中学教育。即使在收入比较高的地区，也有34.1%的农村人口没有受过中学教育。从长远来看，对农村的人力资本投资比对物质资本投资更为重要，因为人力资本投资比物质资本投资具有更高的回报率。另外，就人口自身而言，人口数量上的增长对农村经济增长的贡献不是永久性的。因此，对农村教育、卫生健康投资，培育农村人力资本的形成机制，将农村人口的数量优势转为质量优势，是繁荣农村经济的源泉。

二、研究的目的和意义

一般认为，所谓人力资本是指体现在劳动力自身中生产知识、技能、创新概念和管理方法等资本存量的总和。它是未来个人收入增长的一个源泉。在一个社会组织中，凡具有劳动能力的人都可以成为人力资源。而人力资本是能够直接创造效益的知识、技能、经验等资本存量。因此，人力资本是从人力资源中开发出来的，投入到经济活动中并创造效益的一部分。只有人力资本才能盘活资金等有形资本,实现价值增值。农业的发展不仅是指财富的创造,更是指创造财富的能力,这种能力寓于一个农村的人力之中。我国是一个农业大国,但农村富余劳动力还仅仅是一种数量上的资源优势而远没有形成人力资本优势。农村人才稀缺,变人口压力为发展的动力,变人力为财力,如何进行转换从而促进农村经济的发展? 这是个值得研究的问题。

（一）研究目的

在谈研究的目的之前,先说说研究人力资本投资效率的必要性。在搜索相关文献时,就已经清楚这方面的论文非常多,似乎好话坏话都已经说尽,有无处落笔的感觉。然而,从 2008 年 10 月以来,去浙江农村进行了几次调研,才知道该说的话并没有说完,值得研究的问题依然存在。我国新农村建设的总体目标是"生产发展、生活宽裕、乡风文明、村容整洁、管理民主",去农村走走,就能切身体会到,没有哪一个子目标的实现能够离开人的参与。然而,20 世纪 80 年代兴起的"打工潮"已经将农村的青壮年劳动力卷入城市或者沿海发达乡镇企业,农村的"空心化"现象十分普遍。我去调研过的浙江南浔的几个村,几乎只剩下所谓的"386199 部队",即只有妇女、儿童和老人留守乡村。在宁波象山县定塘镇、余姚梁弄镇 80% 的年轻人都出去打工,在农村留守的大多数是老人、妇女和小孩。这两个镇外出打工人员的平均受教育年限达到 9.6 年,高于农村平均受教育年限,而且年龄平均数为 27 岁,是优质的劳动力资源。在浙江南浔随机调查了 126 位村民,结果愿意留在农村并从事农业劳动的有 12 位,占 9.5%,愿意留在农村并从事非农业劳动的有 26 位,占 20.63%,而愿意去城镇从事非农劳动的达到 88 位,占 69.87%。由此可见,村民转移的意愿是普遍而强烈的。并且,这种强烈的转移意愿还体现在村民对下一代的期望上:当被问及"希望自己的下一代务农吗?"几乎所有被调查的村民都作出了否定的回答,这也彰显出绝大部分村民对从事农业劳动现状的悲观情绪和无奈,都希望自己的下一代能够从事非农工作和去城市工作生活。

只有深入农村,才能更深刻地感受到农村的"人脑缺口"问题要解决非常难。因为农民科学文化素质相对较低,而且从接受教育或者培训到积累一定的人力资本之间有一段较长的时间,不太可能在短期内积累起超过"人力资本门槛值"的存量(任何资本,只有在跨越了一定的存量要求之后,才能发挥作用,这个存量要求被称为门槛值)。从这个角度看,研究农村人力资本投入及其效率问题是有必要的。

笔者在研究过程中,不断深入农村调研,除了搜集相关数据外,还让自己的研究有比较充足的感性认识,这样会使研究成果具有比较好的社会价值,能为同行的研究或者为政府部门的相关决策提供参考依据,这是本研究的主要目的。

（二）研究的意义

（1）研究成果将对补充农村人力资本的研究作出些许贡献。

（2）研究得出的新建议对政府在制订和修改有关发展农村经济方面的法律和政策有一定的积极意义。

（3）对提高农民的认识能力和改变观念的意义。

农民的现代化应该是指与现代科技和生产力发展水平相适应的、人的素质的普遍提高和全面发展,其实质是人的思想观念、行为方式和生活方式实现传统人到现代人的转化。其中,思想观念的现代化是农民现代化的首要内容。提高农民的科技文化素质,增加农村人力资本积累,就成为农村经济发展的前提。论文的研究成果将有利于更新观念和转变生活方式,为农村经济发展和社会进步提供智力支撑和精神动力。

第二节　国内外研究动态

一、国外研究动态

国外关于人力资本理论从研究内容上看主要包括人力资本概念、人力资本性质、人力资本与收入分配关系等方面。从研究的发展阶段看可以分为早期的研究和现代(20世纪50年代后)的研究。现从发展阶段来综述国外人力资本的研究。

1. 国外早期的人力资本理论研究

最早可以追溯到古希腊思想家柏拉图。他在《理想国》中论述了教育和训练的经济价位,认为可以通过教育来发展人的先天能力。

（1）威廉·配第的人口价值论

他在著作中列举了一系列数字,完全把人口和人创造的价值量化了,它用数字、重量和尺度的词汇来表达自己要说明的问题。

（2）亚当·斯密为代表的古典政治经济学"三位一体"分配理论

亚当·斯密是古典政治经济学的主要代表,他在《国民财富的性质和原因的研究》(1776)中提出了著名的"斯密教条",即"工资、利润和地租,是一切收入和一切可交换价值的三个根本源泉"。以亚当·斯密为代表的古典政治经济学的"三位一体"分配理论认识到了资本、劳动与土地对价值创造的作用,体现了三者的合作和"团队生产"的重要性。

(3)马歇尔的"四位一体"分配理论

马歇尔用价格代替价值,并认为土地、资本、劳动与组织的价格一起形成了产品的价值。他认为,组织的功能在于影响并决定最终产品的实现。引入组织后,马歇尔又将古典经济学中的利润进一步细分为利润与利息,资本所有者获得利息收入,而利润则为组织服务的报酬。马歇尔的"组织"概念在本质上就是"企业家才能",熊彼特将这种才能称之为"创新",即人力资本。马歇尔在对利润的分析中论述道:"利润包括许多因素,其中有的是属于资本使用的利息,有的是属于管理能力和企业的报酬,其中包括对风险的报酬。"马歇尔"四位一体"的公式与亚当·斯密"三位一体"的分配理论相比,增加了人力资本这种重要的要素。其实,人力资本参与利润的分配是人力资本与非人力资本(资本、土地等)博弈的结果。由于人力资本具有层次性,层次不同,他们的谈判力也不同,因此,他们参与利润的分配也会有不同的形式,于是,必然出现新的分配理论。

2. 国外现代人力资本理论研究

20世纪50年代后期,由于科学技术的进步、社会生产条件的发展以及其他社会性因素的影响,人力资源在生产中的地位发生了很大变化。一些感觉敏锐的学者捕捉到了这种变化,开始对人力资本进行系统的研究。另一方面,战后西方经济理论的研究领域和研究方法都发生了重要变化,宏观经济学的兴起和经济发展理论的逐步成熟,使人们对于诸如总投资、总收入、总储蓄和总消费之类的总量关系的探讨日益深入。这种总量分析揭示出的一个重要现象是,对于不同国家和地区来说,相同的实物资本总投入量会带来差别异常悬殊的收益增长。对这种差别的进一步研究揭示了引起这些差别的主要因素是人力资源的质量存量的差异。显然,这些研究过程说明,现代人力资本理论的产生有其客观的必然性。

20世纪50年代对人力资本理论研究比较突出的有出生在波兰的美国经济学家明瑟尔(Jacob Mincer,1922—),他在1958年发表了题为《人力资本投资与个人收入分配》一文,首次进行了建立个人收入分配与其接受培训量之间关系的经济数学模型的尝试。其后,在他的另一篇开拓性论文《在职培训:成本、收益与某些含义》中,又根据对劳动者个体收益差别的研究,估算出美国对在职培训的投资总量和在这种投资上获得的私人收益率。明瑟尔还是最早提出"收益函数"的经济学家之一,他用收益函数揭示了劳动者收入差别与接受教育和获得工作经验年限长短的关系。然而,明瑟尔等人的研究未能广为人知,人们通常认为人力资本理论的创始人是美国的两位著名经济学家舒尔茨和贝克尔,而对人力资本要素作用的计量分析则首推丹尼森。我们分述如下:

(1)西奥多·舒尔茨的人力资本理论

西奥多·舒尔茨(Theodore Schultz,1902—1998)是以学术自由闻名于世的美国芝加哥大学的教授,至今已发表了 20 多部著作,200 多篇论文。尽管他并不应算作人力资本理论的创始人,但是,他在 1960 年出任美国经济学会会长时发表的就职演说——"人力资本投资",给学术界留下了极其深刻的印象,并为推动这一领域的研究作出了重大贡献,以至使他成为西方公认的人力资本理论之父,并为此获得了 1979 年的诺贝尔经济学奖。舒尔茨是从探索经济增长和社会丰裕的秘密而逐步踏上研究人力资本的道路的。他的研究道路恰好代表了西方人力资本理论兴起的典型进程。舒尔茨发现,单纯从自然资源、实物资本和劳动力的角度,不能解释生产力提高的全部原因。因为,二次大战以来的统计数字表明,国民收入的增长一直比国家投入资源(包括自然资源、实物资本和劳动人时)的增长快得多。而且,一些在战争中实物资本遭到巨大破坏的国家(如西德、日本等),都奇迹般地迅速恢复和发展起来;另一些资源条件很差的国家(如丹麦、瑞士和亚洲四小龙等)也同样能在经济起飞方面取得很大成功。舒尔茨认为,这些现象说明,除了我们已知的要素外,一定还有重要的生产要素被"遗漏"掉了。这个要素就是人力资本。舒尔茨指出,人力是社会进步的决定性原因。但是人力的取得不是无代价的。人力的取得需要消耗稀缺资源,也就是说需要消耗资本投资。人力——包括人的知识和人的技能的形成是投资的结果,并非一切人力资源、只有通过一定方式的投资,掌握了知识和技能的人力资源才是一切生产资源中最重要的资源。因此,人力,人的知识和技能,是资本的一种形态。我们把它称之为人力资本。作为资本和财富的转换形态的人的知识和能力,需要通过投资才能形成。事实上,人对自身的投资历来是十分巨大的。同时,人力资源作为一种生产能力,已经远远超过了一切其他形态的资本生产能力的总和。对人的投资带来的收益率超过了对一切其他形态的资本的投资收益率。舒尔茨采用收益率法测算了人力资源投资中最重要的教育投资对美国 1929—1957 年间经济增长的贡献,其比例高达 33%。这一数据后来在全世界各国被广泛引证,用以证明人力资本对经济发展的巨大影响。舒尔茨强调,把人的知识和能力看作是资本和财富,并不是对人的至高无上的地位的否定,而是为了更好地为自由的人创造更多财富。两者并不矛盾。在经济发展观上,舒尔茨是乐观主义者,他对于西方经济学和发展理论中流行的悲观主义论调持强烈的批评态度。他坚决反对"自然资源决定论"和"人口决定论"等观点。他指出,人类有能力和智慧减少对土地和其他自然资源的依赖,也有能力和智慧控制自身的发展。

(2)加里·贝克尔的人力资源理论

加里·贝克尔(Gary S. Becker,1930—)被认为是现代经济学领域中最有创见的学者之一,他曾和舒尔茨同在芝加哥大学执教,同时成为人力资本理论研究热潮的推动者,并成为著名的芝加哥学派的主要代表人物之一。他的著作《人力资本》被西方学术界认为是"经济思想中人力资本投资革命"的起点。以至当他在1992年获得诺贝尔经济学奖时,对之人们竟有一种姗姗来迟的感觉。贝克尔的人力资本理论研究成果集中反映在他在1960年后发表的一系列著作中。其中最有代表性的是《生育率的经济分析》(1960)、《人力资本》(1964)和《家庭论》(1981)。贝克尔对人力资源理论的贡献,突出表现在对人力资源的微观经济分析上。他对家庭生育行为的经济决策和成本—效用分析,他提出的孩子的直接成本和间接成本的概念,家庭时间价值和时间配置的概念,家庭中市场活动和非市场活动的概念,都令人耳目一新。他在人力资本形成方面,教育、培训和其他人力资本投资过程的研究方面取得的成果,也都具有开创意义。追求效用最大化、市场均衡和稳定偏好是贝克尔丰富的理论著述中贯穿始终的主线。

(3)爱德华·丹尼森的人力资本分析理论

爱德华·丹尼森(Edward F. Denison,1915—)是美国经济学界中罕见的一位没有在大学任过职的经济学家。与其说他是一位人力资本理论家,不如说他是一位人力资本经济分析专家。他在经济学上的主要贡献是,对用传统经济分析方法估算劳动和资本对国民收入增长所起的作用时,所产生的大量未被认识的、不能由劳动和资本的投入来解释的"余数"(residue,也可译为"残差"),作出了最令人信服的定量分析和解释。他最著名的研究成果是,通过精细的分解计算,论证出1929—1982年间的美国经济增长中,有23%的份额要单独归因于美国教育的发展。显然,丹尼森的结论是对舒尔茨的结论的重要修正。丹尼森的计算简捷明了,这也是他在理论上受到尊重的重要原因。学术界后来普遍认为,丹尼森的计算方法要比舒尔茨的更严密精确。尽管这种计算由于缺乏公认的经济增长理论的支持,受到过不少批评,但是,自20世纪60年代起,丹尼森的方法在实际上得到非常广泛的传播,他的支持者们把这种方法应用到世界各国,包括不同社会制度和不同发达程度的国家,都取得了成功。许多人认为,从20世纪60年代开始出现的长达十余年的世界各国教育经费的激增,在相当程度上应当归功于丹尼森和他的这一大批追随者的努力。

3.国外人力资本理论研究的最新发展

据统计,关于人力资本的论文和专著,在1940年以前只有14种,1950年增加到98种,1960年增加到283种,1970年进一步增加到1358种。这表明,人力资本理论的发展如同其他科学理论的发展一样,经历了一个指数式增长的过程。随着对人力资源和人力资本投资理论研究的深入,一些新兴的经济分支学科正在迅速发展起来。其中比较有影响的有教育经济学、卫生经济学、家庭经济学和人力资源会计学,这里只综述人力资源会计学和教育经济学。

(1)人力资源会计学

在人力资源研究和管理的方法性、工具性学科领域,最引人注目的是人力资源会计学(Human Resource Accounting,简称 HRA)的兴起。所谓人力资源会计学,按照美国会计师联合会内所设的人力资源会计学会所下的定义,指的是:"确定并具体计量有关人力资源的资料和数据,并将此类信息提供给有关方面的过程。"具体地讲,人力资源会计学要对企业及各类组织用于招募、挑选、录用、培训以及开发自己的人力资产所花费的成本进行计量;还要计量自己所雇用的员工对本组织的经济价值。美国经济学家埃里克·弗拉姆霍尔茨(Eric G. Flamholts)起了重要的作用。弗拉姆霍尔茨曾在美国密西根大学获得博士学位,其博士论文题为《个人对组织的价值之理论与计量方法》,该文曾获麦金西基金会管理研究论文奖。弗拉姆霍尔茨博士于1974年发表了第一部题为《人力资源会计学》的专著。该书根据战后不断增强的对人力资源重要性的认识,阐述了建立和发展人力资源会计学的必要性,提出了人力资源会计管理的一系列具体方法。后来,弗拉姆霍尔茨博士又经全面修订和补充后,于1985年推出该书第二版。再版的《人力资源会计学》不仅全面介绍了这一新兴领域的理论和方法,而且增加了相当篇幅的反映人力资源会计学最新发展的具体实例。是人力资源会计学领域的一部权威性著作。

(2)教育经济学

教育经济学是把教育投资作为生产性投资,来研究其分配和经济收益的科学。早期人力资本理论研究者所探索的内容无不涉及教育,因此,他们往往被认为是教育经济学的奠基人。如苏联经济学家斯特鲁米林在1924年发表的《国民教育的经济意义》中,首创劳动简化法,得出了在教育上投入一个卢布,可以得到四个卢布的经济产出的结论。美国学者沃尔什(J. R. Walsh)在1935年发表的《人力资本观》被认为是英语国家中出版的第一部教育经济学专著。舒尔茨1962年发表《教育的经济价值》一书,算出美国整个教育的收益率为

17.3%,并得出教育要素对经济增长的贡献在国民收入增长额中占33%的结论。英国伦敦布鲁诺大学社会科学院院长约翰·韦泽(J. E. Waizey)在1962年首次以教育经济学为题发表专著,1966年又同国际经济学会会长罗宾逊一起主编了国际性的教育经济学论文集。这些学者的工作为教育经济学的发展打下了基础。目前,教育经济学已经成为范畴独立,门类齐全,并有自己特定的对象和方法的比较成熟的经济学分支学科。

二、国内研究动态

国内对人力资本的研究按内容主要集中在以下几个方面:

1.对我国人力资本现状、形成原因和政策建议的研究

(1)现状研究

关于我国人力资本现状的观点是比较一致的,主要表现在下列几个方面:第一,中国的人口数量虽然多,但真正高质量的人口却严重不足;第二,人力资本存量不足,特别是中国农村(尤其是中西部)的人力资本严重匮乏;第三,人力资本发展水平与发达国家相比存在重大差距(张凤林,2006);第四,我国的人力资本利用效率低下(张凤林,1999);第五,中国的人力资本结构是一种"小托大式"结构:高智能、高技术劳动力所占比重极小(刘迎秋,1997)。

(2)原因研究

关于人力资本现状形成的原因,归纳起来主要有以下几个方面:第一,认识上的误区,没有充分发挥市场在与人力资本有关的资源配置中的积极作用(余雁刚,1999)。人力投资成本与收益遭到扭曲,这影响了人力资本投资。第二,体制上的障碍,投资体制单一;就业体制僵化与人力流动机制的缺乏;行政官僚的管制过多(周其仁,1996)。第三,外部因素的影响,主要是"智力外流"造成大量人力资本的损失(夏业良,2000)。

(3)政策建议研究

第一,转变观念,认识人力资本投资的重要性,有学者提出了人力资本优先投资的观点。他们认为人力资本投资比物质资本投资重要,人力资本增长的贡献潜力大于物质资本增长的贡献;人力投资是一种最基本、最有价值的生产性投资;所以人力资本投资应该优先进行(于洪平,1997)。第二,实行后发国家的人力资本"借贷策略",获得人力资本投入与转移中的"后发利益"。通过创造优惠条件吸引吸纳各方人才,这可以节约实际投入成本,并产生递增的人力资本扩散和带动效应(夏业良,2000年)。第三,发挥政府在人力资本投资中的主体作用,并带动社会人力资本投资。人力资本投资中存在负外部性,会导致市场

失灵,造成投资不足,而政府的人力资本投资能够弥补投资不足,消除市场调节造成的种种缺陷;保证人力资本形成中的机会均等(侯风云,1998)。

2. 对人力资本与经济增长之间关系的研究

国内大部分研究都是介绍新经济增长模型,或者是引用外国的一些实证资料来论证人力资本在经济增长中的作用。但也有学者分析了人力资本对经济增长的机理。

(1)人力资本的外部效应对经济增长作用的研究

人力资本的知识效应包括知识进步的需求效应、收入效应及替代效应三个方面。知识进步的需求效应是指在经济发展中有用的新知识要求新形式的物质资本,或者是要求新的劳动技能,甚至这两者都十分需要。人力资本投资的知识收入效应是指受过教育、培训具有更多知识与能力的人会具有更高的生产力,因为他们具有更高的分辨力,能随时随地抓住投资获利的机会。人力资本的知识替代效应首先表现在我们能够通过知识的进步来增加资源,人力资本在各种要素间相比较,其补充和替代作用已经变得越来越重要了。正是知识的替代效应,可以克服经济发展中自然资源、物质资本与"原生劳动"之不足,保持经济的可持续发展。知识的替代效应还表现在人力资本可以产生递增的收益,消除了物质资本等要素边际收益递减对经济长期增长的不利影响。

(2)人力资本对经济增长机理的研究

人力资本是决定经济增长的重要因素,关键在于它具有特殊的生产功能。从生产过程角度看,它具有要素和效率两个方面的生产功能。前者是指人力资本是生产过程必不可少的先决条件或投入要素。后者是指人力资本,是提高生产效率的关键因素。作为生产要素的人力资本一方面直接对经济增长作出贡献,同时它又通过促进科学和技术进步来促进经济的增长。科学和技术进步依赖人力资本的提高,而技术进步是人力资本规模收益率不下降或者提高的根本原因。可见,经济增长依赖于科学和技术的进步,同时也依赖于人力资本的增加(李建民,1999)。

3. 对人力资本的产权及其特性的研究

人力资本的产权是人力资本理论的一个重要方面,而西方人力资本理论忽视产权的研究。一批中国学者从企业理论的角度对人力资本的产权进行了研究。主要有三种人力资本产权的定义。

(1)把人力资本产权理解为人力资本所有权,认为人力资本产权是存在于人体之内、具有经济价值的知识、技能乃至健康水平等的所有权(李建民,1997)。

(2)从企业产权角度来理解,认为人力资本产权决定人力资本所有者能否拥有企业所有权,即企业控制权和剩余索取权(张维迎,1997)。

(3)从产权的可交易性和合约性来理解,认为人力资本产权是市场交易过程中人力资本所有权及其派生的使用权、支配权和收益权等一系列权利的总称,是制约人们行使这些权利的规则,本质上是人们的社会经济关系的反应(黄乾,2000)。

关于人力资本的产权特性,周其仁教授的论述有代表性。一方面人力资本具有一种独一无二的所有权,它天然归属个人,它的所有权限于体现它的人(周其仁,1996)。但有学者认为它的所有权可以是多元化的,但其"承载所有者"才是个人,人力资本"承载所有者"与其所有者是不同的,他们之间充满矛盾(李建民,1997)。另一方面,人力资本产权的完备性和关闭功能。它的产权权利一旦受损,其资产可以立刻贬值或荡然无存。当人力资本产权中的一部分被限制或删除时,产权的主人可以将相应的人力资产"关闭"起来,以至于这种资产似乎从来就不存在(周其仁,1996)。

4. 对人力资本与个人收入分配问题的研究

国内有不少这个方面的研究文献。这些文献主要分析了国内现有的分配制度的优缺点、知识经济下人力资本的收入分配和人力资本与反贫困的关系等问题。

(1)对收入分配中人力资本的激励机制的研究

在知识经济条件下调整收入分配机制,激励人力资本投资和人力资本发挥效率。在大幅度促进高新技术和大力发展高新技术产业时,人们大都关注着技术本身的演进,以及政府集中国家力量进行攻坚的力度,却往往忽视了其中的决定性因素,即人力资本的作用,特别是缺乏对人力资本的激励机制。从人力资本的特征来看,其具有创造无限性、监督的有限性和消耗的差异性,所以要提高人力资本开发与使用的经济效率几乎唯一有效的途径就是满足人力资本的报酬要求,即实行充分的激励制度。例如"自由竞争"与"充分报酬"就是美国硅谷形成与发展的两大根本性因素。激励创新最核心的两条:一是产权激励,二是依法保护收益。现在比较成熟的做法就是年薪制和期权制(苏东斌,2000)。

(2)按生产要素分配与人力资本的收益权的研究

认为把个人收入分配理论等同于工资理论是对马克思原则的误解,按劳分配内容应该是,在完全的生产资料公有制条件下,做了各种社会扣除后的全部个人消费品。工资性所得根本就不是收益的分配,而仅是与生产消耗掉的生产资料需要扣除、补偿一样,是消耗掉的人力的补偿价值。劳动者作为自身人力资本的所有者,与物力资本的所有者一样,有权利参与收益分配。人力资本的收益权是指人力资本的所有者在补偿了其劳动消耗,即得到了工资性收入的前提下,对于人力资源的盈余价值——税后纯收益,有参与分配的第一位的、天然的特权,并应通过法律予以保障。因此,个人收入的分配原则应是按生产要素分配,即按人力资本在社会财富创造过程中的贡献大小和物力资本在价值创造和实现中的条件作用来分配(徐国君、夏虹,1999)。

(3)人力资本与再就业关系的研究

把人力资本具体分为文化程度、职称或技术级别、健康状况及下岗后接受职业培训情况等。通过实证资料研究表明在人力资本诸组成因素中,职称或技术级别是唯一对职工再就业情况起显著作用的因素;职称或技术级别和教育程度对再就业的职业声望有较显著影响,并且后者的影响力大于前者;职称或技术级别和教育程度对再就业收入有显著影响,并且前者影响力大于后者(赵延东、风笑天,2000)。

(4)"脑体收入倒挂"与人力资本的研究

从"脑体收入倒挂"现象来说明人力资本没有得到重视,收入分配的不合理。"脑体收入倒挂"的一个基本标志是脑力劳动者的收入水平低于体力劳动者、高科技劳动的收入水平低于低技术含量劳动的收入水平,表现为两类劳动收入水平的倒置。在中国人力资本极度稀缺的情况下,却发生了脑力劳动、高技能劳动相对收入持续下降、出现了"脑体收入倒挂"现象。这是令人费解的,在实践中也产生了巨大的副作用:第一,"读书无用论"重新抬头;第二,科学技术的研究、发明与应用受到强烈干扰;第三,教育质量和国民素质以及人力资本质量普遍下降等因素的不利影响(刘迎秋,1997)。

三、现有研究综评

综上所述,人力资本理论突破了传统理论中的资本只是物质资本的束缚,将资本划分为人力资本和物质资本,其主要观点:第一,人力资源是一切资源中最主要的资源,人力资本理论是经济学的核心问题。第二,在经济增长中,人力资本的作用大于物质资本的作用。人力资本投资与国民收入成正比,比物质资源增长速度快。第三,人力资本的核心是提高人口质量,教育投资是人力投资的主要部分。不应把人力资本的再生产仅仅视为一种消费,而应视同为一种投资,这种投资的经济效益远大于物质投资的经济效益。教育是提高人力资本最基本的手段。人力资本理论从全新的视角来研究经济理论和实践,揭示了经济增长的内在推动力,对经济发展和人口素质的提高具有双重意义。

　　然而,国外一些经济学家对五、六十年代人力资本理论的研究高潮提出了尖锐的批评,他们认为,这些研究,特别是美国学者舒尔茨和苏联学者斯特鲁米林等的计量分析结果,夸大了人力资本的作用。认为人力资本理论在阐明人力资本投资对实现经济增长目标的重要作用的同时,还应当注意经济发展目标的实现问题。同时,人力资本理论研究存在难点,其中最主要的难点是单纯的人力资本投入在任何时刻都不能单独形成生产能力。人力资本的改善总是和非人力资本的改善结合在一起,才能对生产发生实际影响。因此,人们实际上很难把人力资源的作用和实物资本的作用单独分解出来。另外一个难点是,教育、卫生和家庭投资的经济效益表现为投入产出之比。不过,这种资本投入的产出效益往往不直接表现为实物产值的增加,而只是表现为人的健康、知识和技能存量的增加。只有当这些人力资本质量存量投入到生产运行中,才可能间接看出他们对经济活动的实际影响。这里,必然存在着计算上的难点。

第三节　研究思路和方法

一、研究思路

　　以历史发展观、人力资本理论和投资效率理论为基本的指导思想,以实地调查研究为基本路径,将浙江省湖州市南浔区农村为主要样本采集点,在认真、客观地采集数据的基础上,采用统计分析工具和方法进行分析,首先分析当前农村人力资本投资体系(第三章)和机制(第四章),这是研究农村人力资本投资效率的基础和前提,只有对现有的农村人力资本投资体系和机制进行实证剖析,才能更好地分析农村人力资本投资的效率(第五章),这是研究的主要目的,可视为研究的结论,理所当然地成为本书的核心部分,是本书理论价值的体现。在有数据和分析佐证基础上的效率及其研究,可反过来作为研究提高农村人力资本投资效率对策研究(第六章)的依据,对策研究是本论文实用价值的体现。最后,农村人力资本投资与新农村建设是相互关联的命题(第七章),对农村人力资本投资效率的研究不能离开建设新农村这一大命题,所以,最后一章也可视为研究展望。见图 1-1。

第一章 研究背景、目的、意义以及分析框架

第一章 国内外相关研究的理论、实践综述 —— 基本指导思想 —— 第二章 基础理论

第三章 农村人力资本投资体系分析 —— 研究基础和前提 —— 第四章 农村人力资本投资机制分析

研究结论，核心部分，论文理论价值 —— 第五章 农村人力资本投资效率分析

第六章 农村人力资本投资对策研究 —— 对策研究，论文实用价值

第七章 农村人力资本投资与新农村建设 —— 研究展望

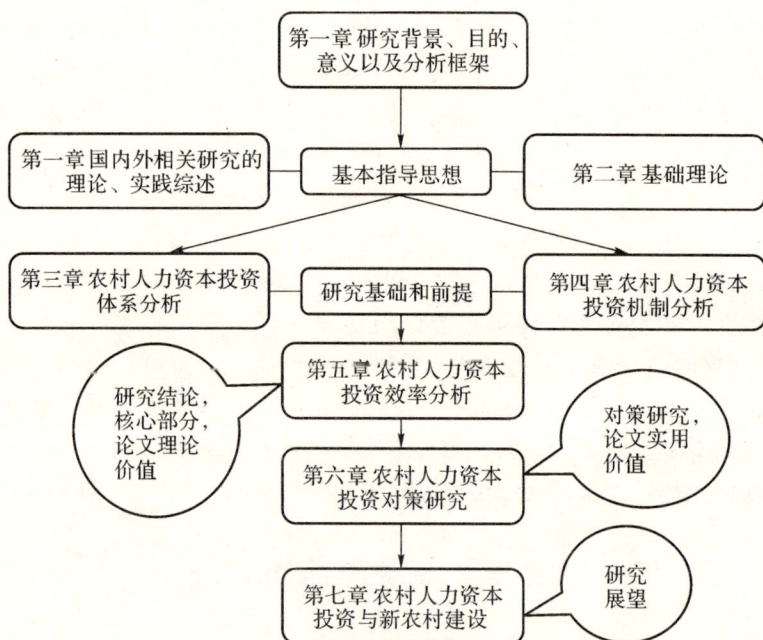

图 1-1　研究基本思路框架图

二、研究方法

农村人力资本效率研究涉及政治和经济体制、资源配置、社会和市场环境等诸多方面因素。单一的研究方法和分析视角难以抓住问题的实质，使研究难以有所创新。为了消除这一缺陷，本文综合运用了多种研究方法，并将其有机地结合起来。

（一）实证分析和规范分析相结合

实证分析和规范分析是管理科学研究的基本方法。一般来说，实证分析主要说明"是"或"不是"，而规范分析方法主要说明"应该"或"不应该"。如果说实证分析是相关事实的搜集、描述和整理，那么规范分析就是此基础上的加工、改造和提炼。本文在研究农村人力资本投资效率时，一方面利用可以收集到的大量相关数据，注重对农村人力资本投资体系和机制的实证分析，以求准确、客观地描述农村人力资本投资体系和机制的现状。另一方面则运用规范分析方法对农村人力资本投资效率进行判断，分析其为何是这样，并提出"应该是什么"的对策性建议。

（二）定性与定量分析相结合

在经济研究中,定性分析与定量分析相结合已被实践证明是一种不可或缺的重要方法。大量经济问题的论证和说明都是建立在充分数据化的基础之上的。比如在本文第三、四、五章都大量地运用了定量分析、统计描述、相关性分析等多种定量分析方法,将定量分析与定性分析有机结合起来,使论证充分透彻。

（三）数据来源

数据主要来自于调研数据(主要采集点为浙江省湖州市南浔区)、中国统计年鉴、中国国家统计局网 http://www.stats.gov.cn、中国农村劳动力转移培训网 http://www.nmpx.gov.cn、中国农业部网 http://www.agri.gov.cn。国内文献资料来自"中国期刊全文数据库"、"中国博士学位论文"、"中国重要会议论文全文"等三个数据库。

第四节　研究的可能创新

由于本人在这方面的修行比较浅,在写作过程中似乎有"世间好语佛说尽,天下名山僧占多"的感觉,然而细细想来,在以下几个方面即使算不上创新,也算得上自己的满意之处:

(1)通过农业收入、非农业收入、教育培训投资等因素之间的相关性来评判农村人力资本投资效率。

①教育程度与农业收入、非农业收入没有显著相关性,但在经济发达的宁波、绍兴等地区有显著相关性。

②培训投入与非农业收入有显著相关性,而与农业收入没有显著相关性。

③农业收入与非农业收入之间也有显著相关性,且为负相关。

④家庭成员流动性(一年中6个月以上在外)与农业收入显著相关性(负相关)

⑤受教育程度与家庭成员从事工作种类(农业)没有显著相关性,与家庭成员从事工作种类(外出务工)有显著相关性。

(2)在借鉴别人的农村人力资本投资体系、以浙江省为例进行了实证调查和分析的基础上,对我国农村人力资本投资体系进行了整理、评价和分析。

尝试从投资主体和投资途径两个方面来探索农村人力资本投资体系,并着重分析它存在的问题并探讨解决问题的思路。通过对浙江农村主要是南浔的调查,更切身地感受健康投资是人力资本积累的前提,而对教育的投资是农村人力资本投资最重要的途径。发展教育就是提高农民素质的基本途径,发展农村基础教育是关系到农村经济持续健康发展甚至社会全局稳定协调的基础。从对浙江农村的走访调查中明显地感觉到,各地政府教育投入水平的高低,直接影响着当地劳动者的素质和劳动生产率的水平。

(3)对激励约束机制中农村干部沟通工作的研究。从 2007 年 10 月至 2008 年 1 月,对浙江省农村干部的沟通能力和效果进行了问卷调查,随后进行了重点访谈。调查问卷在浙江各地区发放,但对农户的访谈主要在浙江湖州地区进行,尤其以湖州南浔区为重点访谈地区。

导致我国农村人力资本投资效率低下的原因很多,国内学者对此也进行了比较全面的分析,但对农村干部对其的影响缺乏足够的认识,甚至没有意识到这个重要的因素。笔者通过对浙江农村的问卷调查和访谈,切身感受到我们对农村基层干部这一因素的忽视,同时越来越意识到农村基层干部这一因素在农村人力资本的形成和利用中的重要作用。在农村干部的全部工作中,各种沟通工作所占的比重最大,而其沟通工作对农村人才的利用的影响非常大。但是,从问卷调查尤其是对浙江(主要是浙江湖州地区)农村干部的访谈中发现,农村干部忽视沟通技巧,从而影响沟通工作的效果,进而影响农村人才的利用。

(4)对农村的实地调查给自己的思路注入了新的东西,在将农村人力资本投资问题与社会主义新农村建设联系在一起研究时,比较求实务实。

第二章　基础理论

本书的理论基础主要有 20 世纪 40 年代以帕森斯(Talcott Parsons)为代表的现代化理论,20 世纪 30 年代至 60 年代以舒尔茨为代表的人力资本理论,以及两个模型,即托达罗模型和刘易斯—费景汉—拉尼斯模型。

第一节　帕森斯现代化理论和农业现代化

一、帕森斯现代化理论

帕森斯(Talcott Parsons)是西方现代化理论的杰出代表,其结构功能理论和社会系统理论于 20 世纪 40 年代至 60 年代在美国社会学界独占鳌头。

1.帕森斯现代化理论的主要观点

(1)认为现代化的过程就是社会总体适应能力提高的过程。因为社会结构的存在方式是为了满足社会系统的功能,那么,当一个社会结构不能满足社会系统(文化系统、社会系统、人格系统、行为有机体系统)的功能时,社会结构的变迁就势在必行,决定社会结构的四个子系统就要发生相应的变化,使社会结构向着满足社会系统功能需要的方向运动。帕森斯把这种社会结构的变迁称为是适应性增长、分化、容纳和价值概括化。适应性增长是整个社会的适应能力不断增强,集中反映在经济效率的提高上;分化是社会从单一结构转化为多元结构,以适应不断增长的功能需求;容纳是指为使结构的分化不导致系统的分裂,系统整合要求在不断提升;价值概括化是由于分化程度的提高,越来越抽象的共有价值代替了各种特殊规范,这种抽象的价值取向为各种特殊规范提供合法性。

(2)认为现代化理论是综合的理论系统。帕森斯力图克服先前现代化理论的片面思想,建立了较全面、较综合的理论体系。帕森斯认为,行为应该是由多种要素构成的综合体,单位行动应该包括以下要素:一是有目的、有能力的行动者;二是行动过程所指向的未来目的;三是行动者追求目的时可供选择的手段;四是行动者在实现目的的过程中受到的情境制约;五是行动者受到的规范和价值观的影响。并认为,社会行动系统就是由一个或多个行动者的单位行动互动而成。进而,帕森斯又提出行动系统的四大要素——社会系统、人格系统、文化系统和行为有机体系统。社会系统是存在于一定情境(包括物质与环境)中的行动者互动的复数形式,文化系统是价值观、信仰、规范及其他观念的总和,人格系统是人的动机、需要和态度等心理构成因素,行为有机体系统是人的有机体及其生存的自然环境。帕氏认为,这些子系统相互牵制,并制约人类的行动。在每个子系统内部,社会规范、文化价值、心理活动和生理需要分别引导和控制人们的活动,从而形成一个平衡、协调的行动者的互动体系。

(3)认为不合理的社会制度造成发展中国家没能现代化。发展中国家所处的阶段是现代化国家的早期阶段,是社会结构尚未达到一定分化程度的阶段,现代化国家的社会制度是发展中国家未来的社会制度。发展中国家可以通过文化传播而获得这种制度,并最终实现现代化。所以,该理论认为发展中国家的现代化道路必定是西方化。

(4)认为文化系统是社会结构变迁的最高控制系统。在四大子系统中,文化系统颇受帕氏的重视。他认为文化系统是社会结构变迁的最高控制系统,位于整个行动系统控制程序的最高地位。帕氏的行动系统控制能级按文化系统、社会系统、人格系统、行为有机体系统的顺序依次递减。他认为文化系统从人类对终极实在的思考中获得信息量,终极实在是一系列最基本的生存意义问题。文化首先与终极实在发生联系,并得到最大信息流量和最强的控制力,但由于其活动能量最小,最不易变动,因而文化系统既是变迁中的带动因素,又是变迁中的滞阻因素。受有机物质环境影响的行动有机体系统,虽然活动能量最大,但由于其信息流量最小,其活动最终受文化系统的规范和引导。因此,文化系统在行动系统中起着规定和先导的作用。

2. 帕森斯现代化理论的主要特点

首先,帕森斯现代化理论是典型的和谐论。强调社会发展的稳定和秩序条件,由于可以自由选择的行动者总是倾向于永恒的自我拆解,所以社会的存在和发展必须以一定的合作和团结为基础,这是社会成员各就其位,发挥自身所承担的社会功能的前提。结构的分化必须以整合为保障才能进入新的状态。帕氏理论正是这一理论观点的突出表现。

其次,帕森斯现代化理论没有超越系统内部。尽管帕氏理论的视角比先前现代化理论有所拓展,但帕氏理论始终没有超越系统内部的界限,帕氏坚信,西方社会之所以能够现代化,是由于西方社会长期历史发展而成的优越文化和制度,它们有利于现代经济的发展,而落后国家没有现代化,正是由于缺乏西方社会的有利因素。

第三,帕森斯现代化理论是文化的控制论。在帕氏的行动系统中,文化系统始终处于最高控制地位。在帕氏看来,作为文化系统内容的价值、规范、观点等是维持社会秩序的基础,社会结构是社会存在的外在方式,文化内容是社会存在的内在方式,两者不可随意共存,必须在一定的适应条件下才能彼此协调。其次文化系统的价值、信仰等内容可以化作一种精神的力量,成为人们行为的内在驱动力。另外,文化系统的价值在社会制度化结构的形成中具有规定和导向的作用。这三个要点是帕森斯强调文化控制力的依据。

第四,帕森斯现代化理论是社会的趋同论。在帕氏看来,任何社会都要经过一系列有序的、不可逾越的阶段,其发展方向和发展路线都是一样的,这一路线就是作为事实发生的西方社会的发展路线,所不同的只有速度之快慢,并无方向之差别。

第五,帕森斯现代化理论是功能的强制论。帕氏虽然考虑了现代化的广泛影响因素,但只是从这些因素的相互牵制来考察的,并没有真正触及决定现代化的根源问题。当真正探究到现代化的根本性和决定性因素时,帕氏把视角转向了结构功能条件,得出了只有更好地满足功能的结构要求,才能促进社会的发展。帕森斯最终走向了功能强制论。

二、农业现代化的理论和实践

1.农业现代化的内涵

从20世纪50年代至今,基于"任何社会相对于过去的社会而言是现代社会"的认识,导致了人们对现代化从不同角度进行了大量研究,归纳起来,形成了五大主要研究方向:一是以亨廷顿为代表的政治学方向;二是以罗斯托为代表的经济学方向;三是以帕森斯为代表的社会学方向;四是以英克尔斯为代表的人文学方向;五是以布莱克为代表(体制比较研究)制度学方向。

农业现代化以现代化理论为基础,结合农业的特点提出,基本上也是从过程和结果两方面来定义。西奥多·W·舒尔茨(Theodore W. Schultz)认为,发展中国家的经济成长,有赖于农业的迅速稳定增长,而传统农业不具备迅速稳定增长的能力,出路在于把传统农业改造为现代农业,即实现农业现代化。传统农业是农业发展史上的一个重要阶段,根据舒尔茨的理解,其应被看作一种特殊类型的经济均衡状态(舒尔茨,1987)。现代农业是相对于传统农业而言的,人们对现代农业特征的认识因时而变,与现代化概念一样,也是一个动态变化的过程,既有传统性的合理继承与发展,又具有现代先进性和合理性的特质。

我国自 20 世纪 50 年代中期以来,关于农业现代化概念,学术界曾提出了各种表述和设想,较为典型的有:

(1)20 世纪 50 年代和 60 年代,农业现代化被概括为机械化、电气化、水利化和化学化。

(2)农业现代化是一个客观的经济范畴,它的特定涵义就是从古代、近代农业转化为机械化、科学化、社会化的现代化农业的历史过程(李周等,1990)。

(3)所谓农业现代化,就是要把农业建立在现代科学的基础上,用现代科学技术和现代工业来装备农业,用经济管理科学来管理农业,把传统农业变为具有当代世界水平的现代农业,即生产技术科学化、生产工具机械化、生产组织社会化、管理上的多功能系列化(《中国农业经济学》编写组,1984)。

(4)农业现代化是用现代科学技术装备管理农业,要求具有高度的劳动生产率和商品率(章宗礼,1980)。

(5)从系统论的角度把农业生产看成是由农业经济系统、农业生态系统和农业技术系统组合成的综合系统,正是这三个系统之间的能量转换和物质循环,农业经济再生产和自然再生产才得以实现,我国农业现代化的实质就是这三个系统的最优化(李果仁,1992)。

(6)农业现代化是一个包括自然、社会、经济、科技、管理、信息等因素在内的复杂系统工程,要实现这一系统工程,不仅要实现生产手段的现代化,还要实现技术(含生态技术)措施的科学化、产品的商品化、社会的信息化,要由单纯从外部向农业投入新的工业物质,转为以发挥农业生态系统内部各组成要素的相互作用为主,采取一整套综合配套的现代措施,充分发挥农业现代化的整体功能(李果仁,1992)。

(7)农业生产是自然再生产和经济再生产的交织过程,农业现代化则是这一过程在社会科技不断进步下的延伸和扩展,随着这种延伸和扩展的渗透,众多元素涉入其间,从而形成以自然再生产与经济再生产为主轴,凝聚现代科技文明于一体,囊括各种自然资源和社会资源的纵横交错的网络系统(王宏广,1991)。

(8)农业现代化从粗放低效封闭的自给型传统农业转变为使用现代工业、现代科学技术的现代农业。现代化只是农业进步过程的体现,是现代农业发展的最主要内容。其意义在于,宏观上,农业现代化大大提高农业劳动生产率和土地生产率,减少农业对自然资源的依赖性,使一个国家的农产品供给能力与水平尽快适应人民对食品与纤维等的不断增长的需求以及工业化迅速发展的需要,为实现国家的全面现代化奠定基础;微观上,农业现代化将能够使作为经营主体的家庭农场、合伙农场和公司农场,通过经营现代商品农业和提高农产品的市场竞争力来赚取利润,增加收入。但由于农业是自我支撑力量最为弱势的产业,因此,世界各国农业现代化的发展都离不开政府的支持,西方发达国家的经验就充分说明了这一点。

　　2.西方发达国家农业现代化实践之借鉴

　　西方发达国家在农业现代化进程中的行为主要包括:实施有利的土地政策,扶持农民合作社,支持发展农村非农产业,支持农业基础设施建设,提供农业信贷服务,创建农业社会化服务体系,发展农业教育、科研与技术推广,利用财政、金融手段支持农业现代化等。其目的是保证农产品的有效供给与粮食安全,维持农产品供求均衡和保证农民收益提高农业生产率和提高农业竞争力,以及实现农业的可持续发展。但由于国情的差异,国家政府在农业现代化进程中的行为及力度则有所不同。

　　(1)发达国家农业现代化主要行为方式

　　首先,多采用立法形式推行政策。发达国家在农业现代化进程中实施的许多政策,多是以法令的形式出现的。农业立法程序,使得政府在农业现代化进程中的某些行为必须以相应的法律为依据,并受到国会的必要监督,保证了政府对于农业现代化的支持或干预都在法律框架内进行。美国政府在农业方面的立法涉及农业现代化的各个方面,包括农产品价格支持与土地调整、农业合作社、农业劳动、农产品流通、农业信贷、农作物保险、农业技术推广、种子和渔业等。为了适应共同农业政策改革的需要,更有效地推动农业现代化,确保农业的竞争能力和出口能力,法国政府不仅通过实施《农业基本法》与《农业指导法》来推动实现农业现代化所需要的土地集中,而且在1995年还专门颁布了《农业现代化法》,特别强调对青年农业经营者的扶持,鼓励发展以公司制为组织形式的农业经营组织,减轻农民负担。根据这个法令,通过改革提前退休制度、降低土地转让注册登记费和农业所得税、减免土地税等项措施,为青年农民提供更多的财政补贴资金,并使他们更容易获得经营现代农业所需要的土地。

　　其次,充分利用经济手段干预农业现代化。在市场经济条件下,农业现代化的经营主体是自主经营、自负盈亏的企业和农户,推动农业现代化的力量主要是市场机制。一般来讲,发达国家政府对于企业和农户在农业现代化进程中的行为很少强行干预,而是通常利用一些涉及经济利益的经济手段来引导或影响企业和农户在农业现代化进程中的行为。这些经济手段中要包括价格支持与补贴、税收减免、低息或无息贷款等。在这些经济手段中,有的是以市场机制为基础间接影响企业和农户的收益或成本,如:价格支持与补贴、出口补贴、利息补贴和税收减免等;有的则是直接影响企业和农户的收益或成本,如休耕补贴、退贴、购置装备与修建设施补贴等。此外,发达国家政府在农业现代化进程中采用的经济手段,让包括对公共物品的资助,例如:提供农业科研、教育与技术推广所需经费和对于水利、电力、通讯和道路等农业基础设施的资助等。

第三,使用行政手段干预农业现代化。政府对于经济的行政干预,主要是指政府利用自身的权力,通过自上而下颁布的行政命令、指令性计划和进行行政性审批等行政手段来管理经济活动的行为。干预具有较强的强制性,要求经济活动主体必须执行政府下达的命令或计划,必须遵守政府的有关规定,或者必须经过政府有关部门的审批。对于在市场经济机制下运行的农业现代化,发达国家政府是很少采用行政手段进行干预的。它们的原则是,市场调节第一位,行政干预只能出现在市场调节不能有效发挥作用的领域。发达国家在农业现代化进程中使用的行政干预手段,主要包括:执业资格证书(如"绿色证书"、"职业证书")、技术标准、环保标准、卫生和安全标准、价格管制、许可证、配额或限额等。而行政干预的内容,主要有价格管理、维护公平竞争与限制垄断、职业资格管理、农产品标准化管理、农产品质量监督、动植物检疫、动植物病虫害监控、自然资源管理和环境保护等。

(2)政府行为力度的把握

将不同发达国家的政府在农业现代化进程中的行为加以比较,可以看出,无论是在对农业的保护或对农产品价格的干预方面,还是在促进土地使用权流动和规模经营的产权等制度安排、对农民合作经济组织的支持方面,以及对本国农产品市场开放程度的控制方面,干预力度较大的是欧洲发达国家和日本,较小的是美国。

总体而言,在西方发达国家农业现代化进程中,日本和欧盟国家政府干预的力度一般都大于美国,主要原因在于国情的不同。和美国相比,日本和许多欧盟国家的农业资源均相对短缺,在20世纪60—70年代以前主要农产品不能自给;它们比美国更为迫切地需要依靠农业现代化来提高本国农产品的自给率,以及保证农民的基本收入。而美国农业在大部分年份里面临的是农产品过剩。因此,日本和许多欧盟国家要靠较强力度的政府干预来推进与现代农业相适应的规模经营,来维护本国农民经营现代农业的积极性,进而达到保证本国农产品供给和粮食安全以及稳定农民收入的目的。

第二节 舒尔茨的人力资本理论

一、舒尔茨人力资本理论的主要观点

舒尔茨(T. W. Schultz)被认为是现代人力资本理论的创始人,他在著作中,系统、明确地阐明了人力资本的观点思想,形成了其独特的人力资本理论。

舒尔茨(1961)将技术进步中的"人力资本"(Human Capital)因素突出出来。体现在人身上的技能和生产知识的存量,即是人力资本,它是通过对人的教育、培训、保健等方面的投资形成的,并由此提出关于经济增长的人力资本模型:

$$Y = F(K, AL, H)$$

其中,K 表示资本,L 表示未经过教育的简单劳动力,H 表示人力资本。可见,人力资本作为经济增长的一个独立的源泉,起着越来越重要的作用。由于人力资本的收益递增性,就解释了经济增长的原因。

由于人力资本理论把人力资本视为由投资而形成的,因此,就要考虑人力投资的效益,就要计算不同程度、不同种类人力投资的收益,并与物质资本投资相比较。所以,几十年来研究有关人力资本投资的收益率问题便成为人力资本理论研究的主要课题。根据舒尔茨的人力资本理论,舒尔茨测算了美国各级教育的收益率,初等教育为 35%,中等教育为 10%,高等教育为 11%,整个教育的平均收益率为 17.3%,并据此估算出美国 1929 年至 1957 年间国民收入增加额 1520 亿美元中有近 33% 是由劳动者受教育程度的提高所致,它占不可解释的 710 亿美元的 70%。这些结论在世界上引起很大的影响。人们开始真正认识到经济的持续发展,必须通过人力资源的充分利用和改善,而人力资源的利用与改善必须通过多种形式的教育才能实现。教育绝不是纯粹的消费,而主要是一种能导致经济增长的投资活动。教育活动不是可有可无、可重可轻,而是与国家经济发展紧密相关的。

1.人力资本通过投资来获得

就人力资本的形成这一问题,舒尔茨认为人力资本的获得并不具有先天性,它必须通过后天的投资来获得。在认识到这一现象的前提下,舒尔茨进一步分析、总结了人力资本的投资方式,并将之总结为正规教育投资、在职培训投资、健康投资、迁移和流动投资、科研投资等五种类型。

2.人力资本的积累是社会经济增长的源泉

在对经济发展制约因素的分析上,传统经济增长理论强调物质资本积累在经济增长和经济发展过程中发挥着决定性的作用,认为经济增长取决于劳动力的投入与劳动生产率的提高,而这两者的积累又依赖于物质资本的积累,因此物质资本的积累便成为经济发展的决定性要素。与此不同,舒尔茨在将资本划分为人力资本和常规资本的基础上,进一步指出人力资本通过对教育、卫生保健和技术培训等方面的投资,提高劳动者的素质。

舒尔茨认为人力资本的积累是社会经济增长的源泉,其主要原因有三个:其一,人力资本投资收益率超过物力资本投资的收益率。舒尔茨认为人力资本与物力资本投资的收益率是有相互关系的,认为人力资本与物力资本相对投资量,主要是由收益率决定的。收益率高说明投资量不足,需要追加投资;收益率低,说明投资量过多,需要相对减少投资量。当人力资本与物力资本两者间投资收益率相等时,就是两者之间的最佳投资比例。在两者还没有处于最佳状态时,就必须追加投资量不足的方面。当前相对于物力投资来说,人力资本投资量不足,必须增加人力资本投资。其二,人力资本在各个生产要素之间发挥着相互替代和补充作用。舒尔茨认为,现代经济发展已经不能单纯依靠自然资源和人的体力劳动,生产中必须提高体力劳动者的智力水平,增加脑力劳动者的成分,以此来代替原有的生产要素。因此,由教育形成的人力资本在经济增长中会更多地代替其他生产要素。例如,在农业生产中,对农民的教育和农业科学研究、推广、应用,可以代替部分土地的作用,促进经济的增长。其三,具体数量化计算。进一步加以证明人力资本是经济增长的源泉。舒尔茨运用自己创造的"经济增长余数分析法",估计测算了美国 1929—1957 年国民经济增长额中,约有 33% 是由教育形成的人力资本作出的贡献。

3.教育是使个人收入的社会分配趋于平等的重要因素

教育促进经济增长是通过提高人们处理不均衡状态的能力的具体方式实现的。所谓处理不均衡状态的能力,是指人们对于经济条件的变化、更新所作出的反映及其效率,即人们根据经济条件的变化,重新考虑合理分配自己的各种资源,如财产、劳动、金钱及时间等。舒尔茨称这种"分配能力"为处理不均衡能力。这种能力的取得与提高,主要是由于教育形成的人力资本的作用。这种"分配能力"可以带来"分配效益",从而促进个人或社会的经济增长,增加个人和社会的经济收入。人力资本可以使经济增长,增加个人收入,从而使个人收入社会分配的不平等现象趋于减少。因为通过教育可以提高人的知识和技能,提高生产的能力,从而增加个人收入,使个人工资和薪金结构发生变化。舒尔茨认为个人收入的增长和个人收入差别缩小的根本原因是人们受教育水平普遍提高，是人力资本投资的结果。教育对个人收入的影响主要表现如下：

首先，工资的差别主要是由于所受教育的差别引起的，教育能够提高工人收入的能力，影响个人收入的社会分配，减少收入分配的不平衡状态。

其次，教育水平的提高会使因受教育不同而产生的相对收入差别趋于减缓。舒尔茨认为随着义务教育普及年限的延长，随着中等和高等教育升学率的提高，社会个人收入不平衡状况将趋于减少。

再次，人力资本投资的增加，还可以使物力资本投资和财产收入趋于下降，使人们的收入趋于平等化。舒尔茨指出在国民经济收入中，依靠财产收入的比重已相对下降，依靠劳动收入的比重在相对增加，其中人力资本对经济增长的贡献也随之增加。

二、舒尔茨的农业经济思想

1. 舒尔茨的三种类型农业

舒尔茨的农业经济思想主要体现在他的《改造传统农业》一书中，他将农业划分为三种类型：其一是传统型农业。在传统型农业中，整个农业部门的技术状态与持有和获得作为收入流来源的农业要素的偏好和动机状态长期基本保持不变，导致农业生产要素的生产者与供应者也在长期内处于特殊的均衡状态。在这种均衡中，来自农业生产的持久收入流来源的价格是高昂的。其二是现代型农业。农民使用现代农业生产要素，而且任何一种新生产要素只要是有利可图的，它的出现和被采用之间的时间间隔是很短的。新的生产要素的供应和需求虽然没有实现均衡，但是收入流价格是低廉的。其三是过渡型农业。在传统型和现代型之间处于经济失衡状态。其失衡的根源是农业要素的价格与其农业生产率价值相比是非常不平等的。

舒尔茨认为传统农业有三个基本特征：第一，技术状况长期保持不变；第二，农民持有和获得收入来源的偏好和动机状况保持不变，农民没有增加传统使用的生产要素的动力；第三，传统生产要素的供给与需求处于长期均衡的状态，也就是说，传统农业其实是一种生产方式长期没有发生变动的，基本维持简单再生产的、长期停滞的小农经济。在此基础之上，舒尔茨以来自危地马拉和印度的实证材料驳斥了两种流行的观点：一种是认为传统农业中生产要素的配置效率低下；另一种是隐蔽失业理论，也即"零值农业劳动学说"。进而，舒尔茨用他的收入流价格理论深刻地解释了传统农业停滞落后、不能成为经济增长源泉的原因是由于收入流价格较高和资本收益率低下。这是因为在传统农业中，由于生产要素和技术状况不变,生产要素供给是不变的,持久收入流的供给曲线是一条垂直线。此外,传统农业中农民持有和获得收入流的偏好和动机也不变,所以收入流来源的需求也不变,即持久收入流的需求曲线是一条水平线,这样,持久收入流的均衡价格就长期在高水平上固定不变。在这种情况下,农民没有能力也不愿意增加储蓄和投资,因而无法打破长期停滞的均衡状态。资本收益率的低下,也就是收入流来源的价格高,即社会所依靠的生产要素是昂贵的经济增长源泉。因此,改造传统农业的出路就在于寻找一些新的生产要素作为廉价的经济增长源泉。

2. 舒尔茨改造传统农业的路径

对于如何才能通过引进现代生产要素来改造传统农业,舒尔茨提出三条路径:第一,建立一套适于传统农业改造的制度;第二,从供给和需求两方面为引进现代生产要素创造条件;第三,对农民进行人力资本投资。舒尔茨认为在改造传统农业的过程中,重要的"制度"保证是:运用以经济刺激为基础的市场方式,通过农产品和生产要素的价格变动来刺激农民;不要建立大规模的农场,要通过所有权和经营权合一、能适应市场变化的家庭农场来改造传统农业;改变传统农业中低效率的"不在所有制形式",实行"居住所有制形式"。在引进新的生产要素时,供给是重要的。为了供给新的农业生产要素,就需要政府或其他非营利企业研究出适应于本国条件的生产要素,并通过农业技术推广站等机构将它们推广出去。从需求方面来看,要使农民乐意接受新的生产要素,就必须使这些要素真正有利可图,这既取决于新生产要素的"价格和产量",也取决于"决定地主与农民之间如何分摊成本和收益的租佃制度"。此外,还必须要向农民提供有关新生产要素的信息,并使农民学会使用这些新生产要素。

附:舒尔茨的主要著作:《关税对大麦、燕麦、玉米的影响》(1933)、《训练和充实农村地区社会性工作者》(1941)、《改变农业》(1943)、《农业生产和福利》(1949)、《人力资本的投资》(1960)、《改造传统农业》(1964)、《不稳定经济中的农业》(1945)、《农业的经济组织》(1953)、《世界农业中的经济危机》(1965)、《经济成长和农业》(1968)。

第三节　托达罗模型

一、托达罗模型假说

托达罗模型从个人的迁移决策出发,对影响个人迁移决策的因素和人口流动机制提出了以下几点假说:

(1)促进人口流动的基本经济力量,是相对收益和成本的理性经济考虑,这种考虑主要是经济因素,但也包括心理因素。

(2)迁移决策取决于预期的而不是现实的城乡工资差异。其中,预期的差异是由实际的城乡工资差异和在城市部门成功地获得就业机会的概率这两个变量之间的相互作用决定的。

(3)城市就业机会的概率与城市就业率成正比,而与城市失业率成反比。也即城市就业率越高(失业率越低),乡村流动人口在城市找到工作的可能性就越大;反之,若城市就业率越低(失业率越高),乡村流动人口在城市找到工作的可能性就越小。

二、托达罗模型的基本假设条件

(1)两部门,即整个经济分为乡村部门和城市部门,前者生产农产品,后者则生产制成品。乡村部门可以用全部劳动力生产农产品,然后用一部分农产品向城市部门交换一部分制成品,也可出口一部分劳动力到城市部门就业从而获得制成品。

(2)不存在剩余农业劳动,即农业(乡村)部门的边际生产力为正。这意味着乡村流动人口的机会成本为正,同时也意味着人口流动给社会带来的成本并不像刘易斯模型中假设的那样为零,而是为正。

(3)城市最低工资水平由制度外生决定(制度工资),且高于市场出清水平[①]。通过后面的分析可看出这一假设在托达罗模型中具有至关重要的作用;

(4)就业概率=城市(现代部门)已就业劳动力/城市劳动力供给总量,也即将函数 $P(t) = f[N_M(t)/N_u(t)]$ 假设为最简单的线性形式。

(5)只要在边际上期望城市收入超过乡村收入,乡—城人口流动就不会停止。

---

① 市场出清(market clearing)是说一个市场供给和需求保持平衡。均衡是从总体上来说的,是说所有市场都要出清。在给定的价格(p)之下,市场上的意愿供给等于意愿需求。

(6)两部门的雇主为追求利润最大化都遵循边际生产力定价原则。即在乡村部门中,雇主支付的工资等于最后一个雇用劳动力的边际产品价值;在城市部门中,由于工资由制度外生决定,雇主将使其雇用的最后一个劳动力的边际产品价值等于该制度工资。

(7)农产品的价格简单地由两部门的相对产量决定,即哪个部门的产品相对越少,其产品的相对价格就越高。

三、从托达罗模型看我们的农业政策

(1)城乡要均衡发展。应当减轻因发展战略偏重城市而引起的城乡就业机会不平等。若过于偏重城市发展,使得城市收入(工资)水平过快增长,进一步拉大城乡收入差距,不仅会引起人口大规模流动,不利于解决城市失业问题,而且可能造成农忙季节农村劳动力的不足,影响农业生产。

(2)应当鼓励制定一体化的农村发展规划。通过制定创造性的、精心设计的一体化农村发展规划,把对乡—城人口流动的不必要的经济刺激降低到最低限度。重点应放在促进农业和非农业收入的增加、就业的扩张、农村医疗服务的提供、教育的改善和基础设施的发展等方面。

四、托达罗模型的缺陷

托达罗假定农业劳动者迁入城市的动机主要在于城乡预期收入差异,即现代工业部门和农业部门的预期收入差异。差异越大,流入城市的人口越多。托达罗认为,农村青少年进城后尽管不会很快在现代部门找到工作,但在城里待的时间越长,他获得工作的机会就越大,因此他仍然愿意在城里等待工作,所以人口流动行为模式应该建立在较长的时间范围的基础上。

托达罗模型存在以下两个缺陷:

第一,托达罗提出控制农村劳动力往城市迁移的原因在于,迁移者在城市的时间越长,获得职业的概率也就越大,从而在此期间内的预期收入也就越高,迁移者计划期内预期城乡收入差异的净贴现值就越大,农村劳动力迁往城市人数就越多。托达罗假定流入城市的劳动力即使找不到工作也会做临时工或完全闲置。而实际上,流入城市的农村劳动力在城市如果找不着工作的话,一般都会返回农村,或者赚到一些钱后,又返回到农村。

第二,托达罗假定发展中国家农村部门不存在剩余劳动力,认为农村劳动边际生产率始终是正数。而发展中国家的实际情况恰恰相反,农村存在大量剩余劳动力,在有限的土地上必然存在大量的生产率很低的劳动力。托达罗模型

提出的控制农村人口向城市迁移,只是控制了城市人口不会大量增加,把城市中的失业问题转移到了农村,并没有从根源上解决农村剩余劳动力的就业问题,在一定程度上加剧了农村人口的增长趋势。

第四节 刘易斯—费景汉—拉尼斯模型

一、刘易斯－费景汉－拉尼斯模型的基本内容

1. 刘易斯《劳动无限供给条件下的经济发展》及其主要观点

1954 年,美国著名经济学家、1979 年诺贝尔经济学奖获得者刘易斯(A. W. Lewis)在英国曼彻斯特大学学报上发表了一篇具有里程碑意义的论文——《劳动无限供给条件下的经济发展》,首次提出了完整的二元经济发展模型。刘易斯所建立起来的劳动力转移模型具有经典的意义,他在该文中解释经济发展的根本原因时建立起了划时代意义的二元经济(dual economy)及其劳动力转移模型,提出了以下主要观点:

第一,经济发展的根源在于资本积累的增长从而促进储蓄的增长,而储蓄的增长是因储蓄者的收入相对于国民收入的增加,也就是说,国民收入分配有利于储蓄阶级。而实现这一过程的基本途径就是劳动力从维持生计部门向资本主义部门不断转移的过程。

第二,将发展中国家的二元性明确地刻画出来,即认为发展中国家是典型的二元经济,其经济结构可以概括为两大部门:传统部门(以传统的农业部门为代表)和现代部门(以现代工业部门为代表),并且分析了两大部门的主要特征。

刘易斯从四个方面比较这两个部门,见表 2-1。

表 2-1 两大部门特征比较

特征 部门	规模	劳动力边际生产力	工资决定	剩余
传统部门	庞大	很小、零或负	制度决定	劳动力剩余
现代部门	弱小	大于或等于工资	劳动力决定	经济剩余

从表 2-1 看出,刘易斯认为传统部门的四大特征分别是它比现代部门要庞大得多,劳动力的边际生产力或微不足道,或是零,甚至为负数;传统部门的工资不是由农民的边际生产力决定,而是取决于制度安排,是由维持传统部门劳

动者生活的最低水准决定的;这个部门只有劳动力剩余而无经济剩余(刘易斯把地租理解为全部地主消费掉的剩余,所以这种剩余不能变为储蓄或资本),所以,他又把这一部门称为维持生计部门。而现代部门的特征分别是它十分弱小;劳动力的边际生产力大于或等于工资,从而这一部门存在剩余;由于现代部门较高的生活费用、农民转移到城市所付出的心理成本,以及工会的影响等,现代部门的工资高于传统部门,通常比自给的农业部门的平均收入高30%,但其特点是不变工资,这是因为按照这一工资水准,存在着劳动力的无限供给;现代部门存在着追求最大利润的动机,这促使资本家把经济剩余最大限度地用于资本积累。需要指出的是,在刘易斯的分析中,技术进步是中性的,并且包含在资本积累之中,由于假定技术进步是中性的,所以资本积累将等比例地带来劳动力就业增长。

第三,传统部门和现代部门在同一个国家并存,是发展中国家的普遍现象,通常表现为少数发达的工业与最原始的技术并存,少数发达的商业被大量老式商贩所包围,少数种植园处于传统小农的汪洋大海包围之中,这就是所谓的二元经济结构。

第四,在自给的农业部门中,劳动力相对于资本和土地过于丰富,以致把一部分劳动力转移出农业,农业产量不会减少。这意味着,对于资本主义部门(现代部门)按照现行工资所提供的就业机会来说,劳动力的供给是无限的,而两大部门工资的差别,也诱使传统部门的劳动力源源不断地向现代部门转移,加之资本家把利润转化为资本的行为,造成了现代部门进一步增强其吸收劳动力的能力。因此,刘易斯劳动力转移模型的实质内容就是劳动力无限供给条件下,资本主义部门的扩大和农业部门的缩小。刘易斯认为,只要传统部门仍存在剩余劳动力,这一过程就会持续下去,一直持续到积累赶上劳动的过度供给,剩余劳动被吸收完毕。

2.拉尼斯和费景汉发展了刘易斯模型

《劳动无限供给条件下的经济发展》的发表标志着二元经济模型超越了思想阶段而形成一种具有严格内部一致性的经济学理论。但这一理论也招致了激烈的批评。其中,拉尼斯(G. Ranis)和费景汉就认为刘易斯模式有两点缺陷:

第一是没有足够重视农业在促进工业增长中的作用;

第二是没有注意到农业由于生产率的提高而出现剩余产品是农业中的劳动力向工业流动的先决条件。两人对这两点作了补充,从而发展了刘易斯模式。

1961年和1964年拉尼斯(G. Ranis)和费景汉(J. C. H. Fei)发表论文对刘

易斯理论的不足之处进行了改进,使其更加准确和合理,形成一个涵盖面更广的经济发展理论体系。学术界通常把二元经济模型称之为刘易斯－费景汉－拉尼斯模型。针对刘易斯模型前提条件的局限性和模型本身的明显缺陷,费景汉(john. C. H)和拉尼斯(G. Ranis)1961年合作建立了二元经济模型,被称之为费景汉——拉尼斯模型[①]。他们的修正模型仍然是建立在二元结构的分析方法上,所不同的是,他们提出了工业化发展中的资本深化和浅化方式、技术创新的劳动力偏向性、工业利润和农业剩余共同决定资本积累等概念,从而提出了现代工业部门发展方式不同,对劳动力的吸纳作用亦不同,其效应并不是唯一的,特别是提出了农业劳动生产率提高和剩余增加是直接决定经济顺利发展的内生变量,农业增长亦能使现代部门和传统部门达到均衡发展水平。

　　另外,对于劳动力流动的全过程而言,刘易斯只考察了农业存在过剩劳动力的经济发展第一阶段,即农业边际生产率等于零,农业劳动力无限供给这一阶段,因而是不够全面的。针对这一弊端,刘易斯－费景汉－拉尼斯模型认为,劳动力转移过程可以分为三个阶段:第一阶段,农业边际生产率等于零,传统农业部门存在大量的显性失业人口,劳动力的供给弹性无限大,劳动力从传统部门转入工业部门后,农业部门出现了剩余产品,正好为流入工业部门的就业者提供粮食保障。在这一阶段,由于不存在粮食短缺问题,因而劳动力转移不会受到阻碍。第二阶段,农业部门边际生产率提高,其值介于零和不变制度工资之间,农业部门存在隐性失业人口。此时,因为农业边际生产率为正值,当农业劳动力转移后,农业总产品就会减少,平均农业剩余低于不变制度工资,提供给工业部门的农业产品就不足以按制度工资来供养工业劳动者,引起农产品价格上涨,导致工业部门工资上升,劳动力需求相对减少,利润下降,工业扩张减速甚至停滞,因而劳动力转移将会受到阻碍。第三阶段,农业部门已不存在剩余劳动力,农业边际生产率高于不变制度工资水平,农业部门商业化,农业劳动者的收入水平不再取决于制度工资,而由农业劳动边际生产率和市场共同决定。此时,农业与工业两部门平衡发展,农业剩余劳动力消失,劳动力转移进入商业化时期,相对于每一个工资水平,均会从农业部门释放出一定量的劳动力。

二、二元结构下的经济发展的决定因素

　　首先是两部门劳动生产率的高低。在其他条件不变的情况下,传统部门的劳动生产率越高,现代部门的工资就越容易在较长时间里保持在较低水平。这

[①]　费景汉,C.拉尼斯.劳动力剩余经济的发展[M].北京:华夏出版社,1989.

样就越有利于保持较高的利润水平,扩大现代部门的再投资能力。而且,工资水平越低,企业家就越倾向于使用劳动密集型生产技术,就越有利于就业。现代部门生产率的提高会扩大资本家的储蓄,从而促进再投资,使现代部门持续扩张。

其次是两部门技术进步的类型。越是劳动密集型技术进步,单位资本吸收的劳动力就越高,反之,越是资本密集型技术,单位资本吸收的劳动力就越低。但是劳动密集型技术进步虽然有利于短期内的就业,但是由于其劳动生产率不如资本密集型技术,积累能力和产业扩张能力较弱,对长期的经济扩张和就业扩大有一定不良影响。因此选择产业发展技术类型是必须根据经济发展的特殊阶段的要求,全面权衡各种类型的利弊。

第三是两部门的工资水平,特别是现代部门的工资水平。一般来说,工资水平应该反映劳动力市场的供求结构,如果从体系外对工资水平进行干预,将其抬高到均衡水平以上,那么对二元经济发展是不利的。就传统部门而言,如果"工资水平"不能像理论假定的那样在转换点到来之前始终保持在最低生存费用即制度工资水平(CIW),而是随着劳动力的流出而不断提高,则现代部门劳动力的工资也会被迫提高,这样就会使发展条件变得对现代部门不利。同样,现代部门劳动工资提高到均衡水平以上将使得该产业部门在利润水平下降的同时提高资本集约度,这往往构成二元经济发展的严重障碍。

第四是人口增长率的高低。在其他条件不变的情况下,人口增长率越高,新增人口对现代部门积累的消费就越多,同时现代部门所面临的就业压力就越大。这同样是不利于发展的。

三、模型的基本观点

1. 不发达经济是由两个不同性质的经济部门所组成的

一个是传统部门(traditional sector);另一个是现代部门。从生产技术方面来看,传统部门采用的是手工为主的生产技术,这些技术基本上是本地长期的生产实践中缓慢形成的。现代部门使用的是以大机器设备为主的资本集约型生产技术,多半是从先进国家引进的。从经济性质看,传统部门经济的货币化程度很低,生产的目的主要是维持全体共同体成员的生存,通行的是共同体原则,根据这一原则,在农业生产单位或农村社区内部,生产者、经营者在决定劳动力雇佣水平时,主要考虑的是彼此互助、互济和遵从传统的伦理道德规范。因此即使劳动力的雇佣量超出了实现最大利润所容纳的最佳水平,经营者也不会或不可能解雇多余的劳动力。于是在这个部门内,就业的劳动力是与有劳动能力并愿意从事劳动的人口规模相等的。这样就会存在相当部分的剩余劳动力。与此相对,现代化部门的市场化程度高,企业的生产经营活动通行的是利润最大化原则,其标志就是企业家以边际劳动生产率等于工资的原则决定雇佣规模。这意味着,只有那些边际劳动生产率高于工资水平的劳动力才被雇佣。剩余劳动力将不存在。

2.传统部门中存在着边际生产率低于其生活费用甚至等于零的劳动力

如果劳动力的边际生产率为零,那么着部分劳动力的流出将丝毫不影响传统部门的总产量。如果是边际生产率高于零但低于生活费用的劳动力,那么其流出对传统部门总产量的影响也不大。如果一个社会不存在现代部门,那么全体劳动力只能生存在最低生活水平的"马尔萨斯陷阱"之中。边际生产率在零到最低生活费用之间的那部分劳动力被统称为过剩劳动力。其中边际生产率为零的那部分劳动力被称为纯粹的剩余劳动力。一国只有发展现代生产部门才能吸收剩余劳动力并使全体人民的生活水平持续提高。

3.现代部门的扩张在其他条件不变的情况下,是以吸收传统部门的剩余劳动力为其特征的

经济发展的一个最显著的标志就是劳动力从传统部门向现代部门的转移。这种转移分为三个阶段:第一阶段,边际生产率为零的纯剩余劳动力的转移,这部分劳动力的流出不影响传统部门的总产量。第二阶段,边际生产率大于零小于最低平均生活费用的那部分劳动力的转移,这一阶段的转移将开始影响传统部门的总产量。第三阶段,传统部门的剩余劳动力已被现代部门吸收完毕,现代部门的进一步扩张就必须与传统部门争夺边际生产力大于最低生活费用的劳动力。劳动力的供求结构发生本质性的变化,劳动力过剩现象消失,取而代之的是劳动力不足。劳动力的实际工资持续上升,在竞争的拉动下,传统部门的性质也开始发生变化,共同体原则趋于解体,资本主义经营原则开始确立,同时,在这一部门中开始生产技术的现代化。传统部门的技术特征和经营特征逐渐消失。整个经济体系变成现代经济体系。至此工业化的主要任务已完成,国家从不发达经济变成发达经济。

4.经济发展的关键阶段就是第二阶段

如果生产技术没有进步以至于农业劳动生产率没有显著提高,则在这个阶段劳动力从传统部门的流出,必然导致粮食等农产品总产量下降。农产品短缺就不可避免。一旦农产品的供给出现不足,现代部门必须提高名义工资以稳定产业工人实际生活水平。现代部门的利润率将因此而降低,产业扩张的速度放慢。这又意味着现代部门吸收剩余劳动力的能力弱化。如果农业部门的生产

率始终没有提高,工业表面的扩张又没有其他资本积累源泉,那么经济发展的速度会显著放慢。困难的格局可能持续相当长时间,甚至在某种极端的情况下始终无法完成该阶段。这一阶段的长短取决于传统部门的生产率和现代部门资本积累水平。传统部门的产出率越高,现代部门资本积累的速度越快,困难的第二阶段也就会越短。在最理想的情况下,第二阶段将会消失。

四、刘易斯－费景汉－拉尼斯模型中农村人力资本投资的重要性

从分析刘易斯—费景汉—拉尼斯模型中人力资本因素可知,一个国家在完成二元经济转型过程中,产业选择与劳动者的人力资本教育程度如果脱节,就会造成二元转型中低人力资本劳动力难以就业。不合适国情的资本密集型产业、技术密集型产业导向,会导致技能水平较低的劳动力失业率上升和农村剩余劳动力转移速度下降。高、低技能劳动力就业水平的差距,造成了城乡间、城市内部以及农村内部收入差距的显著拉大,而收入差距显著拉大又造成了低收入人群人力资本投资能力的下降。大量低人力资本的劳动者不能较好就业,不仅影响自身的发展,也影响其下一代教育发展,从自身来说,由于收入状况的限制,人力资本积累也受到了制约。长期来看,使整个社会均衡健康发展受到影响。中国必须放弃过分追求资本密集型、技术密集型产业发展,代之以符合自身比较优势的发展战略,即劳动密集型产业发展,使大多数目前人力资本普遍偏低的农村剩余劳动力能够非农就业,才能够快速地发展经济,使二元经济转型顺利进行。另外,长期以来,由于我国实行城乡不同的制度安排,广大农村地区文化教育水平普遍偏低。因此,全力加大农村文化教育发展,尽快普遍提高农民人力资本,使广大农民能达到非农就业的基本要求,是二元经济转型能否顺利完成的关键因素之一。

第三章　农村人力资本投资体系分析

第一节　农村人力资本投资体系概论

我国广袤的农村是由一个个村落组成的，从最基层的农村单位看，它不像城市和企业，有着比较明显而理性的人力资本投资和管理体系，农村很难看出其人力资本投资清晰的体系，纯自然的衍生还是唱着主角。在对浙江农村的调研过程中，无论是面对"空心村"现象，还是新的读书无用论苗头，给人的感觉是，似乎一切都是偶然的，没有什么规律性，也许一觉醒来，伴随着清脆的鸟鸣，一切又是另一个样。然而，农村就像其新鲜空气一样，总是充满朝气，虽然相比城市而言它是落后的，但是，只要我们有足够的细心，就能从其纯朴、偶然、散乱中的现象中找到途径。经过仔细的研究就会发现，真相并不像其表象一样没有理性和规律，也许这正是所谓的大音稀声、大象无形。

农村的人力资本投资体系就是给人这样的感觉。本文尝试从投资主体和投资途径两个方面来探索农村人力资本投资体系，并着重分析它存在的问题并探讨解决问题的思路。

一、我国农村人力概况

如果要分析农村的人力资本问题，如果要研究农村人力资本投资体系，首先了了解农村的人口情况，包括人口总量、劳动力情况、农户构成以及它们的变化。由于这些情况及其变化直接影响农村人力资本的构成和变化，换句话说，它是农村人力资本的直接环境因素。

1.2008 年全国人口构成及从业人员的变化

我国是世界第一人口大国，2008 年全国总人口达到 132802 万人，而乡村人口达 72135 万人，占总人口比例 54.3%，见表 3-1①

---

① 数据来自《2008 年国民经济和社会发展统计公告》，2009 年 2 月 26 日发布。

表 3-1　2008 年人口数及其构成　　　　　　　　单位:万人

指　标	年末数	比重%
全国总人口	132802	100.0
其中:城镇	60667	45.7
乡村	72135	54.3
其中:男性	68357	51.5
女性	64445	48.5
其中:0—14 岁	25166	19.0
15—59 岁	91647	69.0
60 岁及以上	15989	12.0
其中:65 岁及以上	10956	8.3

所以,我们常听人说,中国不缺人,中国农村更不缺人,但那指的仅仅是自然人,从人力资源的角度看,人力资源不仅包括数量,还包括人口的质量。随着我国经济的发展,农业从业人员占整个社会从业人员的比重在逐年下降,而农村非农产业劳动力占整个社会从业人员的比重却在逐年上升,见表 3-2。

表 3-2　农村从业人员构成变化表①

年份	农业从业人员占社会从业人员比重(%)	农村非农产业劳动力占社会从业人员的比重(%)
2000	50.0	21.3
2001	50.0	21.6
2002	50.0	22.4
2003	49.1	23.8
2004	46.9	25.4
2005	44.7	26.9
2006	42.6	

将表中数据转换成折线图,就能更清楚地看出农业从业人员和农村非农产业劳动力比重发生的上述变化,见图 3-1。

---

① 来自《2007 年农业发展报告》表 1 农村经济在国民经济中的地位。

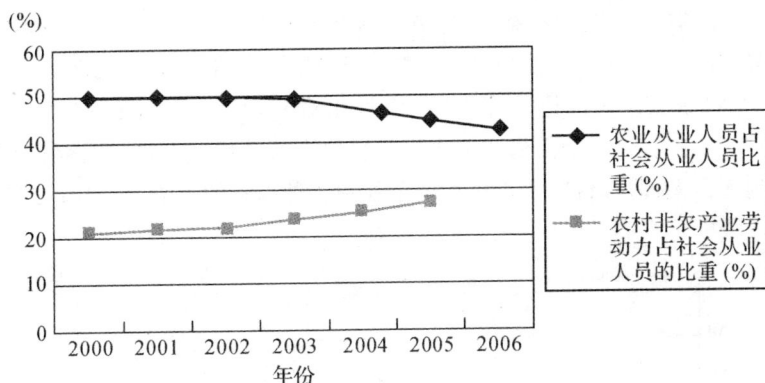

图 3-1　农村从业人员构成变化图

另一方面,改革开放三十年,中国经济取得了举世瞩目的成就,人民生活水平大大地得到改善,但是,在人均收入方面,农村居民与城镇居民的差距还是比较大,而且有继续扩大的趋势,从 2009 年 2 月 26 日发布的《2008 年国民经济和社会发展统计公告》中可以看到,全年农村居民人均纯收入 4761 元,扣除价格上涨因素,比上年实际增长 8.0%;城镇居民人均可支配收入 15781 元,实际增长 8.4%。按 2008 年农村贫困标准 1196 元测算,年末农村贫困人口为 4007 万人。

2. 近年来我国农村劳动力的变化情况

表 3-3　我国农村劳动力的变化[①]

年份	全国总人口（万人）	乡村人口（万人）	占总人口比重(%)	乡村劳动力人数（万人）	农业劳动力	占乡村劳动力的比重(%)	非农劳动力	比重(%)
2000	126,583	92,820	73.3	47,962	32,998	68.4	15,165	31.6
2001	127,627	93,383	73.2	48,229	32,451	67.3	15,778	32.7
2002	128,453	93,503	72.8	48,527	31,991	65.9	16,536	34.1
2003	129,227	93,751	72.5	48,971	31,260	63.8	17,711	36.2
2004	129,988	94,254	72.5	49,695	30,596	61.6	19,099	38.4
2005	130,756	94,907	72.6	50,387	29,976	59.5	20,412	40.5
2006	131,448							

---

① 来自《2007 年农业发展报告》表 2"农村劳动力情况"。

从表 3-3 中看出以下两点变化:其一是乡村人口占总人口的比例虽在下降,但不明显;其二是乡村劳动力总数在增加,但农业劳动力占乡村劳动力的比重在下降,非农劳动力所占比重在上升,而且相对其他两条线来说属于变化最大的(如图 3-2),非农劳动力是农村人力资本最集中的区域,它的变化比较快说明了比较深刻的含义,即农村的人力资本由于受到各种因素的影响正在加速地变化。

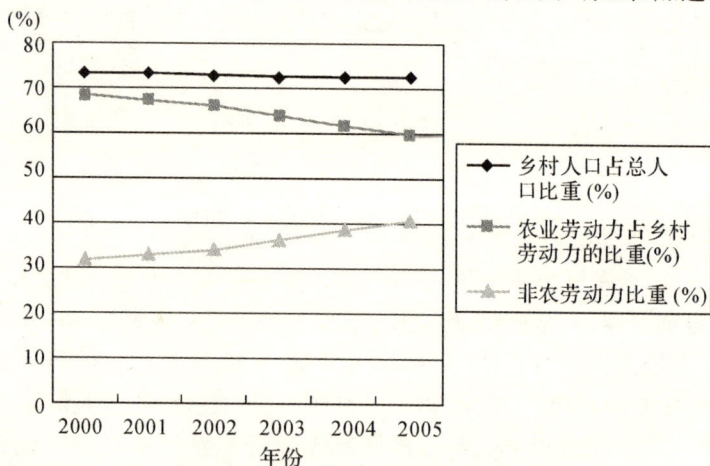

图 3-2 农村劳动力构成的变化

3. 农村住户情况及其变化

表 3-4 农村住户情况及其变化①

年份	调查户数(户)	平均每户常住人口(人)	平均每户整、半劳动力(人)	平均每个劳动力负担人口(人)	每百个劳动力中文盲、半文盲(人)	每百个劳动力中小学程度(人)	每百个劳动力中初中程度(人)
2000	68116	4.2	2.8	1.5	8.1	32.2	48.1
2001	68190	4.2	2.7	1.5	7.9	31.1	48.9
2002	68190	4.1	2.8	1.5	7.6	30.6	49.3
2003	68190	4.1	2.8	1.5	7.4	30.0	50.2
2004	68190	4.1	2.8	1.4	7.5	29.2	50.4
2005	68190	4.1	2.8	1.4	6.9	27.2	52.2
2006	68190	4.1	2.8	1.4	6.6	26.4	52.8

---

① 来自《2007 年农业发展报告》表 10"农村住户基本情况"。

从表 3-4 中可以看出,从 2000 年到 2006 年,农村住户在平均每户常住人口、劳动力数和平均每个劳动力负担的人口数没有明显的变化,每百个劳动力中文盲、半文盲人数变化也不明显,但受教育程度的变化比较明显(如图 3-3),从图中可以看出尤其在 2004 年后两条曲线明显折转。文盲数没有明显变化的可能原因是,文盲主要集中在年龄比较大的人群中,而由于计划生育,人口总数没有太大变化的情况下,这个数据也不会有大的变化。受过中学教育人数的增加是最令人兴奋的情况,尤其是其变化速度的加快更是值得期盼。

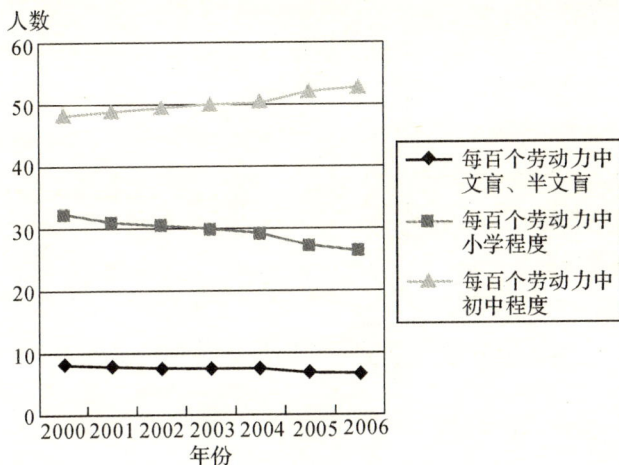

图 3-3　农村劳动力文化程度

(4)分区域的农户家庭人口与劳动力情况,见表 3-5 [①]

表 3-5　2006 年份区域的农户家庭人口与劳动力情况(每个农村居民户)

指标名称	单位	全国	东部	中部	西部	东北
被调查户数	户	20421	5362	5672	6235	3152
家庭常住人口	人	3.98	3.89	4.02	4.25	3.55
农村人口	人	3.76	3.57	3.77	4.07	3.45
家庭劳动力	人	2.41	2.31	2.40	2.51	2.38
其中:农村劳动力	人	2.31	2.15	2.30	2.43	2.33

---

① 来自《2007 年农业发展报告》表 31"2006 年农户家庭人口与劳动力情况"。

续 表

指标名称	单位	全国	东部	中部	西部	东北
在农村劳动力中：						
1.文盲、半文盲	人	0.26	0.26	0.26	0.31	0.15
2.小学文化程度	人	0.77	0.66	0.76	0.76	0.98
3.初中文化程度	人	1.04	0.98	1.05	1.07	1.07
4.高中文化程度	人	0.18	0.22	0.17	0.18	0.11
在农村劳动力中：						
1.有专业技术职称人数	人	0.12	0.12	0.11	0.15	0.09
2.受过职业教育和培训人数	人	0.18	0.20	0.16	0.22	0.12
在家庭劳动力中(按身份划分)：						
1.从事农业家庭经营劳动力	人	1.63	1.17	1.57	1.93	1.90
2.从事非农业家庭经营劳动力	人	0.28	0.32	0.31	0.28	0.20
3.受雇劳动者	人	0.57	0.70	0.66	0.52	0.32
4.个体、合伙工商劳动者	人	0.07	0.10	0.07	0.06	0.02
5.私营企业经营者	人	0.03	0.04	0.03	0.03	0.01
6.乡村及国家干部	人	0.04	0.05	0.04	0.04	0.04
7.教科文卫工作者	人	0.03	0.04	0.04	0.03	0.03
8.其他	人	0.36	0.33	0.30	0.38	0.45
在家庭劳动力中(按行业划分)：						
1.从事农业人数	人	1.59	1.17	2	1.85	2
2.从事工业人数	人	0.32	0.48	0.36	0.23	0.16
3.从事建筑业人数	人	0.14	0.11	0.18	0.16	0.08
4.从事运输业人数	人	0.07	0.09	0.08	0.07	0.06
5.从事商贸、饮食、服务业人数	人	0.24	0.31	0.24	0.23	0.12
6.从事其他行业人数	人	0.55	0.54	0.53	0.59	0.55
全家劳动力外出从业时间	天	245	242	289	265	129
全家外出从业劳动力数	人	0.99	0.93	1.17	1.08	0.61
全家外出收入	元	8465	11539	8630	7689	4475

从表 3-5 中可以看出,西部地区户均文盲半文盲数达到 0.31 人,以户均 2.43 工,文盲半文盲率达到 12.76％,就以受教育程度最好的东北地区看,文盲半文盲率也有 6.43％(0.15/2.33)。而构成农村人力资本最重要群体是受过高中教育,以最好的东部地区为例,其受高中教育的比率也只有 10.23％(0.22/2.15)。受过专业培训和有专业技术职称的人群是农村人力资本的核心群体,目前这个群体在农村还不够强大,最好的东部地区有专业技术职称人数所占的比重也只有 5.58％(0.12/2.15),受过职业教育和培训的人数所占的比重为 9.3％(0.20/2.15)。东北地区最低,受高中教育比率、专业技术职称人数所占比重、受过职业教育和培训人数所占的比重分别为 4.72％、3.86％和 5.15％。从区域来看,东北地区是一个比较顽固的板块,除了文盲半文盲率比较低以外,受高中教育比率、专业技术职称人数所占比重、受过职业教育和培训人数所占的比重都是全国最低的,还有另外几个不可忽视的指标也是全国最低的,即全家劳动力外出就业时间、全家外出从业劳动力数、私营企业经营者、从事工业人数。与此相对应,全家外出收入东北地区是最低的(4475 元/年),从事农业的人数和中部地区并列最高(2 人/户)。

所以,农村经济要发展,提高农村人口的质量是基础和关键,而要提高农村人口质量,加大农村人力资本投资并提高其投资效率尤为重要。要提高农村人力资本投资的效率,首先要有一个比较完善、合理的投资体系。

二、农村人力资本投资体系的构成

农村人力资本同样具备一般人力资本的共同特征,即依附性、私有性、可变性、层次性、时效性和流通性。其中依附性是人力资本的根本的首要属性,主要是因为人力资本是凝结在特定的人身上的"人力",这种资本与其天然的所有者或载体的个人须臾不可分离。人的一切体能和智慧都依附于活生生的人,而且以人具有劳动能力为条件。同时,由于人力资本只有在生产劳动中,与物质资本相结合,通过改变物质资本的形态或运用物质资本,才能将自己的价值,转移到新的产品或使用价值中,并创造出新的价值。所以,人力资本表现出强烈的对物质资本的依赖性。私有性是由于人力资本的依附性特征,决定了人力资本的产权的私有性。对于人力资本而言,所有者只能是个人,即人力资本具有私有性。劳动者不仅要始终保持对人力资本的私有权,而且我们也必须承认这种私有权。可变性指的是人力资本投资是在人的一生之中,其人力资本的形成不是通过一次性投资单独完成的,而是连续不断的多次投资行为的结果。所以随着教育的投入、培训的费用、保健支出的增加和不断的使用,人力资本会不断增加。并且可以根据社会经济对人力资本的供求变化,不断地调整投资内容与方向,改变自己的人力资本结构。层次性是因为人力资本是人们具有的各种生产知识与技能的总和,那么人力资本就会因为人的能力、知识的差异,呈现出明显的层次性。舒尔茨在论述人力资本时,认为人的能力呈现出以下层次性:学习能力、完成有意义工作的能力、进行各项文娱活动的能力、创造力和应付非均衡的能力。时效性指的是人力资本是人的附属物,但人有生命周期的限制,这就决定了人力资本的时效性。只有当人达到一定年龄时,人力资本的形成才会开始;到一定年龄后,人力资本的生产就会停止,如步入老年以后,就不再进行人力资本的生产;而到死亡以后,人力资本又全部消失。人力资本的时效性还表现为:在不同的生产阶段不同层次的人力资本会随着"时间"而不断变化。流通性是人力资本的重要属性之一,人力资本是无形资产,是可开放的资源。在当今社会,人力资本的流动已打破时空和地域的界限,不仅在地区间流动,而且在国际间流动。与物质资本相似,人力资本的增值同样需要流动才能实现。人力资本流动一般表现为两种形式:其一是人力资本在特定的环境条件下寻找与自己相适宜的有效释放形式,产生价值;其二是人力资本在原有环境条件下不适宜,通过流动打破静态,寻找新合适的机会。

由于农村人力资本同样具备一般人力资本的共同特征,所以,农村人力资本投资体系的建设和完善在结合我国农村特点的同时,要遵守一般人力资本投资体系的基本要求。因此,本文所指的农村人力资本投资体系主要包括投资主体和投资途径两大方面,从目前我国的实际情况看,投资主体主要包括政府、农户和用工单位,而其投资主要有四条途径,即教育投资、培训投资、医疗保健投资和流动迁徙投资(如图3-4)。

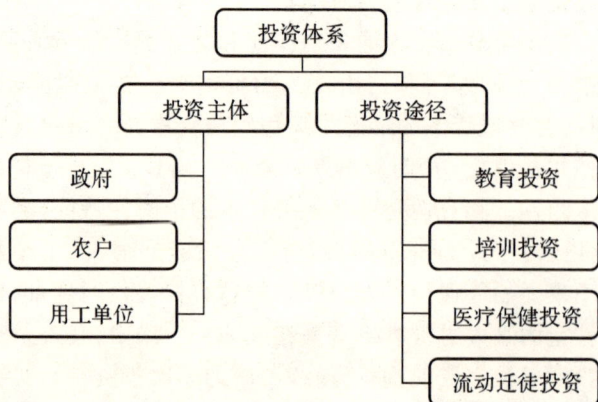

图 3-4　农村人力资本投资体系

　　在建设我国社会主义新农村的过程中,人是最重要的因素,农村人力资本是我国农村摆脱贫穷走向富裕的最重要因素,也是农村富裕最基本的。因为,物质资本和自然资源只是生产过程中的被动因素,人则是积极因素,它能够积累资本,开发自然资源,建立社会、经济和政治组织,并且带动农村向前发展。从这个视角看,我国农村如果不能提高农民的知识和劳动技能,并且将知识和劳动技能有效地应用于农村经济建设中,我国农村就难以改变现在的面貌,难以实现现代化的新农村。我国农村缺乏受过良好教育及训练有素的劳动力、中层管理人员和企业家,人力资本的短缺带来了劳动力素质低、管理落后、生产效益差等一系列问题,由此造成土地和物质资本等生产要素的闲置与浪费。因此,加大人力资本投资力度、充分发挥农村人力资本的资源优势是我国解决"三农"问题和建设社会主义新农村的重要战略内容。就我国农村人力资源发展的现状而言,失衡的区域发展水平与结构决定了我国农村人力资本状况的区域分布差异很大。因此,科学合理地认识与评价我国农村人力资本的现状与差异就成为解决问题的关键。正由于上述客观现实,即我国农村劳动力素质低,地区差异较大,而农村人力资本投资又有限,所以,更加要强调农村人力资本的投资的效率。如果效率低,即使增加对农村人力资本的投资,也难以达到预期的投资效果。

　　在上述体系中,特别要强调政府的主体作用,以及教育培训投资的重要性,还有政府对流动迁徙投资和调控的必要性。

　　1. 政府应当成为农村人力资本投资最重要的主体

　　鉴于农民的收入水平和农民工非农就业的流动性强的实际情况,当前农户和用工单位难以成为对农村人力资本的投资的最重要主体,还是应当以政府为主。政府之所以是一个最重要的角色,有其理论和现实根据,综合当前理论界的看法,认为:

　　首先,从"谁受益谁投资"的原则看,政府是农村人力资本投资的最大受益者,理应成为人力资本投资最重要的主体。其一,农村人力资本投资使得农民素质得以提高,获取收益的能力更强,人民安居乐业,社会稳定,这就为社会的发展创造出安定的社会环境;其二,农村人力资本存量的增加,可以使得农村乃至全社会的生产经营活动获得高素质的人力资源支持,为社会各方面的快速发展提供持久动力。政府在提供这些产品或服务的同时,其效能、形象也明显提高,在人民心中乃至国际上的地位也会日渐上升,最终实现国泰民安、政权稳固。此时,政府最终成为农村人力资本投资的最大受益者。根据"谁受益谁投资"原则,政府理应为其受益投资或提供服务。

其次,从政府现职看,政府是公共产品或服务的主要提供者,农村基础教育、职业培训、医疗保健是介于纯公共产品与私人产品之间的一种准公共产品或服务。因为它们在消费时具有一定的"非排他性"和"非竞争性",但如果同时有很多人消费就会变得"拥挤";同时,它们具有外溢性,一个具有良好知识、技能、身体素质的农民,会使社会得到很多益处。根据产品供应相关理论,准公共产品无法由市场解决其全部供应问题,政府应当介入,因此,政府理应成为农村基础教育、职业培训、医疗保健等(准)公共产品或服务的主要提供者。

第三,从发展地方经济看,政府进行农村人力资本投资是发展地方经济的需要。传统经济增长理论认为,经济增长必须依赖于物质资本和劳动力数量的增加。而美国经济学家舒尔茨则认为,人力资本投资形成的收益不仅能抵消物质资本收益的规模递减,而且还能使这个经济增长的规模递增,即人力资本投资形成的收益远远大于物质资本投资形成的收益。大力发展经济是我国各级政府的重要职责和建设服务型政府的重要内容。农业是我国国民经济的基础,农村经济是各地地方经济的重要组成部分。目前,我国各地农村都在不同程度上面临着增加农民收入、缩小城乡差距、调整农业结构、提高农业生产力等重要任务,这些任务的完成都离不开农民素质的提高。只有农民素质提高了,农业结构才能真正得以转型,农业生产力也才能因此而提高;只有农民素质提高了,农民收入才能真正得以提高,城乡差距也才能因此而缩小。

第四,从我国经济发展水平看,政府进行农村人力资本投资是由我国农村经济发展水平决定的。在许多经济发达国家,市场力量比较强大,许多私人公司就可以进行农村人力资本投资,如建立私立学校、培训员工、给员工提供医疗保障等。但我国农村经济发展水平普遍不高,农村市场经济欠发达,能够承担起农民工教育、培训、保健服务功能的大型农业企业还不多。而农民由于自身收入不多,投资能力受到限制。还有些农民受当前大学生就业难等因素的影响,也缺乏人力资本投资的动力。在这种情况下,作为农村人力资本投资最大受益者的各级政府,就应该介入并发挥主导作用。另外,农村人力资本投资具有很强的外溢性,即各地农村花大力气培养的人才却大量流向城市,而城市人力资本却很少流向农村。在这种情况下,由政府从再分配的角度对农村人力资本投资主体进行补偿,也是维护社会公平的需要。

2.教育和培训投资是农村人力资本投资的最重要的途径

而在投资途径方面,通过对浙江农村主要是南浔的调查,更切身地感受健康投资是人力资本积累的前提,而对教育的投资是农村人力资本投资最重要的途径。发展教育就是提高农民素质的基本途径,发展农村基础教育是关系到农村经济持续健康发展甚至社会全局稳定协调的基础。一般来讲,一个自然人接受正规教育时间的长短,决定其思想观念,判断能力及生产技能的高低。根据人力资本的内涵,接受正规教育是人力资本形成的重要阶段,因而对农村人口的学历教育是农村人力资本积累的基础。从对浙江农村的走访调查中明显地感觉到,各地政府教育投入水平的高低,直接影响着当地劳动者的素质和劳动生产率的水平。要发展农村,先要大力发展农村基础教育,要在普及九年制义务教育的基础上。加大对农村家庭经济困难学生的资助,提高教师总体文化水平,积极创造条件为中小学教师提供进修、培训和再教育机会;提高农村中小学教师待遇,稳定教师队伍。

职业技能培训是农村人力资本投资的重要方面,在保证身体健康和一定学历的文化水平基础上,农村劳动力还须具备一定的能够参与经济活动的技能。而这种能力的形成主要是对农村劳动力资源进行必要的职业(实用技术)培训。只有掌握了一定实用技能的农村劳动力,才能增强适应市场经济的竞争力,拓宽自己的就业门路。

3.健康投资是其他农村人力资本投资的前提

健康投资是用于修复和维护身心健康及预防有损于人身健康的不测事件而支出的费用,包括医疗、卫生、保健和人身保险等支出。相对于农民来说,身体健康尤其重要,而农村劳动力健康体魄的形成需要一定量的健康投资,因而健康投资是农村人力资本进行积累并参与经济活动的前提。在目前的情况下,农村劳动力健康投资主要包括能维持人体机能正常运转的基本需要投资和随着社会的发展而形成的医疗保健与休闲享受需要等方面的投资。实施农村医疗卫生保健制度,可以提高农民的身体健康水平,改善他们的生活状况,是增加人力资本的重要途径。就目前而言,应进一步完善农村新型合作医疗制度和医疗救助制度,科学制定农民大病医疗统筹实施方案。此外,应鼓励保险公司进入农村人寿保险市场。提高农民对疾病的风险防范能力。然而,即便在比较发达的浙江农村,对农民的健康投资依然太少,这点从南浔的投资可见一斑。

2008 年年末,全国共有卫生机构 30.0 万个,其中医院、卫生院 6.0 万个,社区卫生服务中心(站)2.8 万个,妇幼保健院(所、站)3020 个,专科疾病防治院(所、站)1344 个,疾病预防控制中心(防疫站)3560 个,卫生监督所 2591 个。卫生技术人员 492 万人,其中执业医师和执业助理医师 205 万人,注册护士 162 万人。医院和卫生院床位 369 万张。乡镇卫生院 3.9 万个,床位 82 万张,卫生技术人员 87.4 万人。全年甲、乙类法定报告传染病发病人数 354.1 万例,报告死亡 12433 人；报告传染病发病率 268.01/10 万，死亡率 0.94/10 万。①

4.不可忽视流动迁徙投资

另外，促进劳动力的流动投资也不可忽视。因为，从长远来看，农村劳动力对改善我国人口素质具有明显的促进作用。从我国农村劳动力外出就业情况来看，他们往往在城镇从事脏、累、重活。打工的艰辛使他们比其他农民更深刻体会到知识、技能的重要性。重视流动迁徙投资能有力促进农村人力资本的积累，除了要增加投资外，还要创造有利于人口流动的和谐环境，应进一步深化改革，加强宏观调控，为人口的合理流动创造和谐的社会制度环境。加强宏观调控。促进人口流动的有序进行。固然，人口是否流动是根据比较利益进行决策的。但由于信息的不对称，人们的行为常常具有一定的盲目性和从众性。为减少流动成本，保证人口流动的有序性。必须加强对人口流动的宏观调控。政府相关部门及社会中介机构应对人口流动的数量、方向、途径等采取及时合理的引导。沿海地区与内陆地区、发达地区与落后地区要建立起多层次、多渠道的劳动力区域性协作网络；采取多渠道、多形式，建立健全就业服务、就业信息收集、处理和传递信息的网络体系及劳动力宏观调控体系，使人们在流动前就能获得相关的用工信息，以减少盲目流动及流动成本。改革户籍管理制度。减少人为障碍。户籍管理制度改革的关键在于淡化户籍的控制功能，强化其服务功能，并对所有公民实行平等待遇。改革不平等的就业政策，为流动人口创建一个平等的就业平台。各级政府应站在全国一盘棋的战略高度来对待流动人口，认真清理并取消针对农民进城就业的歧视性规定和不合理收费，简化进城务工的各种手续，完善特殊行业就业准入制度和职业资格证书制度。同时，逐步建立健全面向城镇非农产业就业人口的住房、就业、失业、养老和医疗保障体系，改善流动人口的生活状况，促进农民工的转移和流动。加大劳动保障执法力度。保障农民工的合法权益不受侵犯。由于农民工绝大多数是非正规就业。由此导致的劳动雇佣关系大多不规范，致使农民工的合法权益容易受到侵犯。解决这一问题。需要各级政府和相关部门加大劳动保障执法力度，切实保护农民工合法权益。消除对流动人口子女的就学歧视，解除流动人口的后顾之忧。随着以家庭为单位的流动群体规模的不断加大，大量儿童随父母外出流动，流动人口子女的教育问题已成为一大社会难题。妥善解决流动人口子女受教育问题，不仅仅是政府各相关职能部门的事情，也是全社会的事情，一方面。我们要坚决落实流动人口子女教育"以流入地政府管理为主"的政策，使城镇公立学

---

① 数据来自《2008 年国民经济和社会发展统计公告》，2009 年 2 月 26 日发布。

校成为吸收流动儿童就学的主渠道。另一方面,要充分扶持社会力量办学,结合实际对有一定规模的民工子弟学校进行帮助和扶持,并对其加强管理和监督。此外,还要在城镇学校、学生中广泛开展平等教育、关爱教育、和谐教育。逐步建立起城镇学校内平等、无差别、少歧视的教育环境,以包容的心态来看待城乡孩子间客观存在的差异,消除流动人口子女进入城镇公立学校的心理门槛,提高其社会适应能力。

第二节 农村人力资本投资主体

一、投资主体之一:政府

(一)政府投资及其特征

如前文所述,从受益原则和我国的实际情况来看,政府应成为我国农村人力资本的最重要的投资主体。政府对农村人力资本的投资动因应该是非功利性的,因为政府进行人力资本投资的意图在于获得以下几个方面的社会福利性效益:一是提高全体公民的素质,促进经济和社会发展;二是在更高的程度上实现人力资本的外部效益、规模效益和连锁效应;三是改善一国个人收入分配状况,缩小个人收入分配差距;四是更大限度地开发人力资源,大幅度地增加社会人力资本存量。因此,政府的人力资本投资是福利性的,其投资要求尽量覆盖社会上的每一位公民,且完全不要求人力资本产权归属,在制度上充分保证和体现社会的公平性。考察世界各国的现状,政府人力资本的投资领域相当宽泛,除国民教育外,还有科学研究,医疗卫生等方面。

一般而言,政府福利性投资形成的农村人力资本,大多是一般性农村人力资本,但这种农村人力资本投资又构成了专用性人力资本投资的重要基础。

(二)我国政府农村人力资本投资现状

政府基于社会福利最大化的考虑,对农村人力资本投资的意愿是较强的,表现为:一方面,政府欲通过农村人力资本投资,树立服务型政府的理念,建设社会主义新农村,构建和谐社会;另一方面,政府的理想状态是使农村人力资本投资的各主体都能受益,实现帕雷托改进,促成帕雷托效率的达成,增进社会总福利,实现社会福利的最大化。2003 年 9 月,农业部等六部门共同制定《2003～2010 年全国农民工培训规划》,提出"2006－2010 年,对拟向非农产业和城镇转移的 5000 万农村劳动力开展引导性培训,并对其中的 3000 万人开展职业技能培训。同时对已进入非农产业就业的 2 亿多农民工开展岗位培训"。同时,政府有农村人力资本的投资能力。政府财政收入逐年提高,有能力在二次分配中加大对农村人力资本投资的倾斜。

虽然政府在农村人力资本投资方面有心有力,现状却表现为:

1. 政府对农村人力资本的财政投入依然远远不够

义务教育属于公共产品,应当由政府提供。而在农村义务教育总投入中,财政预算内教育投入严重不足。1994 年至 2000 年,预算内农村义务教育经费占农村义务教育经费总额的比重为 57.7%。从各级财政教育投入分配格局看,中央和省级政府掌握了主要财力,但基本摆脱了负担农村义务教育经费的责任;县、乡政府财力薄弱,却承担了广大农村义务教育经费的绝大部分。这说明,在我国现行体制下,中央和省级政府在发展农村义务教育方面承担的责任太少,实际上乡镇政府和农民群众承担了主要责任,这一方面导致相当多地区的县、乡财政难以支撑,严重影响了农村义务教育的发展,另一方面,导致农民的负担过重。尽管近年来中央教育财政转移支付向农村义务教育倾斜有所增加,但最高也只达 64.9%,还有相当部分的经费需要通过农村教育费附加、教育集资、学杂费等非政府渠道来筹集。2002 年国家财政的主要支出中,教育事业费共计 26.45 亿元,而用于对农业科技三项费用的支出为 1028 万元,而非政府培训主体投入也很少。这样导致了进城务工的农民,文化素质都比较低;1999年,劳动部农村劳动力就业与流动研究课题组的调查结果显示,被调查的农民工以初中文化程度的为最多,占到了民工总数的近 2/3;小学及以下或中专及以上文化程度者均不足 7%。

职业教育作为正规教育的一个重要组成部分,是以培养高素质的技能型人才为办学目标的。但是就目前的状况而言,职业教育与市场需求脱节,处于萎缩状态,据统计,1997 年全国农村职业初中仅有 1423 所,招收学生 30 万人,在校生 78 万人,这相对于 8.7 亿农村人口来说,是微不足道的。

2. 政府对农村劳动力的就业迁徙限制依然比较多

虽然农村劳动力的迁徙对社会、对国家、对城市都有好处,但从现实来看,迅速增长的农民工似乎给城市居民的生活带来了一系列不便,也给有关行政部门的管理出了难题。于是城市管理部门尝试了各种应对措施,其中很大一部分自治规范是限制外来劳动力进城打工,希望使流动人口的规模与城市的现有承载能力相适应。作为常规性的战略部署,城市政府采取了诸如强化户籍管理、关闭或抑制劳动力市场、行业性就业歧视,以及其他增大迁移成本的政策措施。

这些政策措施,使农村劳动力为了获得一个就业机会,直接或间接缴纳的费用大大增加(包括外出打工许可证办证费、管理服务费、外来人员就业证办证费及施工管理费等),这还不算劳动力流动本身要支付的迁移成本,例如路费、寻找职业过程中的生活费及培训费等。这些就业限制很大程度上抑制了农民工人力资本存量的增加。

3. 从趋势上看,政府正在加大对农村人力资本的投入

近年来,提高农村劳动力质量、推进农村劳动力转移正逐渐成为各级各地政府的共识,党中央、国务院高度重视农村劳动力转移培训工作,中央农村工作会议、中央人才工作会议和《中共中央、国务院关于促进农民增加收入若干政策的意见》(中发[2004号]1号)对做好该工作提出了明确要求,国务院办公厅下发的《2003—2010年全国农民工培训规划》对培训工作做出了具体部署。为贯彻落实党中央、国务院的要求和部署,加强农村劳动力转移培训工作,农业部、财政部、劳动和社会保障部(现为人力资源和社会保障部)、教育部、科技部、建设部(现为住房和城乡建设部)从2004年起,共同组织实施农村劳动力转移培训阳光工程。此项目标任务是,2004—2005年,重点支持粮食主产区、劳动力主要输出地区、贫困地区和革命老区开展短期职业技能培训,探索培训工作机制,为大规模开展培训奠定基础。培训农村劳动力500万人,年培训250万人;2006—2010年,在全国大规模开展职业技能培训,建立健全农村劳动力转移培训机制,加大农村人力资源开发力度,培训农村劳动力3000万人,年培训600万人;2010年以后,按照城乡经济社会协调发展的要求,把农村劳动力培训纳入国民教育体系,扩大培训规模,提高培训层次,使农村劳动力的科技文化素质总体上与我国现代化发展水平相适应。各地政府积极响应政府这一举措,实施"阳光工程"工作,2007年,南浔区共举办肉鸡养殖、龟鳖养殖、面点制作、市场营销、家政服务、服装加工、纸艺制作、纺织技术、安全生产、计算机操作等各类技能培训班309期,培训农村劳动力合格总人数22039人(其中:农业专业技能培训7295人,转移就业技能培训10243人,岗位提高技能培训4501人),完成全年市下达任务的119.99%。其中,参加各类培训总人数22392人,培训合格率为98.42%。培训农村后备劳动力917人。全区参加转移就业培训的农村劳动力已转入二、三产业就业的有8210人,转移率为80.15%。经培训后获证总人数22039人,发放各类证书25313份。其中:培训结业证书22039份、职业资格等级证书3024份、绿色证书250份。[①]

---

① 来自《南浔区2007年农村劳动力技能培训工作总结及2008年工作思路》。

二、投资主体之二:农户

表 3-6 各地区农村住户平均每人年总支出①   单位:元

地区	总支出合计		家庭经营费用	购置生产性固定资产	建造生产性固定资产雇工	税费	生活消费	财产性	转移性
	2005年	比上年增减(%)							
全国	4126.91	20.31	1189.70	129.91	1.23	13.08	2555.40	21.97	215.63
北京	7119.00	22.94	1268.61	82.18	0.05	6.03	5315.71	9.42	437.00
天津	4942.97	14.52	1624.18	60.91	1.18	13.93	3035.96	7.51	199.31
河北	3711.00	25.49	1242.76	95.29	0.65	25.31	2165.72	13.29	167.99
山西	2719.41	15.87	626.78	45.62	0.59	7.52	1877.70	7.72	153.50
内蒙古	5091.90	23.72	2084.79	284.06	4.92	9.09	2446.17	46.75	216.13
辽宁	5672.53	45.87	2061.15	238.45	1.86	6.31	2805.94	37.05	521.76
吉林	4669.77	27.66	1591.76	353.40	0.33	12.95	2305.98	124.37	280.98
黑龙江	6151.27	41.32	2591.15	410.19	0.74	6.70	2544.65	157.25	440.59
上海	8717.24	-15.01	533.57	92.82	2.88	4.36	7277.94	27.92	777.75
江苏	5281.26	20.81	1185.12	141.36	1.37	33.28	3567.11	6.09	346.93
浙江	8041.33	22.33	1750.32	192.91	3.54	21.13	5432.95	99.99	540.49
安徽	3360.35	21.52	861.60	108.21	0.65	14.61	2196.23	2.59	176.46
福建	4514.44	9.97	857.78	64.03	3.14	4.73	3292.63	12.21	279.91
江西	3776.49	21.15	931.69	110.60	2.17	16.01	2483.70	9.56	222.77
山东	4561.27	14.05	1496.03	117.14	1.40	34.27	2735.77	17.55	159.11
河南	3106.97	13.94	944.69	128.94	0.09	3.07	1891.57	4.95	133.65
湖北	3675.73	15.57	1038.11	78.05	0.94	11.57	2430.19	10.88	105.99
湖南	4289.46	15.03	1106.04	94.26	0.98	26.19	2756.43	8.79	296.79

① 来自《中国农业年鉴2006》,第354页。

续　表

地区	总支出合计		家庭经营费用	购置生产性固定资产	建造生产性固定资产雇工	税费	生活消费	财产性	转移性
	2005 年	比上年增减(%)							
广东	5081.02	17.73	1154.16	31.28	0.77	6.78	3707.73	10.59	169.70
广西	3693.72	23.20	1125.78	108.28	0.77	5.85	2349.60	6.26	100.18
海南	3127.15	17.33	984.90	57.00	0.11	4.61	1969.09	3.79	107.66
重庆	3273.44	18.03	838.96	69.72	1.82	5.28	2142.12	2.23	213.31
四川	3742.75	13.28	1188.20	67.53	0.69	12.79	2274.17	1.67	197.69
贵州	2490.70	18.96	675.68	84.15	1.89	2.19	1552.39	2.33	172.08
云南	3017.00	14.47	1015.40	101.59	0.45	5.36	1789.00	22.20	83.00
西藏	2389.16	17.05	447.59	175.05		4.40	1723.76	1.80	36.56
陕西	3111.27	24.82	858.51	140.66	0.71	7.17	1896.48	7.23	200.51
甘肃	2828.88	25.11	790.73	115.53	1.68	4.45	1819.58	3.86	93.06
青海	2966.15	15.73	643.17	145.29	0.41	4.43	1976.03	41.01	155.81
宁夏	4126.92	16.73	1418.44	316.97	5.32	2.58	2094.48	1.26	287.87
新疆	4302.26	25.81	1928.63	258.55	0.23	14.36	1924.41	60.70	115.37

在表 3-6 中,以比较富裕的浙江为例,虽然总支出也比上年增长了 22.33%,但在总支出的 8041.33 元中,有 5432.95 元是生活费用支出,占总支出的比例高达 67.56%,人力投资只有在 1750.32 元的家庭经营费用中支出,并且不可能比较大的比例,因为家庭经营还有很多其他方面的开支,可见其空间是非常小的。如果以西部几个省区为例,情况就更不乐观了,家庭经营费用支出甘肃只有 790.73 元、贵州为 675.68 元、青海为 643.17 元、西藏为 447.59 元,可见其人力资本投资的能力非常微弱。

另外,从理论上分析,农户对人力资本投资符合一般投资的行为动机和目的,即农户是否进行人力资本投资,由成本收益分析决定。个人是人力资本的承载者,也是其投资活动的主要受益者。人力资本投资作为一种投资活动与个体的其他投资活动相比较相似之处,其行为一般受制于对投资预期收益、投资风险及其他相关因素的判断,同时还受制于此项投资收益率与其他项目收益率的对比。按照人力资本均衡理论的观点,决定人力资本投资量的最重要因素,可能是投资的有利性或收益率。因此,农户人力资本投资决策取决于成本与收益的比较,即投资收益率的估算。一般来说,一个人接受的教育培训越多,收益就越大。因此,对家庭来说尽可能地让子女接受更多的教育培训是必然的选择。由农户所承担的成本就是受教育者在受教育培训期间承担的全部费用,包括显性成本和隐性成本。显性成本主要是农户对个人完成最终教育的全部货币支出,如学费、书本费及因接受教育培训而带来的额外生活费用等。隐性成本主要是因受教育培训而不能参加工作所失去的可能收入和效用,也称为机会成本。受教育培训的时间越长,程度越高,所放弃的收入越大,所支付的成本应该越大。而投资教育培训的收益是预期的,因此农户在估算教育培训收益时必须对教育培训的未来收入进行贴现,然后把这种贴现值与所受教育培训需支出的成本进行比较,若贴现收入大于贴现成本,收益能够补偿预先的投资成本,则这项投资是有利的,反之则投资不会发生。农民工进入城市主要从事一些传统的、低技能的职业,如生产建设第一线加工业、劳动密集型的建筑业、低层次的商业、餐饮业和服务业等。这些行业对文化程度的要求并不高,一般要求农民工具有初中毕业水平就可以,这个就业门槛事实上也对农民家庭教育决策产生了巨大的影响,使得农民工接受更高层次教育的动力不足。

三、投资主体之三:用工单位

(一)用工单位提供的两种在职培训分析

用人单位作为市场中自主经营、自主决策、自负盈亏的经济实体,其行为动机主要产生于用人单位对经济利益的内在追求以及来自于市场竞争的外在压力。在此前提下,用人单位对人力资本的投资主要表现为对职工的在职培训的投资,这可视为一种与物质投资相对应的投资,其投资动机符合一定条件下的利益最大化原则。只有那些能为用人单位带来较高利益的人力资本投资才会为用人单位所采纳和实施。

用人单位提供在职培训有两种,一般培训与特殊培训。一般培训是指雇员通过培训获得的业务技术知识、技能,对本单位以外的其他用人单位具有同样的适用性;特殊培训与一般培训相反,通过培训雇员获得的业务技术知识、技能,只对培训的用人单位具有适用性。首先我们就这两种培训形式的人力资本投资,成本—收益在职工与用人单位之间的分配关系,对用人单位投资的影响进行分析。

1. 用工单位的一般培训分析

从用人单位的角度讲,如果职工要求其培训后的工资等于他已经提高了的边际劳动生产率,那么,在培训时的工资就将低于他培训时的边际生产率,等于培训时的边际生产率减去其消耗的全部或部分培训成本。职工在接受一般培训时,需要自己为培训付出一定的代价,这部分不计入用人单位的培训成本,即在培训时,从职工创造的边际产品中扣除用人单位为此付出的培训费用,该公式也揭示了一种通常现象:新工人的工资较低。接受一般培训所掌握的技能,使受训者就业出路更宽,易于流动,待遇也相应增加。因此几乎所有用人单位都乐于在不提供费用的前提下支付这种培训。但是这种培训费负担方式常常使职工因负担培训费而使目前(受训期间)收入减少。而且在劳动力供给过剩的情况下,即使接受培训,以后的收入也可能赶不上因劳动生产率提高而增加的产出。就是说职工培训报酬可能因劳动力供给增加、竞争激烈而难以得到保障。因而这样的培训费用负担方式往往会使工人受训的积极性下降,影响工人技能素质的提高。看来,在一般性培训投资中,由用人单位或职工负担的方式都不利于在职培训工作的开展。但这项培训必不可少,且受益面广,因而可以考虑由用人单位和政府共同分担这项费用。其分担方式是,要求用人单位根据职工人数多少,缴纳一定数额的培训费,同时从职工工资扣一定比例的培训费用,进而完成培训。

2. 用工单位的特殊培训分析

特殊培训是仅对提供培训的用人单位有用,而对其他用人单位无用,或用处极少。这种培训提供的技术是其用人单位所独需的,不存在竞争性市场,培训后的人员不可能去其他单位寻找工作,因此员工自身不愿意为此类培训提供费用。相反由于受训职工流动性小,用人单位不担心自己提供了培训费用而将来蒙受职工"跳槽"的损失。所以,特殊培训和一般培训有着根本性的不同。在一般培训中用人单位不愿做的投资,在特殊培训中必须承担。在特殊培训期间,员工培训期的工资等于其培训期的边际生产率,而不是像通用性培训一样,将培训投资的费用从职工早期的工资中扣除。

特殊培训支付的费用可以在将来职工创造的边际收入中得到补偿(但是,受训后的职工工资增长赶不上由于受训而增加的支出)。在用人单位的长期经营中,只要总收支保持平衡即可。通常情况是,该时期对部分职工的培训支出可能由上期受训职工劳动生产率增加而加以补偿。

与一般培训不同,特殊性培训能够产生某些"外在"的影响,因为职工离职使用人单位不能得到他所支付费用的全部收益,而对职工来说,虽然培训期间所得到的工资收入不会像一般培训一样进行部分分担,但遭受解雇后收入也会因丧失技能优势而下降。虽然这些影响会给提供培训的用人单位的职工或雇主带来外在不经济性,但并没有给其他用人单位带来外在经济性。因此与没有受过培训或受过一般性培训的职工比较,受过特殊培训的职工更不愿意离职而去,而用人单位更不愿意解雇他们。这就意味着离职率与解雇率同所受的特殊培训的多少呈反方向变动的关系。受过非常特殊培训的职工的流动率最小,而受过非常一般的培训,以至于这种培训对提供用人单位的生产率的提高还不如其他用人单位高时,职工的流动性最大。因此在市场经济条件下,用人单位培训投资往往会因职工流动性的增大而减少。用人单位对农民工的培训多为一般培训,通过以上分析,我们知道一般培训所获得的技能对其他用人单位都是同样有用的。用人单位对一般培训的积极性不高,再加上农民工流动性强,提供培训的用人单位往往会因受训农民工的流失而遭受培训损失。故从理论上来说用人单位对提供农民工在职培训的积极性不高。

(二)用人单位对农民工培训投资动力不足的原因分析

用人单位牵头进行的在职培训通常是发展个人技能最好的方式,但是这种模式也可能导致技能培训的供给不足。从理论和现状考察我们都可以看到,用人单位对农民工的人力资本投资动力不足,究其原因主要有以下两点:一是观念问题。许多用人单位只从自身经济利益的角度出发,为了降低生产成本,对农民工采取一种类似于掠夺式的用工方式,没有将企业的长远发展与农民工人力资本的积累联系在一起。再加上人力资本的开发不仅具有经济效益,而且具有外部社会效益即外部滋出效应,有一部分用人单位寄希望于其他用人单位或机构进行人力资本开发后,与之共享,以节省投资成本。从而造成人力资本开发与积累的动力不足。二是投资收益不明确,这也是一直困扰农民工培训的重要原因。由于目前农民工用工制度的不规范,使得用人单位担心工人一旦完成培训就另谋高就,从而把培训价值的"残留"部分带给下一个雇主,这种担心在我国进城农民工流动性较高的条件下是非常现实的,从而会减弱用人单位对农民工培训的投资。

企业相对于农民工来说,对于培训的承担能力更强。但是,大多数企业对农民工"重用轻养"现象严重,缺乏对农民工培训的参与意愿或者参与意愿较弱。企业是否愿意向农民工提供培训主要受三方面因素的影响:第一,经过培训的农民工工作效率可以提高多少;第二,培训后继续留在本单位工作的可能性有多大;第三,培训成本与收益是否有助于实现企业利润最大化的目标。具体原因体现在如下几个方面：

1.企业培训投资收益外溢性的影响

企业的培训有两种，一种是一般培训，这种培训能够等量地提高一个人对于多位雇主的生产率；另外一种是特殊培训，这种培训仅仅能够提高一个人在提供培训的这家企业中的生产率。大多数企业的培训实际上包括了以上两种类型的培训。农民工"跳槽"后，原企业提供的一般培训就产生溢出效应，体现为福利经济学中的正外部性。技能培训作为教育投资的重要形式，是一项正外部性很强的投资活动，其社会收益高于私人收益，投资收益外溢会降低私人投资主体的投资意愿。企业作为自私的"经济人"，不愿意用自己的投资换来其他企业福利的增长。

2.培训成本的影响

第一，企业雇用培训教师的费用以及在培训过程中耗费的原材料费用形成培训的直接成本，表现为显性的货币成本。而且，受农民工自身素质的影响，培训后工作效率能否提高，能有多大程度的提高仍然具有不确定性，存在投资培训的风险。第二，大多数企业采用"师傅带徒弟"式的培训，产生培训的机会成本。一方面，"师傅"工作速度会低于正常速度；另一方面，跟着"师傅"学习的"徒弟"，如果将全部时间用于生产活动，则他们的当期生产产出会高很多。

3.农民工提高工资议价能力的影响

农民工接受培训后，工作技能加强，增加了和企业谈判工资的筹码，提高了工资议价能力，于是企业可能面临农民工要求"涨工钱"的威胁。

4.较大流动成本的影响

农民工对于职业选择具有多变性和流动性。农民工频繁流动的现实给企业造成极大的流动成本：一方面，因为农民工的流动致使企业正常生产受损的成本，表现为直接的流动成本；另一方面，农民工流动后岗位空缺，企业重新招聘产生的招聘成本，表现为间接的流动成本。

第三节　农村人力资本投资途径

本文主要从四个方面分析农村人力资本投资的途径，即教育投资、培训投资、医疗保健投资和流动迁徙投资。不论是投资主体还是投资途径，农村对"人"的投资都不像城市和企业那样规范清晰，所以对其整理和分析相对比较困难，2008年，为了获得浙江省湖州市南浔区的人力资本投资途径方面的数据（见图3-5），一直到得到区长的帮助，在几个部门的协助下才得出了数据（除农村居民人均流动就业支出一项未获得)。

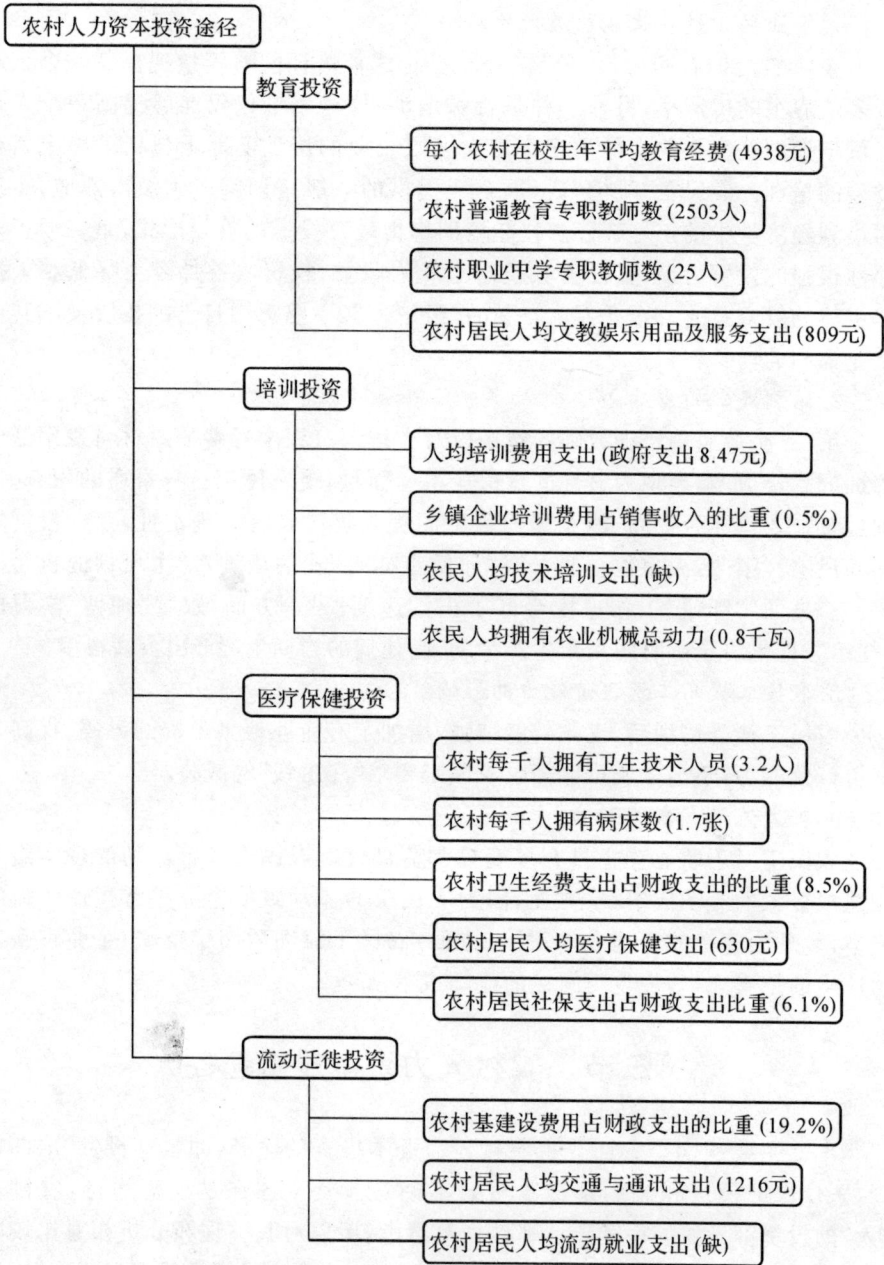

```
农村人力资本投资途径
│
├── 教育投资
│       ├── 每个农村在校生年平均教育经费 (4938元)
│       ├── 农村普通教育专职教师数 (2503人)
│       ├── 农村职业中学专职教师数 (25人)
│       └── 农村居民人均文教娱乐用品及服务支出 (809元)
│
├── 培训投资
│       ├── 人均培训费用支出 (政府支出8.47元)
│       ├── 乡镇企业培训费占销售收入的比重 (0.5%)
│       ├── 农民人均技术培训支出 (缺)
│       └── 农民人均拥有农业机械总动力 (0.8千瓦)
│
├── 医疗保健投资
│       ├── 农村每千人拥有卫生技术人员 (3.2人)
│       ├── 农村每千人拥有病床数 (1.7张)
│       ├── 农村卫生经费支出占财政支出的比重 (8.5%)
│       ├── 农村居民人均医疗保健支出 (630元)
│       └── 农村居民社保支出占财政支出比重 (6.1%)
│
└── 流动迁徙投资
        ├── 农村基建设费用占财政支出的比重 (19.2%)
        ├── 农村居民人均交通与通讯支出 (1216元)
        └── 农村居民人均流动就业支出 (缺)
```

图 3-5　浙江省湖州市南浔区农村人力资本投资途径

一、教育培训投资

教育培训投资是人力投资的主要部分,教育是提高人力资本最基本、最主要的手段。人们在进行投资和生产的过程中会逐步积累起生产经验和更有效的生产知识,这有助于提高工作效率。农村教育培训投资对农村人力资本的影响主要表现在:农村教育培训投资既影响农村人力资本总量,又影响人力资本结构。前者表现为农村教育培训投资是农村人力资本积累的基础,人们通过接受教育获得知识技能,增加了人力资本积累;后者表现为农村教育培训投资结构影响农村人力资本结构。

(一)农村教育培训投资的现状

无论是全国的情况,还是浙江南浔区调查点上的数据都表明,我国农村教育培训投资不足的总体局面并没有改变。2008 年,浙江省南浔区虽然完成农村劳动力培训 1.9 万人[①],除了培训质量不高外,以每人培训券 100 元算,培训费用也只有区区 190 万元。从全国的情况来看[②],2006 年末,全国只有 10.8% 的乡镇有职业技术学校。11.7% 的乡镇有公园。71.3% 的乡镇有广播、电视站。87.6% 的村在 3 公里范围内有小学,69.4% 的村在 5 公里范围内有中学。97.6% 的村能接收电视节目,57.4% 的村安装了有线电视。30.2% 的村有幼儿园、托儿所,10.7% 的村有体育健身场所,13.4% 的村有图书室、文化站,15.1% 的村有农民业余文化组织,详见表 3-7。全国农村教育培训投资现状主要表现为投资不足,不能适应农村社会经济发展的需要。

表 3-7 有文化教育设施的乡镇或村比重 单位:%

	全国	东部地区	中部地区	西部地区	东北地区
有职业技术学校的乡镇	10.8	14.3	12.3	7.8	11.7
有公园的乡镇	11.7	23.3	9.9	6.6	8.9
有广播、电视站的乡镇	71.3	72.6	75.6	67.4	74.7
按村离小学的距离分					
村内有小学	32.4	25.9	37.8	34.1	38.2

---

① 来自《2009 年南浔区政府工作报告》,第 2 页。

② 本段数据和表均来自《第二次全国农业普查主要数据公报(第 3 号)》。

续 表

	全国	东部地区	中部地区	西部地区	东北地区
1～3公里	55.2	64.4	51.8	48.5	47.2
4～5公里	6.3	5.7	5.8	7.6	7.2
6～10公里	3.9	3.0	3.4	5.3	5.1
11～20公里	1.5	0.9	1.1	2.6	1.8
20公里以上	0.7	0.1	0.1	1.9	0.5
按村离中学的距离分					
村内有中学	5.8	5.3	6.2	5.9	6.9
1～3公里	43.6	52.2	47.1	31.1	32.2
4～5公里	20.0	21.1	21.1	17.1	23.0
6～10公里	18.2	15.3	17.7	21.1	27.1
11～20公里	8.3	4.8	6.4	14.5	8.7
20公里以上	4.1	1.3	1.5	10.3	2.1
能接收电视节目的村	97.6	99.2	98.0	94.9	99.7
安装了有线电视的村	57.4	73.6	48.2	43.4	74.5
有幼儿园、托儿所的村	30.2	35.1	31.1	22.0	37.3
有体育健身场所的村	10.7	19.0	6.7	4.8	7.6
有图书室、文化站的村	13.4	18.1	9.7	10.9	16.4
有农民业余文化组织的村	15.1	19.4	12.8	12.0	15.4
能接收电视节目的自然村	95.3	97.2	96.0	92.9	99.3
安装了有线电视的自然村	44.3	70.6	34.3	35.5	57.3

具体表现为：

1.农村教育资金来源单一，农民负担重

我国初等教育培训投资来源结构中，财政性教育经费占了76.18%。其中，预算内教育经费占55.55%，非财政内教育经费占33.82%，社会团体和公民个人办学经费占1.60%，社会捐资集资办学经费占6.37%，学杂费占9.58%，其他教育经费占6.27%。但在农村小学的教育培训投资来源构成中，预算内教育经费、学杂费等所占比例更高些，而社会团体和公民个人办学经费为零，其他教育经费所占比例也较低。这说明，农村初等教育培训投资来源渠道是不太合理的,农民在教育上的负担比城市居民更重。

2.农村教育经费短缺情况没有得到显著改善

近年来,国家逐步加大了对义务教育的投入,特别是对贫困地区农村义务教育的投入。但由于农村地区财力不足,集资渠道较窄,农村地区教育经费的总投入仍然严重不足。在国家财政有限的情况下,教育经费严重短缺的情况很难得到显著改善。此外,受物价上涨的影响,教育经费投入实际增长远低于名义增长。可见,义务教育经费需求量与有效供给不足的矛盾相当突出。另外,由于各种侵吞挪用教育经费的现象在农村屡屡发生,农村教育的投资量实际存在"水分",特别是义务教育部分有效供给不足、发展缓慢。

3.农村义务教育师资力量薄弱、教育质量低

农村中小学教师的收入、工作条件和生活条件与城市教师相差悬殊,拖欠教师工资问题不但挫伤了教师的积极性,而且引起骨干教师的流失,使本来就稀缺的优秀师资更加稀缺。由于教育基建费和公用经费不足,使得许多农村中小学无法按标准配齐基本的教学器材、实验仪器、图书资料等,更不用说现代化的教育教学设施了。因此,农村学校与城市学校教学质量的差距只能是越拉越大。

4.农村义务教育经费投入所占比重偏低

教育发展必须与经济社会的需求相适应。在不发达的农村地区,教育供给的重心应放在基础教育上。义务教育经费投入不足、比重偏低,制约了农村义务教育事业的发展和教育质量的提高。

(二)农村教育培训投资不足的主要原因

总结当前理论界的看法,比较一致地认为导致农村教育投入不足有以下几个方面的原因,即所谓的错位—缺位—倒位:

1.投资主体"错位",农村教育发展进程缓慢

在涉及农村教育经费支出上,主要由乡一级政府承担。为了缓解乡级财政的沉重负担,2001年国家提出对农村基础教育投入实施"以县为主"的政策体制。但由于县级财政本身收入并不充裕,加之县所统管的区域、产业更广更多,所以根本无法从本质上提高对农村教育的投入,无法有效解决其所面临的难题。

2.社会资本"缺位",投资方式单一

当前对农村的教育培训投资大都由政府财政负担,而掌握大量社会资金的个人、企业、团体往往热衷于城市教育事业,很少参与到农村教育的投资行列。

我国自实施"希望工程"项目以来,尽管社会各界对贫困农村教育的关注程度显著提高,相应的各类"希望工程学校"也如雨后春笋般矗立起来,但从总体上看,农村教育投入所吸纳的社会民间资本与城市相比差距是巨大的。目前,随着大量城市民办学校的兴起,这一差距尤为显著。农村承担着全国基础教育3/4的任务,但取得的教育经费仅占全国的1/4;而城市担负1/4的任务却取得3/4的经费,说明负担越轻的城市在现实中所吸纳的社会资本越多,负担越重的农村所吸纳的资本越少,这类似于反映社会贫富差距程度拉大的"马太效应"。因此如何畅通民间资本注入渠道,实现投入方式多元化发展,是当前农村教育培训投资中亟待解决的问题。

3. 财政转移支付"倒位"。由于无法取得预期效果,中央转移支付手段对于改变当前农村教育培训投资现状的收效甚微

中央对地方专项教育财政转移支付包括"贫困地区义务教育专款"以及"义务教育危房改造工程专款"等,它们仅占全国义务教育总支出的1%左右。进一步说,转移支付虽然相当大的比例转移到了县乡财政,但分配的依据很大程度上是由地方上缴税收水平所决定的;与此同时,中央还不得不照顾原有财政体制下的地方利益格局,这便导致本来富裕的地区可以获得更多的资金,而原本贫困的地方仍旧得不到有效的资助。

二、医疗保健投资

1. 现状

浙江省农村合作医疗开展比较早,所以参加率比较高,如浙江南浔区"新型农村合作医疗参加率达到99.3%"[①]。但从全国看,2729个县(市、区)开展了新型农村合作医疗工作,新型农村合作医疗参合率91.5%。全国新型农村合作医疗基金累计支出总额为429亿元,累积受益3.7亿人次。农村医疗救助936万人次,增长148.0%。民政部门资助农村合作医疗的人数达2780万人次。[②] 目前,虽然新型农村合作医疗受益农民达3.7亿人次,但即使以全部的支出429亿元算,每人次只享受也不足116元。而且,农村并不存在一个完整的医疗保险体系,医疗保健投资的主体是农民自己。农村不但没有类似城镇企业职工医疗保险制度的国家补贴,相反普遍存在着看病难、看不起病甚至因病返贫的各种问题,健康投资不足直接影响了人力资本质量的提高,农村地区因病致贫、因

---

① 来自《2009 年南浔区政府工作报告》,第 2 页。
② 来自《2008 年国民经济和社会发展统计公报》中"十一、人口、人民生活和社会保障"。

病返贫的现象蔓延,对农村经济的稳定健康发展构成了现实的障碍。

2.原因分析

首先,农民收入低且增长缓慢。目前我们许多农民的收入水平还没高到可以让他们更多地根据自己的消费意愿来决定消费支出的地步。在收入水平的制约下,农民往往将食、住等基本生活需求置于优先考虑的地位,尽可能地压低在医疗保健方面的支出。

其次,农民对未来的并不乐观的预期使其储蓄率高。当前,农村居民储蓄率普遍高于城镇职工,主要原因就是基于大部分农民对自身处境和未来预期并不乐观的基本判断。

第三,医疗卫生费用的快速增长抑制了农民的医疗保健需求。

第四,农村基本卫生服务差且不方便。自财政分权以来,农村公共卫生费用随县、乡两级财政的逐步拮据而恶化,使县乡政府把卫生筹资的主要责任转嫁给卫生机构,实质上把难题交给了失控的医药市场。这种缺乏公共支持的市场化使全国大部分农村特别是贫困地区,公共卫生服务几乎完全市场化,农民基本医疗服务的可靠性和方便性降低。

第五,农民对健康投资的观念问题。农民对自身健康存在侥幸心理,不愿意把钱投入到他们认为不能很快贴现或者根本就不会贴现的医疗保健之中,而使现在的生活境况受到影响。

三、流动迁徙投资

(一)现状

2000年以来,全国农民工外出打工的数量一直保持很高的增量,1998年至2007年外出农民工的总量增加了9000万人,平均每年新增900万人左右,但是2008年变化明显。2006年外出农民工数量是1.3亿,2007年是1.38亿,2008年外出农民工数量估计与上年差不多。2008年上半年的就业形势很不错,仅上半年外出农民工就比2007年新增600万人以上,但是从第三季度开始,回流比较明显,从10月到12月农民工回流数量逐月增加,这是前所未有的。2008年农民工数量与2007年比,存量基本持平、增量很小,明显显现了金融危机的影响,目前对于我国农民工的总量有几种说法,有说2亿的,有说1.1亿、1.3亿、1.5亿的,这些数据的差别主要是由于统计口径不同,调查方法也不同,导致结果不一样。以前国家统计局发布的外出务工的农民工1.3亿人的数据,是根据第二次农业普查数据得出的。主要是指在本乡镇以外打工的农民工,没有包括本地从事非农产业的农民工。①。

2008年年底再次去南浔调查，了解到南浔区开展"春风行动"，每年在1—3月全面开展了以"进城务工、帮您解难"为主题的春风行动，为农村劳动者进入南浔求职就业营造良好的市场环境。三年（05——07年）来，免费为农村劳动者提供职介服务人次数达到8090多次，发放"春风卡"5250份。②，2008年南浔区转移农村劳动力6500多人③。

（二）人力资本投资在农民工流动迁徙中的效应

伴随市场经济的发展和经济增长方式的转变，产业结构与技术的升级以及就业空间的扩张，农业劳动力能否实现充分就业，取决于两个因素：一是国民经济持续稳定增长，尤其是非农产业的扩张能为农业劳动力转移和充分就业提供足够的机会；二是对农民进行人力资本投资，提高农业劳动力本身的素质和就业能力，提高农民充分就业的职业和技能要求。前者决定了我们要采取什么样的基本原则和政策确保就业机会的提供，也就是要创造充分的劳动力需求；后者则表明，供给的劳动力要具备怎样的人力资本，才能满足就业岗位所需的素质及技能要求。

劳动力的迁移或流动是一种人力资本投资方式，那么迁移者在做出迁移决策时就必须考虑迁移的成本与收益问题。迁移成本包括货币成本和非货币成本，其中货币成本中具体包括迁移费用（如交通、住宅、食物等方面的支出）和迁移是因失业而减少的收入，非货币成本具体包括迁移的时间成本、体力脑力的支出、心理成本等；迁移收益也分为货币收入和非货币收入两部分，其中前者主要指迁移后货币收入的增加，后者则主要指诸如社会关系的改善、个人心理上的满足等这样一些非货币方面的得益。对个人而言，如果迁移的预期收益大于成本，那么流动就会发生，否则就不会发生。

然而，经济发展的不平衡，城乡分离的二元社会经济结构造成劳动力市场分割，统一的劳动力市场发育程度很低，开放程度和竞争程度都很低，劳动力市场存在严重的分割现象，对劳动力的有效配置不能较好地实现，进入城镇的农村劳动力难以进入正规的劳动力市场，只能进入从属劳动力市场。大量的农村劳动力拥挤在从属劳动力市场，获得的就业机会不仅狭窄，而且待遇极差。同

① 数据来自"理性评估农民工流动变化"《农民日报》2009.2.18。
② 来自附件《关于南浔区劳动保障工作涉及民生的情况汇报》，第2页。
③ 来自《2009年南浔区政府工作报告》，第2页。

时，在就业体系方面，用工制度上存在对农民工的歧视，农村劳动力的自由流动仍然存在诸多障碍，导致其就业范围缩小，这就增加了农村剩余劳动力迁徙投资的增加。

虽然现在农民工的流动要付出更多的成本，虽然导致农民工流动的原因很多，但人力资本对其的影响是最关键的，根据李仙娥[①]的分析总结，认为人力资本投资在农民工迁徙中有五种效应：

1. 预期收入效应

预期收入效应促使农村人力资本水平高的剩余劳动力向城市迁移，如西奥多·W·舒尔茨曾指出，劳动迁移发生与否，取决于劳动力对迁移成本与收益的比较，迁移收益很大程度上则取决于迁移预期收入；对于我国农村剩余劳动力的转移而言，预期收入效应也很明显。一般而言，单纯的农业劳动对高中文化程度劳动者的报酬效果不显著；非农业专业技能在单一的农业生产结构里也无用武之地。但城市的市场化程度较农村高，收益反映人力资本差异的敏感程度也获得提高，即人力资本水平高的劳动力在城市能得到更为"公正"的待遇，较高的预期收入使这部分剩余劳动力较早投入流动，所以当农村经济结构变动、转移就业的新机会来临的时候，在文化和技能上"过剩"的、人力资本水平高的农村劳动力最先活跃起来进入转移行列，转移的动力及效果与人力资本水平紧密相连。

2. 信息获取效应

转移能否成功取决于多种因素，其中信息因素不可低估。一般说来，一次成功的迁移需要具备以下三个条件，按重要程度排序如下：一是潜在的移民能否流动；二是其能否找到新工作；三是新工作是否与其人力资本水平和期望相一致。在面临相同的流动的机会的前提下，获取工作信息的能力无疑成为实现后两点的重要条件，而这种能力的大小往往与人力资本水平的高低成正比。首先，更高的文化水平或更丰富的人生经历使劳动者更能有效地对劳动力市场的信息进行收集、加工和判断，从而作出更为准确的劳动供给决策。这些劳动者较一般的农村转移到城市的民工拥有更为广泛的信息获取渠道，研究表明，大多数民工通过亲缘关系和地缘关系获取信息，即就业信息来源于省内的亲戚、朋友或乡邻。据蔡昉等人对济南的1504名民工的调查，这一比例高达81.1%；而拥有较高人力资本的农民工则较多利用招聘广告或媒体等信息渠道和更为

① 李仙娥，《人力资本投资在农村剩余劳动力转移中的作用分析》，《经济纵横》，2003年3月号，第18—20页。

广泛的社会网络寻找符合自身人力资本条件的工作。其次,把握信息以及对它作出合理判断的直接效果是降低市场风险和不确定性,因此,较高的人力资本的民工抗风险能力较强,这也解释了为什么文化程度高或经历丰富的农村劳动者更能克服距离障碍而倾向于跨地区向大城市转移。

3.心理适应效应

较高人力资本意味着劳动者更容易摒弃传统农村劳动力中的封闭性和保守性,树立现代性人格。其典型表现即对城市生活的认可与向往以及对市场交易活动有很强的适应性和应付能力,这使他们较一般的农民工相比,转移的欲望更强烈,融入城市生活的速度也更快,因此,转移也更为彻底。

4.流动示范效应

人力资本高、流动性强的农村剩余劳动力在提前转移后,对其余的剩余劳动力有一定的示范效应。这种示范效应表现在两方面:首先,人力资本高的迁移者凭借丰富的经验成为领导者,带动许多农村劳动力形成集体转移模式。其次,农村青年通过考学的方式转移到城市更高层次就业对于农村未来劳动力也有一定的示范效应,近几年农村通过入学转移的人数逐年增多,这是农村人力资本整体水平提高促进剩余劳动力转移的具体体现。

5.资本回流效应

民工进城打工并不是一个单向过程,民工潮随之而来的是资本回流,既包括物质资本回流,即大量汇款流入农村,也包括人力资本回流,即出现了相当规模的回乡创业群体。大多数民工并无在城市定居之意,许多成功的打工者已经返回农村,他们把打工的积蓄、熟练技能和市场阅历用于经营特色农业、创办乡镇企业和商业,为吸纳农村剩余劳动力作出突出的贡献。

第四章　农村人力资本投资机制与投资效率

体系的产生和运行总是伴随着激励和约束机制的作用,一个良好体系的维持和发展总是需要得到有效的激励和约束机制的支持。农村人力资本投资体系可以说是处于幼稚期,也可以说还没有到稳定的规范阶段,在这个阶段,无论是农村人力资本投资的主体还是投资的途径,由于它的不规范运行,所以仅仅依靠它自身的能量很难产生较高的效率。因此,农村人力资本投资效率的提高很大程度上需要依靠投资机制的作用。农村人力资本投资机制是相对于农村人力资本投资体系的,有怎样的投资体系,就要有相应的激励和约束机制。本章在研究农村人力资本激励和约束机制时,特别重视农村基层干部沟通能力及其效率的重要作用,这是在浙江农村调查的过程中切身感受的一个方面,认识到农村基层干部沟通能力甚至左右了农村很多事情的结果。

第一节　机制运行环境

任何机制的运行都需要特定的环境,我国经济改革几十年,使我们充分认识到环境对事物生存和发展的重要意义,没有相应的环境,事物都难以生存和发展,农村人力资本投资机制同样需要特定的环境才能发挥应有的作用。而在这些环境中,制度环境是最重要最关键的,由于我国制度环境存在比较明显的缺陷,更彰显其重要性。

一、机制运行的制度环境

只有在一个良好的环境中才能建立和完善农村人力资本投资的激励和约束机制,仇喜雪[①]认为我国农村人力资本缺乏的现状是我国制度缺失的反映,缺失的制度安排会带来社会资源配置的失灵,而制约农村人力投资和配置的主要因素有经济体制、人力资本产权制度、人力资本积累制度、人力资本配置制度和

---

① 仇喜雪:《我国农村人力资本缺失的制度分析》,中共桂林市委党校学报,2008 年第 3 期,第 37—41 页。

医疗卫生保障体制等五个方面。本人认为这五个方面构成了我国农村人力资本投资的激励和约束机制所需要的制度环境。

1. 我国现有的经济体制

仇喜雪认为人力资本投资的激励和约束机制的运行需要一个与之相适应的经济体制,而尤其在我国农村地区,原有计划经济体制的影响依然存在,这种经济体制使教育投资主体呈现单一性,导致广大农村教育资源供给长期严重不足。而农民对基础教育的投资也是受家庭收入水平制约的,在广大的中西部地区,直到本世纪初,依然有很多农村家庭难以支付孩子完成义务教育的费用。部分家庭由于贫困原因,中止了小孩特别是女孩的基础教育。此外,二元户籍制度也导致了传统就业模式、社会保障制度的严重差异,原有体制下"跳农门"成为农村个人对人力资本投资的唯一激励,所以结果是投资在农村,收益在城市,农村人力资本存量低的状况长期存在,难以改变。从我对浙江农村的调查看,由于近年来大学生面临非常严峻的就业形势,来自农村的大学生"跳农门"变得越来越难,使这农村个人对人力资本投资的唯一激励也在消失之中[1]。

2. 我国农村人力资本产权制度

人力资本产权是国家和法律对劳动者积累和使用人力资本、承担积累和使用的结果、在积累和使用时使他人和自己受益受损等方面的权利,以及这些权利的可转让性等方面的规定。包括人力资本的使用、积累和收益三个方面的权利约束。完整的人力资本产权能够充分激励人力资本的积累和使用,使人力资本能不断积累以适应生产力发展水平的需要,人力资本的作用能够得到充分的发挥。相反,残缺的人力资本产权使人力资本积累和使用不能得到有效的激励,人力资本的积累和用途受到限制,人力资本的积累效率、配置效率和使用效率受到抑制。

没有相应的产权制度就很难谈激励和约束制度,而我国农村缺乏应有的人力资本产权制度,这是一个非常不利的制度环境,使得对农村人力资本投资的激励和约束制度难以正常运行[2]。

3. 我国农村人力资本积累制度

仇喜雪认为缺失的人力资本积累制度制约了农村人力资本在积累时所需要的信息、资源以及领域、方式的选择,从而影响农村人力资本投资决策和人力资本的质量。在影响农村人力资本积累的制度因素中,教育体制和劳动报酬分

---

① 本文第二章中的对南浔的社会调查反映了这个情况。

② 本人查阅了大量南浔区政府的文件,没有找到这方面的文件。

配制度是非常重要的两种制度。本人认为除了扭曲的劳动报酬体系给社会带来极坏的示范效应,以及现行的教育体制向城市倾斜外,农村的文化教育设施落后也十分不利于农村人力资本的积累,参看第三章表3-7中的数据。

4.我国农村人力资本配置制度

市场机制的优势在于能让生产要素自由流动、彼此匹配提供平台。人力资本使用效率的提高在于其所有者自由地实现从低用途向高用途转移,或者自身专业化的人力资本获得新用途,使得蕴藏在人体内的人力资本的使用数量和质量大大提升。良好的人力资本配置制度能为人力资本使用数量和质量的提升大大降低交易成本。城乡二元分割的制度安排是农村人力资本自由配置的最大的制度障碍,人为地制造农民的人力资本在使用空间、范围以及方式上的交易成本,使劳动边际生产率为零的农村人力资本也无法从农村转移出来,导致农村经济发展的停滞和农民的收入低下。随着市场价格体系逐渐建立,户籍制度也较以前有较大的松动,农业产业结构也获得了调整,乡镇企业在一些东部沿海地区迅猛发展起来,相应地农民支配自身人力资本的空间、范围以及方式扩大了。农民可以根据自身的人力资本禀赋以及市场供需关系配置自身人力资本。农民可以选择外出打工、可以留在农村多元化种植养殖、经营或服务于乡镇企业等。市场价格机制的逐渐建立使农村人力资本获得了前所未有的激励,但我国目前还处于制度变迁的过程中,还有许多的不完善之处,公平竞争机制以及制度环境尚未建立起来。另外,滞后的土地流转机制、劳动力市场机制、农村金融服务机制、城乡的户籍制度等作为旧体制的"残余价值"也制约着农村人力资本的配置。比如由于劳动力市场的不完备,政府没有提供足够的信息和中介服务,增加了农民在城市搜索工作的成本。有些地方政府出于地方的政治和利益集团的利益考虑也采取歧视性的政策,限制农民进入相关行业和压低农民工工资待遇,以致大大增加了农民就业和流动的经济和社会成本,这无不反映出我国农村人力资本缺失的深层次制度性缺陷。

5.我国农村医疗卫生保障体制

我国现行的医疗制度的主要享有者是城市中公有制成分中的居民,医疗卫生保健服务基本上没有覆盖到广大农村,农民过低的收入难以有更多的钱投入到医疗保健上,而原先的农村合作医疗体系已经土崩瓦解,目前的医疗服务改革是走市场化的路线,而现行的医疗服务价格体系极其不合理,"以药养医"的机制使医疗市场"高价格,低服务","看病难,看病贵"成了突出的社会矛盾,农民无力支付高昂的医药费用,农民生命健康得不到保证,造成了严重的社会不公平现象,不利于农村劳动力的流动以及农村人力资本开发。

二、机制运行的环境缺陷

1.政府环境方面存在的缺陷

政府作为农村人力资本生产的统筹规划者,除自身要直接加大对农村人力资本的投资外,更重要的是要能营造有利于农村人力资本生产的环境和氛围,要能充分调动农村乡镇企业、个体私营业主、公民个人或家庭对人力资本投资的积极性,要不断促进农村人力资本生产的社会化和多元化,提高农村人力资本生产的效率和效益。但现实中我国许多地方政府尤其是欠发达地区政府不仅自身投资不足,对企业、个人或家庭引领不力,而且在公共服务和微观管理职能上还存在许多缺失与错位。主要表现在:

首先是政府观念存在偏差。长期以来,受计划经济体制和物质资本投资效益外显性的影响,以物质资本投资为主要特征的经济增长模式备受强烈追求经济增长目标的许多地方政府的青睐,使农村物质资本与人力资本投资两者间存在着极为不均衡的发展状态。

其次是政府公共财政投入严重不足。从教育资源分配来看,我国中央教育经费拨款的82%用在了占人口不到30%的城市,而占人口多达70%的农村却只得到18%的财政支持。多年来,我国农村学生的人均教育经费大约只是城市学生的1/4,人均固定资产总值和生均专用设备仅为城市的1/3和1/6。从农村职业教育和技术培训方面来看,在我国农村劳动力中,接受过短期培训的只占20%,接受过初级职业技术教育或培训的只占3.4%,接受过中等职业技术教育的只占0.13%,而没有接受过技术培训的竟高达76.4%

第三是政府缺乏战略性的预测和规划。主要是许多地方政府不能根据农村经济社会发展的阶段要求和经济结构调整的需要,对未来农村人力资本的供需状况、专业结构、行业分布及其发展趋势做出战略性的预测和规划,致使农村人力资本生产存在一定的盲目性。地方政府不能及时出台相应的政策和措施,制定农村人力资本的流失补偿制度和吸引人才的激励制度,导致在职业选择和地区流动自由的情况下,农村人力资本单向流失和净流失现象非常严重。

2.教育培训环境方面的缺陷

随着农村产业结构调整的加快和农业市场化程度的不断提高,我国现行的沿袭传统体制的农村教育与培训制度已暴露出许多弊端,表现出严重的不适应性。一是农村教育目标定位单一化。长期以来,潜在的教育导向使我国现行的农村教育从根本上讲是以升学率为主要目标的应试教育,过分热衷于书本知识,强调应试升学,鄙视职业技能培训,"轻农"、"弃农"、"离农"特点显著。二是农村教育的内容、结构和层次与现实农村经济和生产活动相脱节。表现为农村教育对象单一、方法陈旧;教育的课程设置、教学内容和教学方法与农村实际需要相背离;教育的层次结构和知识结构不合理,主要定位在普及义务教育和扫盲教育上;教育的结构和功能单一,偏重于普通教育或正规教育,职业技术教育和成人教育相对薄弱,职前教育和职后教育很不完善。三是农村教育资源缺乏整合。表现在农村师资队伍力量薄弱,教师职称结构、年龄结构、学科结构、学历结构不合理,教师缺乏继续教育培训的机会。农村教育资源在农业、科技和教育部门之间缺乏统筹协调,不少地方是就农业抓农业、就科技抓科技、就教育抓教育,难以形成一股合力,发挥教育资源的整体优势。

　　3.农村风俗习惯方面的缺陷

　　我国农村由于其内在的传统性和历史沉淀,养成了人们因循守旧、安于现状和不思进取的守成意识以及封闭、狭隘的世俗眼光,使人们缺乏超越自身能力和锐意进取、勇于投资的创新精神,缺乏时间效益观念和风险意识。这些消极观念的侵蚀,制约了农村非正式制度功能的有效发挥,禁锢了人们的思想,束缚了人们的手脚,扭曲了人们的人力资本投资观念和行为,从而严重阻碍了农村人力资本的生产。

第二节　激励机制

　　激励机制是通过一套理性化的制度来反映激励主体与激励客体相互作用的方式,根据激励理论,一个完整的激励机制一般包括诱导因素集合、行为导向制度、行为幅度制度、行为时空制度和行为归化制度五个方面,诱导因素就是用于调动员工积极性的各种奖酬资源,行为导向制度是组织对其成员所期望的努力方向、行为方式和应遵循的价值观的规定,行为幅度制度是指对由诱导因素所激发的行为在强度方面的控制规则,行为时空制度是指奖酬制度在时间和空间方面的规定,行为归化是指对成员进行组织同化和对违反行为规范或达不到要求的处罚和教育。这五个方面的制度和规定都是激励机制的构成要素,激励机制是五个方面构成要素的总和。其中诱导因素起到发动行为的作用,后四者起导向、规范和制约行为的作用。

一、农村人力资本投资激励机制的内涵

　　农村人力资本投资激励机制同样包括以上五个方面,因此完整、科学的农村人力资本投资激励机制能充分激励农村人力资本的形成和积累,优化人力资

本的配置,提高人力资本的生产效率。无论是企业还是农村,由于激励的对象都是"人",所以人力资本投资激励机制运行最重要的是要确立原则,它是在什么原则下运行的? 只有在此基础上,才能谈农村激励机制本身的建设。下面将从人力资本投资激励机制应遵守的原则和激励机制本身的要求进行分析。

二、农村人力资本投资激励机制的运行原则

综合现有的研究,比较一致地认为农村人力资本投资激励机制应该遵守两个最基本的原则:

1. 谁受益谁投资

由于人力资本的"天然"个体产权属性与人力资本外部性的内在深层矛盾常使人力资本的公共投资(含组织投资)和私人投资陷入一种要么投资不足要么投资过度的两难处境。由于人力资本产权本质上天然地归属于个人,因此对个人的人力资本投资激励首要是制度安排,一个崇尚科学、崇尚知识、崇尚技能的社会氛围是人力资本投资必需的制度环境。农村人力资本投资空间受制于各种投资主体的经济能力,考虑人力资本投资中的风险性、外部性和资产专用性的综合效应,对农村人力资本投资的制度性激励应遵守"谁受益谁投资"的基本原则。

把"谁投资谁受益"颠倒过来不是一个简单的顺序替换。由于人力资本产权的特殊性,传统的适用于物质资本投资的"谁投资谁受益"原则在实践中面临许多问题。而"谁受益谁投资"有利于明确哪一部分人力资本项目应由谁来投资,对于设计投资激励制度更为适宜。按照这一原则,专用性越强的人力资本项目越适宜由该人力资本的使用者投资,因为其路径依赖使之具有垄断投资优势。同样,外部性越强的人力资本投资项目就越适宜由政府公共部门进行投资,如公共卫生、公共教育(尤其是制度性教育)。因此,遵守这一原则,农村人力资本投资激励制度可以成为一个体现人力资本投资特性的、选择性和激励性相容的人力资本投资激励制度。

2. 兼顾公平与效率

农村人力资本投资既是经济发展的结果也是经济发展的源泉,一个有效的人力资本投资激励制度应当同时兼顾公平与效率两个标准。公平是指每个人天生都有机会发展自己的能力,不因家庭出身和财富的多寡而失去上学的机会。对此除了社会上乐善好施的利他主义行为"阳光普照"之外,主要依靠政府征收筹集的公共财政转移职能。而效率标准则强调为经济发展实际需要进行有针对性的人力资本投资性开发,使人力资本得到更好、更有效的开发和积累。

同样,由于人力资本的复杂性和人本身的绝对依附性,目前任何单纯基于外部性和公共物品的经济模型都不能准确地描述和分析人力资本的混合性质。因此在界定政府、用工单位和个人(农户)对人力资本的投资责任时,不是混淆不清就是本末倒置。这正是"谁投资谁受益"的物质资本投资原则对于人力资本投资的制度激励而言是一个错误的延伸。因此,改变传统的"谁投资谁受益"为"谁受益谁投资"是提高农村人力资本投资力度、投资效率和投资公平性的重要条件。

三、按激励机制的内涵要求构建农村人力资本投资激励机制

1.完善农村人才引导机制

商业上有一句话:要想让马喝水,先要将马牵到河边;只有马到了河边,才有可能让马喝水。引导机制在农村人力资本投资激励机制中占有重要的地位,它是制定农村人力资本投资激励机制的前提,也就是说,如果人才引导机制不能发挥作用,其他方面的机制就无从谈起。所以,引导农村人才在经济建设中建功立业、积极引导和鼓励农村人才参加或组建农村专业合作经济组织是非常重要的。使懂经营、善管理、有专长的农村优秀人才在农村专业合作经济组织的重要岗位上充分施展才能,充分发挥农村人才在推进农业产业化经营中的主力军作用,采取提供农贷资金、市场信息和技术支持等方式鼓励农村人才参加农业开发项目招投标和租赁、承包、领办、创办农业产业化龙头企业,鼓励农村人才以技术入股参与农业产业化龙头企业。

2.制定和完善农村人才选拔机制

如果已经让马到了河边,那么多的马,先让哪些马喝水?所以就必须制订农村人才的选拔机制,其中最重要的是要制定和完善农村人才选拔和管理办法。坚持不唯学历、不唯职称、不唯资历、不唯身份,将作出突出贡献的农村人才纳入各类优秀专家、拔尖人才的选拔范围。对特别优秀的农村专业人才,可破格晋升专业技术职称或技术等级。有关部门(单位)公开招录国家公务员和招聘工作人员时,要坚持公开、公平、公正和任人唯贤的原则,将参加考试考核的农村人才与其他人员同等对待。切实加强农村基层党组织建设,注重从农村人才中培养选拔乡村干部和发展党员,积极发挥农村党员的先锋模范作用和优秀人才的带动作用。要坚持按照"双向培养"的模式,大力培养"领头人"。乡镇一级的党委要选好培养苗子,加大培养力度,努力把党员培养成致富带头人,把带头致富的党员培养成村支书。要有计划地选派年轻有为的机关干部或科技人员到基层挂职,以加强农村人才骨干力量。要面向社会公开选拔以涉农专业

为主的优秀高校毕业生到农村工作,担任村干部,逐步改善农村基层干部结构。制定优惠政策,拟逐步将农村优秀人才充实到村级领导班子;从农村优秀人才中考录乡镇公务员和考聘乡镇事业单位人员;从农村优秀人才中选送人员到高校深造等,给他们提供"上升"的机会。

3.建立健全农村人才扶持机制

一旦决定了让哪些马先喝水,就要让马安心地喝,并且有很好的喝水条件。首先要在政策上给予支持,对农村人才开发的科技含量高、经济效益好的科研生产项目和农村人才直接参与的技术推广、新品种试验等方面的工作,市、镇财政要在人才创业上给予一定的资金扶持,激发他们的创业激情。其次要在技术上给予支持,要结合开展科技下乡活动,组织各类专家上门服务,进行巡回辅导,传播新技术、新知识,充分发挥高级农业专家、科技人才的技术优势,组织全市农业专家和科技人才与农村人才开展"一帮一"活动,及时帮助农村人才解决在生产、经营中的技术难题,为专家、科技人才提供实践场所,实现优势互补。第三要在环境上给予支持,要大力宣传报道农村人才典型和优秀人才的先进事迹和成功经验,扩大农村人才的影响力和示范带动作用,增强他们的荣誉感。积极营造尊重农村人才、爱护农村人才、帮助农村人才、向农村人才学习的良好氛围,为农村人才的成长和发挥作用创造宽松的社会环境。

4.完善农村人才评价机制

在很多马喝水的情况下,不能喝多喝少都一无所知,必须清楚地知道哪些马喝得多,因此要建立和完善农村人才评价机制。制订农村人才评价办法,研究制订不同种类的农村人才评价标准,将农村人才评价机制纳入社会和业内认可的人才评价体系。在农村人才中开展职称评审、称号授予等多种形式的人才评价工作。坚持以能力、业绩和贡献为主要依据,创新农民技术职称专业分类,突出农民技术职称的专业性、实用性和可操作性,逐步建立起与农村经济社会发展相适应的农民技术职称评定制度,多层次、全方位地开展农民技术职称评定和职业技能鉴定工作。建立健全符合农村实用人才职称评价体系。对乡镇专业技术人员晋升中级职务资格时对计算机、外语要求给予倾斜。放宽农民技术职称申报范围,凡各类科技示范户、能工巧匠、无论学历高低、都可申报农民技术职称。尽快组织相关部门对农村实用人才职称评定现状进行广泛深入的调查研究,在此基础上,根据农村的实际,制定出农民技术职称评定与晋升办法,确定职称序列及等级,分门别类制定评价标准和评定程序,使农民技术职称管理逐步规范化、科学化、制度化。

5.完善农村人才奖励机制

奖励是激励机制的关键环节,它即是对本轮激励的总结,也是对下一轮激励的导向。你奖励了哪些马?这些被奖励的马平时是怎样表现的?这些都会作为下一轮激励的参照。由于我国农村文化的独特性,表现为很强的参比性,即比照别人的模式行事,所以完善农村人才奖励机制是非常重要的。把有突出贡献的农村实用人才纳入各类专家推荐选拔范围,与其他有突出贡献人才享受同等待遇。组织开展农村优秀人才评选表彰活动,被评为全市农村优秀人才的,除享受一次性物质奖励外,还在专业技术职称或农民职称评定等方面享受一定的优惠政策。完善农村人才激励机制。根据中央、省市有关精神,制定完善全市乡镇农技、畜牧、农机、林业、水利等一线工作的科技人员津贴政策,鼓励和支持涉农事业单位改革内部分配制度,创新多种形式的绩效分配机制。鼓励和保护农村实用人才在技术推广中取得的合法收益。对做出突出贡献的优秀农村实用人才给予表彰奖励,大张旗鼓地宣传他们的先进事迹,使农村人才获得应有的社会荣誉,提高农村实用人才的社会影响力,彰显他们的示范、辐射作用。加大奖励力度,扩大奖励面和奖励名额,充分激发农村人才的创业热情。对县级农村优秀人才发放政府津贴,鼓励农村人才,特别是农村科技、技术人才利用自己的技术优势,为需要技术的农户提供有偿技术服务,实现人才与农业对接,人才与农户互惠。坚持对农村实用人才高看一眼,厚爱一层,实行政策倾斜,提高其政治待遇。对农村实用人才的选拔、管理、表彰作出具体规定,对获得县(市)级以上的农村实用人才在聘用使用、子女就学等方面给予倾斜。鼓励农村实用人才进行科研开发、咨询服务、技术推广,支持他们兴办民办科研实体和开发型经济实体,在创业培训、科技立项、税费优惠、信贷支持、金融服务等方面出台优惠政策。要改革和完善分配办法,对农村实用人才在科技开发、科技承包和服务中取得重大经济和社会效益的要给予重奖,并保护其知识产权和服务收入。要完善农村实用人才评价办法,在专业技术职务评聘中,对确有真才实学的农村实用人才,要"破格"评定专业技术职称。制定促进农村人才成长的激励政策,因势利导,鼓励各类"田秀才"、"土专家"兴办民办科研实体和发展型经济实体,让那些对农村经济发展做出突出贡献的乡土人才,优先承包农村资源,优先获得农业开发项目、农业贷款、技术资料、良种和先进农机器具设备等,充分调动农村人才的积极性。加大对优秀农村人才的评选表彰力度,将优秀农村人才的评选工作纳入到整个农村党员干部"争先创优"活动之中,对那些在示范带动、科技创新等方面有突出作为的农村人才给予一定的精神和物质奖励。要让竞争激励机制走进农村人才队伍的建设中来,出台相关政策,让拔尖的农村实用人才走上"三农"建设"领头羊"的位置,营造一种以业绩为导向、有利于农村人才脱颖而出的用人机制,最终达到在整体上推进农村人才队伍建设的目的。打破身份所有制性质的界限,面向农民公开招考国家公务员,极大地调动农民的积极性。

最后补充说一点,我国的县、乡两级政府每年应当按当年财政收入的一定比例提取农村人才开发资金,专门用于本地农村人才开发工作。政府有关部门应当积极协调各部门以及社会各界,在基础设施建设、信贷资金扶助、社会资金投入、技术和市场信息沟通、优惠政策争取等方面发挥作用,为农村人才解决实际困难,提供切实有效的服务。政府相关部门做好协调服务工作,在项目、资金、政策等方面予以倾斜,充分调动创业积极性、创造性。

第三节　约束机制

要提高农村人力资本投资效率,只有激励机制是不行的,还要在建立激励机制的同时,建立相应的约束机制。农村人力资本投资的约束机制大体分为两个方面的内容,即内部约束机制和外部约束机制。

一、内部约束机制

内部约束机制即投资主体与人力资本、其他当事人之间的约束,主要有以下五个方面的约束机制:

1.制度和章程约束

通过多次去浙江南浔调查,另从南浔政府网上搜寻,感觉其在制度约束方面还是有比较多的文件的,但问题出在对制度的执行率比较低,使制度约束效果不好。而在章程约束方面,投资主体与人力资本、其他当事人之间订立章程,目前这方面的约束软弱无力,所以,没有章程的约束,那就必然成为人治,人治的约束就导致投资中的一些矛盾演变成为人和人之间的摩擦和矛盾。另外,在有章程约束的条件下,就会照章办事,一个人违反章程就违规了,依章处理就行了。另外,章程在约束投资人的同时也可以保护投资人,因为投资人只要照章办事,出了问题,也只承担民事责任,而不承担刑事责任。

2.合同约束

农村人力资本投资在适应的领域中应该建立和完善合同约束机制,当事人要有合同意识和订合同、遵守合同的习惯。由于合同是平等主体的自然人、法人及其他组织之间设立、变更、终止民事权利义务的意思表示一致的协议,是反映交易的法律形式。合同一旦确立,就对当事人双方产生了法律的约束力,签约双方的权利、义务就受到了国家强制力的保护和监督。任何一方如不履行合同,都要承担由此引起的法律后果,所以,完善的合同机制能够使农村人力资本投资走上规范的轨道。由于农村的合同意识淡薄,目前合同约束能起到的作用非常有限,但完善的合同机制是发展的方向,一个走向文明的方向。

3.偏好约束

所谓偏好约束,就是说,我要约束你,首先要考虑你的偏好是什么。西方国家的管理中对这方面研究得非常细,也比较重视。而我们在人力资本投资管理尤其是农村人力资本投资管理中缺乏这方面的研究,在实际工作中就更加不重视当事人的偏好问题,往往将"权"和"钱"的约束当作两大法宝,但是对有的人来说,钱对他而言只是一个数字概念,这时你就要考虑对他的其他偏好的约束。这方面的约束还是比较适合我国农村的人文习俗的,农民比较有个性,重感情,讲古道,喜好也比较显现,因此在约束中重视研究他们的偏好会起到事半功倍的效果,这也是今后农村人力资本投资约束机制很重要的研究方面。

4.在激励中体现约束

这一点只是强调一下,其实任何有效的激励必然伴随着相应的约束,正所谓激励中体现约束,即对人力资本投资相关当事人实行的各种激励机制的本身就体现了对他的约束。在农村人力资本投资管理中,激励中必须同时体现约束,不能搞没有约束的激励,而是要把约束贯彻于激励之中。因此,应该通过完善激励机制的约束性来增强对投资主体的应有的约束。在这一点上要引起注意的是农村文化与城市文化的差异性,即在农村人们更自由散漫些,所以对约束的程度应该要谨慎,要多做解释工作。

5.机构约束

就是要建立和完善相应的农村人力资本投资管理机构,通过机构来约束投资人和投资行为,并有效地协调各当事人之间的关系。尤其是在这种约束下,对投资人和投资行为的评价,能由管理机构来进行,而不是由政府某个负责人来操作,从而减少冲突并增强了约束力。下面是南浔区项目评价具体指标一览表①,虽然主要是用于评价物质投资的,但人力资本投资项目也参照此表进行评价约束。

---

① 来自《南浔区财政支出绩效评价实施意见》,见附件3。

表 4-1 南浔区财政支出绩效评价实施意见

基本指标		具体指标	备 注
一级指标	二级指标	三级指标	
业务指标	目标设定情况	依据的充分性	共性指标
		目标的明确度	共性指标
		目标的合理性	共性指标
		完成的可能性	共性指标
	目标完成程度	目标完成率	共性指标
		目标完成质量	共性指标
		完成的及时性	共性指标
		验收的有效性	共性指标
	组织管理水平	管理制度保障	共性指标
		支撑条件保障	共性指标
		质量管理水平	共性指标
	经济效益		个性指标—实例说明
	社会效益		个性指标—实例说明
	生态环境效益		个性指标—实例说明
	可持续性影响		个性指标—实例说明
财务指标	资金落实情况	资金到位率	共性指标
		配套资金到位率	共性指标
		资金到位及时性	共性指标
		财政投入乘数	共性指标
	实际支出情况	资金使用率	共性指标
		支出的相符性	共性指标
		支出的合规性	共性指标
	会计信息质量	信息的真实性	共性指标
		信息的完整性	共性指标
		信息的及时性	共性指标
	财务管理状况	制度的健全性	共性指标
		管理的有效性	共性指标
	资产配置与使用	制度的健全性	共性指标
		制度的有效性	共性指标
		固定资产利用率	共性指标

二、外部约束机制

所谓外部约束机制,实际上就是社会约束,即社会要对农村人力资本投资的一种约束,这种约束主要有以下几个方面的内容:

1. 法律对农村人力资本投资的约束

法律对农村人力资本投资的约束是非常重要的,要完善相关法律,对农村人力资本投资主体及行为作出明确的法律规范,同时对各种主要利益主体的地位及行为作出明确的法律规范;对投资者的地位及其责权利等做出明确的法律规范,既要保护投资者阶层的应有利益和推动继续投资,又能对其行为做出应有的法律约束和规范;增强对投资人财产的保护力度,防止对投资人的财产的侵犯。

2. 道德对农村人力资本投资的约束

任何法律及管理制度都有失效的时候,当法律及管理制度失效时,靠什么约束投资者的行为? 主要是要靠道德约束。所以,任何阶层都应该有自己的职业道德,农村人力资本投资各当事人也不例外,也应该有道德的约束。没有道德约束,什么事情都会发生。对于投资者来说,道德约束主要表现为既要忠诚精神和团队精神,又不能危害、损害社会和其他人的利益;另外,维护自身利益应通过法律等各种正常手段进行,不应通过不正当手段,要受到社会道德的约束。

3. 市场对农村人力资本投资的约束

即农村人力资本的流动同样要通过人力资本市场,于是市场对农村人力资本就会起到一个很重要的约束作用。我们现在几乎没有一个完善的人力资本市场,尤其是农村人力资本市场。我们把一般的劳动和人力资本都放在一个市场里,而国际上各种就业市场是分开的,比如劳务市场、员工市场、人力资本市场都是分设的。一个人要进入人力资本市场是有条件的,人力资本市场上每个人力资本的整个档案记录都很齐备,流动规则也很明确,入市有标准。市场约束是未来农村人力资本投资约束上的需要解决的问题。否则,人力资本未来的约束机制就很难建立起来。

4. 社会团体对农村人力资本投资的约束

所谓社会团体约束,就是人力资本受到民间团体组织的约束。世界大多数国家非常重视民间团体的行业性的自身约束,而且这些约束非常有效,我们应该考虑职业经理人的民间团体约束的问题。

5. 媒体对农村人力资本投资的约束

媒体约束实际上是很重要的约束,这是应该承认的。但是我们要强调的是,媒体约束必须遵守一个准则,就是对某种新闻的炒作,应该要有利于企业的发展。新闻媒体介入的角度一定要选好,把握好自己的切入点,新闻报道要规范,要从利于企业更好地发展的角度来报道。媒体作为公众媒介,其社会约束力极强,因而职业经理人应接受媒体的约束,媒体也应发挥自己这种有效约束功能。当然,媒体在介入企业与职业经理人的纠纷时,其方式要得当。一是切入点要正确,防止因切入点不当而引发更大的纠纷;二是要坚持公正、公平和真实的原则,不能偏向某一方,尤其是不能报道失实;三是要坚持正确的方向性,媒体的介入不是要将纠纷搞大,而是为了通过讨论和总结教训使企业能稳定地高效发展,实现对非规范的职业经理人进行有效的约束。总之,应更好地发挥媒体约束功能。

如果能形成一个很好的约束机制和激励机制相对应,形成一种约束机制和激励机制相辅相成的企业体制出来,那就说明企业的治理结构进入了良性运转的开端。所以,任何企业的治理结构最终都要归结到约束机制和激励机制如何相对应的状态上来。

第四节　农村人力资本投资激励机制运行中农村干部的倦怠和沟通工作

一、课题组调查情况

我国农村人力资本投资不仅存量水平低,而且其投资效率也不高,这严重阻碍了我国农村向现代化新农村发展。导致我国农村人力资本投资效率低下的原因很多,国内学者对此也进行了比较全面的分析,但对农村干部对其的影响缺乏足够的认识,甚至没有意识到这个重要的因素。笔者通过对浙江农村的问卷调查和访谈,切身感受到我们对农村基层干部这一因素的忽视,同时越来越意识到农村基层干部这一因素在农村人力资本的形成和利用中的重要作用。在农村干部的全部工作中,各种沟通工作所占的比重最大,而其沟通工作对农村人才的利用的影响非常大。但是,从问卷调查尤其是对浙江(主要是浙江湖州地区)农村干部的访谈中发现,农村干部忽视沟通技巧,从而影响沟通工作的效果,进而影响农村人才的利用。

本课题组从2007年10月至2008年1月对浙江省农村干部的沟通能力和效果进行了问卷调查,随后进行了重点访谈。调查问卷在浙江各地区发放,但对农户的访谈主要在浙江湖州地区进行,尤其以湖州南浔区为重点访谈地区。问卷调查采取现场回收方法,所以问卷全部回收,回收问卷786份,总的有效问卷 772 份,各个项目中还有些无效问卷。问卷的地区分布如表 4-2。

表 4-2　样本地区分布

		频数	百分比(%)	有效百分比(%)	累计百分比(%)
有效数	杭州	67	8.5	8.7	8.7
	湖州	285	36.3	37.0	45.7
	嘉兴	78	9.9	10.0	55.7
	宁波	39	4.9	5.0	60.7
	绍兴	127	16.1	16.4	77.2
	金华	28	3.6	3.7	80.8
	衢州	35	4.5	4.6	85.4
	台州	39	4.9	5.0	90.4
	温州	42	5.4	5.5	95.9
	丽水	17	2.2	2.3	98.2
	舟山	15	1.8	1.8	100.0
	合计	772	98.2	100.0	
系统损失数		14	1.8		
总数		786	100.0		

　　课题组数次去浙江省湖州市南浔区中的三个镇调查访谈,去以前拟定的调查主题是农村人力资本投资方面的,但在调查中发现一个更为现实、更为急迫的问题,就是农村干部问题。调查回来后我去图书馆和网上查找相关的信息,针对农村干部方面的报道比较多,但研究较少,而在这些报道和少量的研究中,主要集中在农村干部的组织管理方面,很少去探讨他们的内心世界的,更没有研究他们的倦怠问题的。随后我反思自己,我一直在研究职业倦怠对社会经济的影响,最早确定的研究对象是所谓的"白领"阶层,没有将农村干部列为研究的对象。

　　只有走进农村才能看到真实,只有面对村民才能听到倾诉。我认为社会主义新农村建设成败的关键之一是农村干部的工作。如果农村干部困于倦怠,满面倦意,很多农村工作将难以进行,更难以取得预期的效果。

　　由于是简单的调查数据,所以对数据只做了简单的统计分析。我不是搞心理学分析,不是分析哪些因素导致了农村干部的工作倦怠,我的研究是在农村干部处于工作倦怠的假设前提下,调查研究其对农村干部沟通工作的影响。并在此基础上坚定地认为,虽然农村干部由于工作烦琐的原因,正逐渐成为受职业倦怠困扰的群体。但是,如果要使我国的社会主义新农村建设不成过眼烟云,农村干部的工作尤其是沟通工作就一定要取得理想的效果。怎么办?我与专家讨论过,包括请教过南浔区的高屹区长,经过一段时间的思考,有一种思路越来越清晰,必须从沟通技术上寻找突破口!农村干部一定要克服职业倦怠的影响,从沟通技术上寻找出路。为什么呢?最直接的原因就是我在调查中明显地感觉到农村干部在沟通工作中忽视沟通技巧。沟通工作在农村干部工作中占据半壁江山,如果因为忽视沟通技术而使沟通工作未能达到理想的效果,那么农村干部的工作效果从何谈起。

如果工作没有成就感,又处于农村那样的环境,农村干部会进一步倦怠,从而陷入倦怠——缺乏成就感——进一步倦怠——更没有成就感这样的恶性循环。所以,必须有个突破点,击溃这样的循环,而我认为那个突破点就是沟通工作的技巧。本文将从七个具体方面来分析,抛砖引玉。

二、群众对农村基层干部素质满意度调查分析

第一个问题是调查群众对农村基层干部素质满意度,设计的四个选项分别为非常满意、满意、不大满意和非常不满意。

表4-3 您对于目前农村干部素质的满意度为?

		频数	百分比%	有效百分比%	累计百分比%
有效数	非常满意	57	7.3	7.6	7.6
	满意	508	64.6	67.6	75.1
	不太满意	169	21.5	22.5	97.6
	非常不满意	18	2.3	2.4	100.0
	合计	752	95.7	100.0	
系统损失数		34	4.3		
总数			786	100.0	

虽然问卷的结果是群众对农村干部有比较高的满意度(选前两项的累计百分比为75.1%),但依然有24.9%群众不满意,将这一比例放在庞大的农村人口基数进行对比,不满意群众的数量是不可忽视的。通过我们的附加访谈,满意度比较高的原因主要来自两个方面,其一是近年来由于政府的重视,农村干

部自身素质有了比较大的提高,其二是农村群众对干部的素质要求还是比较理性。

我国农村人口众多,但人口的相对素质较低,因此,要取得理想的沟通效果,农村干部的素质显得更为重要。多次与村干部聊天,经常在想一个问题:在人口素质普遍较低的农村,为了建设社会主义新农村,应该由什么样的农村干部来从事群众的沟通工作?几十年来那种"锣鼓一响,村里开大会"的做法,已经不能适应新时代农村沟通工作的要求。那么,在今天主要以一家一户为单位的农村,什么样的农村干部才够得上是一个可信的、有效的农村工作沟通者?通过我们的调查访谈,我们认为应该具备一些基本的素质和具体的素质:

1. 农村干部需要具备的三项基本素质——理性、情感和信用

农村干部需要具备理性、情感和信用三项基本素质,这是农村干部突围倦怠—缺乏成就感—进一步倦怠—更没有成就感恶性循环的首选武器。如果我们假定农村干部是倦怠的,那么,有一个常理,越是倦怠的人越是不理性,关于农村干部在工作中的理性比较差是有共识的,而繁琐的工作又特别需要理性。理性是种素质,也是一项工作要求。沟通工作中的理性基本上指的是对语言的控制,农村干部在工作中是不是选择了正确的话?是不是使群众听到了清晰的、连贯的句子?每段话是不是传达了一个简明易懂的思想?这一素质对农村干部的沟通工作是至关重要的。我们很多人只知道农民非常朴素,但由于一般的农民所受的文化教育都较低,对语言产生歧义的可能性较大。而农民的封闭性有可能使理解的误差对沟通工作产生更不利的影响,使沟通工作无功而返。很多来自农村的信息也证明了这一点,在我国不少的村庄,农村基层干部和村民的关系紧张,就其原因,并没有什么原则性的问题,很多是由于小事引起的,在这些引起矛盾的小事中,对语言的误解占相当大的比例。在我国农村,主要由农村基层干部发起沟通工作,即所谓"村长敲门",所以对农村基层干部的语言能力要进行培训,首先要改变他们那种"只要是为民办好事,说不说、怎么说都没关系"的观念,否则,就会"好心办坏事"。另外,我国文明古国很多传统积淀在农村,在农村依然保留了很多传统的思想、观念、习俗和思维方式,作为农村基层干部,对这些不仅要熟悉,而且在交流中要尊重这些传统的东西。

这里的情感指的则是农村干部对自己和群众情绪的控制。在实际的沟通工作中,情绪都起到了重要的作用。我国农民虽然朴实,但情感丰富,而且,很多传统因素(如义、礼等)在农民身上表现得更为明显,所以,很多农民依然抱有"士为知己者死"的思想;但同时也会因"话不投机"而情绪激动或一走了之。那么,作为沟通工作发起人的农村基层干部,不仅要有控制自己情绪的能力,还要

有控制村民情绪的能力。不少农村基层干部动不动就火冒三丈,如此连自己的情绪都控制不了,还谈什么控制别人的情绪?也许这种情绪是工作倦怠的结果,因为处于倦怠的人往往难以控制自己的情绪,容易情绪失控。然而,农村干部需要将控制情绪当作一项重要的素质要求,有关组织部门在培训农村干部时也要重视这一项素质的培养。如果农村干部想将自己的想法或方案让村民接受,在与村民的沟通工作中控制好自己和村民的情绪是成功的关键。

这里的信用主要指两方面,一是指农村干部被别人信任,二是要使自己的工作服从更为重要的目标。农村基层干部首先要取信于民,这是信用的基本内容。但是,有一点也要引起重视,那就是农村基层组织也是国家行政组织的一部分,所以同样存在局部利益服从总体利益的关系。我在这里要表达的意思是,农村基层干部取信于民固然重要,但绝对不能以牺牲国家利益来取信于民。为什么提出这一问题呢?因为在当前农村,这种牺牲总体利益保局部利益的做法还不少。

2.农村干部必须具备的一些具体素质

农村干部仅仅具备上述的三项基本素质还不够,那只是基础,而在农村干部与村民的沟通中,直接相关的是一些具体素质。如果作个比喻,三项基本素质像是刀背,而一些具体素质就像是刀刃。仅仅刀背厚是没有用的,只有在刀背厚的基础上,再有锋利的刀刃,一刀砍下去才能砍得深。因此,具备一些具体素质对完成沟通工作任务非常重要。

(1)具备准确的表达能力。现在的农村基层干部,存在几种主要的不能准确表达意思的形式:不爱用数据说话、对数据的曲解、讲话抓不住关键因素、无意识的偏见和夸大事实。这些都严重地影响了沟通工作效果,因此农村基层干部要逐渐习惯用数据说话,并且能准确地理解数据;另外,农村基层干部要改变讲话无头绪的习惯,尽量做到讲话简约且能抓住要点。

(2)能够提供清晰的信息。沟通工作依赖于清晰而完全的信息,因此特别强调农村干部与村民在沟通时,应具备提供清晰信息的素质和能力。怎样才能做到这一点呢?准备工作很重要,清晰的结果来自于仔细的准备,这一点对农村基层干部来说尤为重要。我们有些人一提到农村工作就想到简单和低级化,在这种观念支配下,就会爱用一些简单粗暴的方法方式来解决农村问题。比如在与村民的沟通工作中,常常认为村民不懂什么,一些必要的信息也不给他们,认为没有那种必要。信息都不提供,更谈不上清晰的信息了。其实,我们的村民既内敛又富有智慧,而不像有些人说得那样什么都不懂。如果没有认识到这一点,就别想在与村民的沟通中取得任何效果。

（3）具有简洁的沟通工作风格。讲话简洁应成为农村基层干部沟通工作的风格。好的沟通工作应该是简洁的,所以简洁应该成为农村干部的一项重要素质。因为即使是农民,时间也是有价值而且是有限的。何况,就是有时间,也没有人愿意坐下来听你长篇大论。

（4）要在沟通工作中具有活力。我们的农村基层干部,很多人缺乏活力,这是一种比较糟糕的现象,也是干部和群众俱感倦怠的主要原因。可想而知,如果一个农村基层干部学着省委书记的腔调与村民谈话或作报告,村民会是什么样的感受? 即使村民不会将你当作滑稽可笑的笨蛋,也会认为你是一个没有特点而缺乏活力的人。活力可以使农村干部在沟通中显得有鲜明的个性,从而使沟通工作令人难忘。农村基层干部应该在沟通工作中具有活力,经常给村民一些新鲜的想法和信息,朝气蓬勃的风格会使他们工作做得很出色。从实际的沟通工作中我们了解到,农村干部的活力一部分来自于准确、清晰和简洁的个人素质,另一部分来自于他们对语言、想象和语句模式的选择。朝气蓬勃的语言有助于使人理解,并且他们提供的信息更能被记住,更重要的是它传递了一种自信和信任,我们的农村基层干部要在与村民的沟通工作中不要忘记它的重要性。

三、农村干部沟通工作方法调查分析

第二个问题是调针对农村干部工作方法的调查,选项采用了 7 分制,1—2 分为不满意,3～4 分为一般,5～7 分为满意。

表 4-4　频数请您为农村干部的工作方法进行打分

		频数	百分比%	有效百分比%	累计百分比%
有效数	1	14	1.8	1.	1.9
	2	33	4.2	4.4	6.3
	3	44	5.6	5.	12.2
	4	82	10.4	11.0	23.2
	5	204	26.0	27.3	50.5
	6	199	25.3	26.7	77.2
	7	170	21.6	22.8	100.0
	合计	746	94.9	100.0	
系统误差		40	5.1		
总数			786	100.0	

虽然有 76.8% 的群众对农村干部的工作方法还是满意的（选 5~7 分），但我们的附加访谈发现，一方面由于农村干部素质的提高，他们的工作方法有了较大的改善；另一方面，群众虽然对农村干部的方法基本满意，但对工作方法的改进仍然寄予较大的期望。这使我们想到必须研究农村干部的工作方法问题。

空谈导致倦怠，而倦怠又会使工作乏味进而空谈。农村干部在工作中怎样才能避免或者减少空谈呢？根据当前农村基层工作的实际情况，制订简单的工作计划是比较好的办法。基于农村工作的特点，我们要特别强调农村干部工作方法的重要性。而制订简单计划时应该重视以下几点：

首先是要拿支笔，将主要的沟通工作目标（比如说我要在三次谈话内说服他退耕还林）记录下来，并将它随身放在口袋里。

其次是要为实现主要目标（比如退耕还林）而考虑不同的策略，并且选用少数几个最适合这些目标的策略。比如要劝说退耕还林，是先讲解国家政策，还是先请他喝杯茶，要视具体情况而定，但事先要在分析对象的基础上有所准备。

第三是要重视实际行动，做农村工作，实际行动更重要，这是很重要的一点。确定了主要目标和准备采取的策略后，就要比较快地采取行动，这些行动其实就是实施策略的步骤。既然是步骤，就会有先后，即要将这些行动按一定的规律排序。程序有时候会决定结果，一套科学的程序有助于得到完美的效果。

最后强调要重视完成任务的条件。这一点对农村干部来说也是重要的，因为他们的工作受到的条件约束更为明显，如果不顾条件约束而一味蛮干，将事倍功半。

就沟通工作而言，如果在条件充足的环境中，一些要实现的目标是可以比较科学地确立，并且可以通过技术手段测试的。但在农村环境中，从技术上却很难做到。怎么办？我认为是否可以尝试自问自答的方式来测试要实现的沟通目标。即可以问自己一些关键问题，由于农村的情况复杂而且地方差异也大，问的问题当然不一样，但有一些是共同的：

（1）我要实现的目标在伦理和地方风俗上能通过的吗？这一点在我国农村特别要注意，在农村的很多地方，伦理和风俗大于法律和政策。虽然我们不能置法律和政策于不顾，但如果你口口声声地法律啊政策啊，而不考虑伦理和地方风俗，沟通工作目标是很难实现的。

（2）我在村民中是个可信的干部吗？他们能接受由我来做这件事吗？

（3）实现目标的最底线的必要资源可以得到吗？

（4）要实现沟通工作目标，我需要哪些合作？

（5）我的目标和其他的目标相冲突吗？

（6）在既定的内外部环境下，会出现实现沟通工作目标所希望的机会吗？如果机会出现了，我们有能力抓住吗？

（7）实现目标后将会是什么样子？目标实现后对下一轮的工作会带来哪些影响？

四、农村沟通工作创新调查分析

第三个问题是针对农村干部独到见解方面的调查，选项也采用了7分制，1~2分为不满意，3~4分为一般，5~7分为满意。

表 4-5　请您为农村干部的独到见解进行打分

		频数	百分比%	有效百分比%	累计百分比%
有效数	1	10	1.3	1.3	1.3
	2	42	5.3	5.6	7.0
	3	22	2.8	2.9	9.9
	4	63	8.0	8.4	18.3
	5	162	20.6	21.7	40.0
	6	191	24.3	25.5	65.5
	7	258	32.8	34.5	100.0
	合计	748	95.2	100.0	
系统损失数		38	4.8		
总数		786	100.0		

结果占81.7%的受访群众对农村干部在工作中的独到见解给予了比较高的分值（5~7分），我们曾经对这一数据表示质疑，但通过附加访谈和小范围抽样，最终认为这一数据是可能的。原因主要是农村基层干部绝大多数来自农村，农民的本质使他们在观点上受到的约束较少，往往有其独特性。

在这个问题上，要担心的不是农村干部是否有独到见解，而是能否让他们实现独到见解，能否让这些独到的见解能被群众理解和接受。农村的沟通工作往往发生在特殊的环境中，是在农村特定的文化、历史和地域环境中进行的。如果要更好地满足群众的期望，我们的农村干部还要注意以下两个方面：

首先，如果群众的观点是错的，作为农村基层干部要能明白错的原因。如果自己有一个根本不同而自认为非常独到的观点,那么就需要通过对话来解决。特别强调的是,在任何情况下,农村干部都要清楚地界定自己观点到底包括什么内容。也许有人会说,还会不清楚自己观点的内容吗? 未必! 有些村干部在做群众工作时,虽然观点明确,比如村干部的观点是集资修路,这很明确吧,但他自己却并不是很清楚到底怎样集资、向谁集资、无偿的还是有偿的,如果是有偿的,将来如何分享路的收益,如果是无偿的,如何让村民觉得出资是值得的,等等。如果村干部自己都不清楚自己的观点到底包括些什么内容,那就很难实现自己的想法,也不能满足群众的期望。

其次,按照组织学理论,一个高效的组织是会鼓励管理者解释清楚他的观点。所以,农村的基层组织如果要提高效率,同样应该鼓励基层干部多做群众的解释工作,而不是沿袭"愚民政策"。因为解释清楚观点后,群众会有广泛的参与,而广泛的参加有助于确保和群众的长期合作;另外,通过解释,常常会因为发现了新的重要信息,而修正以前的观点,这可能会改变与群众沟通工作的过程。

五、农村干部沟通工作语言说服力调查分析

第四个问题是针对农村基层干部语言说服力的问卷调查,选项采用0～1记分法,1为说服力强,0为说服力差。

表4-6　请你对农村干部的语言说服力打分

		频数	百分比%	有效百分比%	累计百分比%
有效数	1	254	32.3	44.8	44.8
	0	313	39.8	55.2	100.00
	合计	567	72.1	100.00	
系统损失数		219	27.9		
总数		786	100.0		

结果只有44.8%的受访群众对农村干部的语言说服力感到满意,而不满意率达55.2%,说明虽然近年来通过培训,农村干部在不少方面有了进步,但语言依然缺乏说服力。

农村干部在与群众进行沟通时,靠的是通过语言表达的信息的说服力,有力的信息能促使群众和自己实现共同的目标。虽然并不是所有的信息都是设计出来的,但在农村工作中,有相当一部分信息是可以通过农村干部有目的的

加工形成的,这不是欺骗,而是为了更好地实现目标。要提高农村干部语言的说服力,需要重视谈话的内容(你必须说的)和支持谈话的论据(你如何构建具有说服力的事例)。

交谈的内容:对农村干部来说,虽然群众要知道的每一件事都可以属于谈话的内容,但是,在与群众开始沟通工作时,最为重要的是基层干部要有这样的能力,即能够将要告之的谈话浓缩成简单的句子。比如,对你所要达到的目标进行简单陈述,以便让群众都能明白哪些目标,从而能够进行顺利的沟通工作。另外,由于不同的目标对不同的群众可能会产生不同的后果,所以农村干部要适时地对谈话进行有目的的调整,具备随机应变的能力。再者,有时候在进行沟通工作时,拥有大量的数据,但并不是所有的数据都是必需的,在这种情况下,农村干部就要消化这些数据,并且将之变为更突出的观点,然后决定哪些观点对群众是最重要的。

论据(有说服力的事例):在农村的沟通工作中,怎样使用有力的措辞来提高语言的说服力,对沟通工作的效果有很明显的影响。农村干部要善于发现那些压缩了中心信息的措辞,然后进行群众分析以决定怎样使用这些措辞。通常情况下,农村沟通工作要取得进展,必须首先得到基本群众的支持,然后安抚那些潜在层面上支持的群众,还要对持反对观点的群众解释为什么我们要那样做。所有这些工作,都要有充分的事例,因为对农民来说,他们更愿意相信有说服力的事例而不是大道理。在此要特别强调,也是农村沟通工作中被忽视的,就是我们的农村干部往往不懂有说服力的信息是依靠逻辑和证据的高效使用,不懂得使用逻辑推理和证据。所以,往往言不由衷,意思混乱,观点不清,使沟通工作难以进行。

六、农村干部沟通工作渠道调查分析

第五个问题是针对农村干部沟通渠道的问卷调查,选项采用了 7 分制,1~2 分为不满意,3~4 分为一般,5~7 分为满意。

结果占 72.6% 的受访群众给予了比较高的分数(5~7 分),这与我们以往对企业的调查不同,企业是很难达到这么高的比例的,这可能也说明我们村民比较善良、比较低的要求,他们比较容易认可农村干部的沟通渠道。当然,另一方面也说明村干部在沟通渠道方面的选择还是不错的。但是,27.4% 的不满意群众依然是个庞大的数字,告诉我们的农村干部,沟通渠道还有很大的改进空间。其实我们也不能给出具体的沟通渠道,而是提出了一些需要改进的方面,如果在这些方面有所改进,应该会令群众更加满意。

表 4-7　请您对农村干部的沟通渠道进行打分

		频数	百分比%	有效百分比%	累计百分比%
有效数	1	32	4.1	4.4	4.4
	2	29	3.7	4.0	8.3
	3	44	5.6	6.0	14.3
	4	96	12.2	13.1	27.4
	5	187	23.8	25.5	52.9
	6	153	19.5	20.9	73.8
	7	192	24.4	26.2	100.0
	合计	733	93.3	100.0	
系统损失数		53	6.7		
总数		786	100.0		

在农村,由于大多数沟通工作涉及不同的群众,所以需要使用不同的渠道。比如,与村民聊聊、召开村民代表会议、给有关村民发信件征求他们的意见、搞一些群众性的公共活动等。我们的村干部应该清楚,选择沟通渠道目的是什么?是为了有效地向群众发送信息。然而,与村民的沟通工作有时是相当困难的,因为村民往往听那些他们愿意听的东西,而不想听到坏消息。所以,当要向群众发出不好的信息时,此时更需要考虑沟通渠道。发出好的信息是容易的,谁都可以亲自去发送它,并因此得到群众的信任和好感,而发送坏的信息就很难了。

我们来分析一下不得不发出坏消息的情况。例如,某些对村民有利的事情被取消了。由于宏观利益和微观利益的冲突,在农村这种情况是很多的。一般说,诸如这样的消息总是直接传达的,由于显而易见的原因,很多村干部趋向于回避这种情况,然而,很好地处理它将更有利于提高农村干部的信用。在决定怎样传达这样的信息前,一定要依据已经建立的规定,包括村规民约,这样就比较容易向群众交代。

如何选择传递困难信息的沟通渠道呢?在一对一的交谈中,你能时时刻刻地观察村民的反应,调整你的方法,并且对个人和相关问题作出回答。然而,很明显,在有些情况下这样做是不可能的,由于人力和精力有限,村干部不可能向村民一一地进行交谈。所以,最重要的是,一定要选择最个性化的沟通工作渠道,或是联合使用沟通工作渠道来传送信息,村干部应该加强这方面的思考和研究,找出更合适的渠道。

七、农村干部沟通反馈工作调查分析

第六个问题是针对农村干部沟通反馈工作方面的调查,选项采用了 7 分制,1~2 分为不满意,3~4 分为一般,5~7 分为满意。

表 4-8　请您对农村干部的沟通反馈工作进行打分

		频数	百分比%	有效百分比%	累计百分比%
有效数	1	12	1.5	1.6	1.6
	2	32	4.1	4.3	6.0
	3	16	2.0	2.2	8.2
	4	59	7.5	8.0	16.2
	5	141	17.9	19.2	35.3
	6	217	27.6	29.5	64.8
	7	259	33.0	35.2	100.0
	合计	736	93.6	100.0	
系统损失数		50	6.4		
总数		786	100.0		

近年来重视农村干部培训取得了一定的成效,占 83.8%的受访群众对农村干部的反馈工作满意,这也说明农村干部在培训后观念发生了变化,开始重视沟通中的反馈。

任何沟通工作都不是一次简单的行动,而是一个较长的过程,农村基层的沟通工作更是如此。农村干部经常会碰上这样的情况:一条信息会在村民中引起某种反应,而这种反应又需要另外的信息。任何沟通工作都不是像对着目标开枪或射箭,没有那么简单,而是为了取得理想的结果设计的有感情的过程。另外,无论是在沟通工作的过程中,还是在沟通工作前后,村干部是否听取对方的意见,常常决定了所获得的信息能否实现理想的目标。这就意味着农村干部要不断地接受反馈,这些反馈信息包括:用来支持自己观点的数据、关键群众的意见、为什么一些有影响力的群众可能反对自己等。

在我国许多农村组织中,有两个主要因素抑制了向上和向下的反馈。首先,人人都不喜欢得到坏消息,包括很多农村组织中的上级领导,也只想听到下级夸他的工作做得好,这样偏听的结果,使那些可能有助于取得成功的重要信息悄悄地溜走。其次,在等级制的农村组织中,存在一个明显的趋向,就是对向上和向下的反馈都依然缺少相互理解。而几个具体的因素也抑制了农村组织中的反馈:农村干部往往喜欢命令而不是商量;不少农村组织的领导喜欢保密,因为这样做有种权力的感觉;每个人都喜欢告诉领导自己想要的事,而非真实的事。

为了使农村的沟通工作取得更理想的效果,在重视反馈时都要考虑以下四个因素:

第一,把握反馈的合适时间。我们的农村干部应该明白,推迟反馈很少是有效的,超过了时限,很多特定的信息就会褪色。群众会想为什么要等这么久,这样的事情也需要这么长的时间才能作答复吗?当然,有时反馈太快也不好,因为,村干部在听取改进建议前需要时间去缓和矛盾,如果还没有完全准备好就作出反馈,可能会使问题变得更糟。

第二,尽量在反馈中坚持客观性。完全客观是不可能的,但要尽量做到反馈中有更多的客观因素。没有客观因素,你的反馈将是不可信的,也是难以解释的。

第三,反馈主要集中在自己有权改变的事情上。由于主客观条件的限制,农村干部并不能解决所有的问题,所以,反馈应该集中在自己有权改变的事情上,主要是根据反馈信息调整沟通工作,以便更好地实现目标或更有效地工作。

第四,与群众建立信任关系。当群众得到他们认为有用的反馈信息时,如果这信息源是信得过的,他们会乐意地接受反馈。要与群众建立信任关系,最简单的手段是给予他们正当的赞扬。因为你认同了他们的成就,群众就更有可能听从你。而从长期来看,建立信任的手段就是诚实正直,所以,农村干部正直诚实的人品对与群众的沟通工作是相当重要的。

八、农村干部沟通工作如何获得群众支持

如果我们的农村基层干部想通过沟通工作实现已经确定的目标,首先就要得到群众的支持,而且,从我们与村干部的接触中感觉到,缺乏群众的支持也最容易导致工作倦怠。哪些群众会支持呢?是什么促使群众支持我们的工作呢?要知道这一点,就应该去了解群众对待沟通工作的态度是积极的、中立的还是消极的?群众怎样才可能接受我们的建议?由于工作的成功或失败,群众会受到哪些间接影响?

在我们的调查和访谈中,切身地感受到了这一点,那就是如果不能说服各

方面的群众提供支持,沟通工作目标是不大可能实现的。农村干部应该学会并逐渐习惯对群众进行仔细地分析,对农村不同群众的分析,就能够知道群众的兴趣、价值和目标。从理论上说,沟通工作的成功主要源于行为一致的群体动机所提供的基本能力和动力,这种一致的群体动机被行为学家称之为参与式管理。虽然这些理论对我们的农村基层干部来说是陌生的,但这些道理其实早就隐于很多事理中,只要我们的农村干部在平时的工作中细心观察和体会,应该能够明白这些道理的。我们的基层干部必须明白群众怎么想,而且必须给群众足够的信息,从而得到他们信任。更重要的是,在决策过程的事前、事中和事后都要保持敞开的沟通工作渠道。

在开始对群众进行分析时,需要分析一些关键问题:

1. 分析与群众的关系的基础上采取相应的策略

当农村的基层干部要将比较激烈的观点传达给群众时,必须按与群众关系的实际情况来调整自己的工作策略,并且要清楚在既定的群众关系下的沟通工作目标,这样就能更好地采取相应的沟通工作策略。下面是沟通工作方面的分析表(表3),可以给农村基层干部的沟通工作作参考:

表 4-9　沟通工作分析

沟通工作目标	沟通工作策略
要让村民清楚工作开始后能得到什么利益。通过沟通工作,要让村民知道目标是能成功实现的。	告诉策略:在这些情况下要向群众耐心地解释,希望群众明白,现在不是提意见的时候,而是行动的时候。
让群众了解计划后,希望能与群众达成协议。通过介绍计划,希望群众能赞同计划中一些最为敏感的建议,比如预算。	宣传策略:在这种情况下,要向群众进行宣传,希望群众去做好相关的事情,并确定哪些群众最适合去做。
解释计划后,希望群众能对实现计划的相关问题表明观点。而通过沟通工作,群众也能及时地得到他们关心的问题的答复。	磋商策略:在这种情况下,要和群众商议,和群众平等交换意见,力图从群众那里了解尽量多的信息,并且要通过磋商,控制某些不利因素的影响。
实施计划后,参与计划的群众要对计划提出改进意见或建议。通过开会等形式,参与的群众能提出解决问题的方案。	参与策略:在这种情况下,要与群众同心协力。和群众一起工作并达成共识。

2.分析群众对沟通工作可能采取的态度

当已经确定大多数群众是支持沟通工作的,还有一部分则是中立的,少数群众是反对的。在这种情况下,还要进行进一步的工作,仔细地分析上述三种态度的群众:

持支持态度的群众:农村基层干部必须清楚,当你提出一项计划时,能够得到群众的支持是非常宝贵的,要珍惜。所以,对已经持支持态度的群众要给予激励。让他们知道他们所做的一切对计划的成功有很大的帮助,并力所能及地给予奖赏。

持中立态度的群众:这些群众对理性的说服手段最敏感,他们会理性地推测事件的结果并进行分析,但他们同时相信保持中立是比较好的选择。

持反对态度的群众:这些群众从来没有真正地支持过计划,但我们的基层干部还是要表现出理解他们的观点,并且,依然要经常向他们解释,为什么我们还相信自己的计划。这样做,也许能使这一部分群众最终保持中立。

最后强调一点,在我国农村,群众中的"关键人物"对计划的影响很大,因此,基层干部要争取关键人物的支持。最好的办法还是坦白地、直接地传达自己的观点,同时要肯定他们想法中合理的部分。

3.分析群众对沟通工作的了解程度

在和群众沟通工作之前,先要问一些与群众相关的基本问题,比如,群众对沟通工作中的信息了解多少?他们还需要知道哪些附加的信息,以便更好地理解和判断沟通工作?由于村民受教育的程度都较低,所以,在计划中,怎样表述才能让群众更容易地理解沟通工作的实质和内容?

4.群众对沟通工作是否感兴趣

其实,这个问题才切中了群众分析的要害,也是农村基层工作经常忽视的方面。不少农村基层干部做事情根本不将群众的兴趣放心中。这样的话,势必导致群众也不将你的工作放心中。无论在城市,还是在农村,成功的沟通工作者总是善于换位思考。此时,我们的基层干部也可以用换位思考的方法来思考问题。比如,如果我在群众的位置上,是什么促使自己支持沟通工作呢?可能是为了金钱、地位、权威、声望,也可能是为了节省时间、回避冲突、简化劳动等。当自己面对一些反对沟通工作的群众时,不要轻易动怒,动怒是农村基层干部最易犯的错误。而是要耐心地问自己几个关键的问题:为什么沟通工作会伤害他们?通过不断地解释,能缓和这种紧张关系吗?即使不能,也应该表现出理解并同情他们的态度。在农村,可能会存在少数不讲理的群众,根本不顾计划是否合理就盲目反对,即便是这样,农村基层干部也要通过了解反对者的背景,在坚持自己的沟通工作的同时,努力改善与他们的关系,这样才有可能最终结成联盟。

第五节　农村人力资本投资效率的概念

套用舒尔茨的人力资本概念,将农村人力资本解释为体现在农村人才身上的技能和生产知识的存量,它是通过对人的教育、培训、保健等方面的投资形成的。然而,在分析农村人力资本投资效率时,必须将这一抽象概念转换为看得见的载体,即我国农村人才队伍的结构,这是在思考效率概念之前必须先弄清楚的。

一、我国农村人才队伍结构分析

按照 2003 年 12 月《中共中央、国务院关于进一步加强人才工作的决定》,将人才分为党政干部、专业技术人才、企业经营管理人才和其他人才四类。我国农村人力资本也可以具体体现为这四种类型的人才结构,其中"其他"类人才主要指的是农村的能工巧匠。我国不同地区的农村,这四种人才的结合有很大的差异。

表 4-10　农村人力资本分类组合

组合＼类型	党政干部	专业技术人才	企业经营管理人才	其他人才(能工巧匠)
1	A	A	A	A
2	A	A	A	B
3	A	A	B	B
4	A	B	B	B
5	B	B	B	B
6	B	A	A	A
7	B	B	A	A
8	B	B	B	A

注:表中 A 为强,B 为弱

我国农村人力资本四种类型在不同地区的强弱可以有很多种组合,也就是农村四种人才队伍的不同组合,其中八种是比较典型的(如表 4-10):

(1)4A组合,四种人才都强。这是一种强强组合,

(2)AAAB组合,党政干部、专业技术人才、企业经营管理人才强,缺能工巧匠。

(3)AABB组合,党政干部、专业技术人才强,企业经营管理人才弱,缺能工巧匠。

(4)ABBB组合,除党政人才强外,其他三类都弱。

(5)4B组合,四种人才都弱。

(6)BAAA组合,除党政人才弱外,其他三类都强。

(7)BBAA组合,党政干部、专业技术人才弱,企业经营管理人才和能工巧匠强。

(8)BBBA组合,除能工巧匠强外,其他三类人才都弱。

不同的人才队伍组合,对农村人力资本的构成和影响是不同的。一方面这四种人才队伍的组合本身就形成了农村人力资本结构,另一方面,它又影响着农村人力资本存量的效益和增量的发展。从浙江农村的调查看,当前政府比较重视对党政干部的政治理论和岗位能力培训,把党政干部人才作为教育培训的重点,并将基层干部培训与村级组织换届选举相结合,对行政村(社区)党组织负责人、村委会(居委会)负责人和行政村后备干部进行了分期培训。在企业经营管理人才培养开发方面,浙江省农村开展"企业高校联姻工程"、"企业家高校深造工程",利用高校优质培训资源,采取政策引导、政府补贴、企业培训的方式选送企业经营管理人员到名牌高校深造,学习先进的经营理念和管理方法。在专业技术人才和能工巧匠培训方面,浙江省农村有计划地分领域、分类别、分层次对专业技术人员开展教育培训。结合实际,采取灵活多样教育培训形式,确保专业技术人员每人每年脱产学习时间不少于多少天。虽然有的地方有计划地选送了一些专业技术人才参加各级党校的培训班,甚至还选送一些优秀中青年技术骨干到国外有关院校、科研机构进行学习培训、实践锻炼。但总体上在突出农村经济社会发展急需的高层次、高技能专业技术人员的教育培训方面还比较欠缺。而在培训内容上,立足乡镇经济社会发展实际因地制宜的教育培训还不够,需要加强培训农村乡土人才。

二、农村人力资本投资效率的概念

西方经济学中的效率有多种不同的解释,其一是帕累托效率,只在不致使一个人处境变坏的情况下,已不可能通过资源的重新配置而使一个人的处境变好。帕累托效率又可以进一步细分为生产效率、组合效率和分配效率。其二是

投入与产出的比率,是指用货币计量的有用资源的投入和有用产出之间的比率。其三是指在投入和技术既定的条件下,能够使资源投入和产出效用最大化的状态。

农村人力资本效率是指农村人力资本产出对人力资本投入的比率,它可以从个人、企业和全社会等不同层面考察。

舒尔茨、贝克尔等人则主要从人力资本投资成本与收益方面分析了人力资本效率。其中,舒尔茨在考察不同层次教育投入和预测不同层次人力资本终生收益的基础上,运用年金法计算了美国 20 世纪 40—50 年代的教育投资收益率。贝克尔则就基础教育和专业教育给出了收益测度模型,即:

$$X + Y = \sum_{i=1}^{n} \frac{Y_{10.i} - Y_{9.i}}{(1+I)^i}$$

X:受第 10 年教育的直接成本,Y:受第 10 年教育而放弃的收入,$Y_{10.i}$ 受第 10 年教育的人的工作收入,$Y_{9.i}$ 第 9 年教育的人的工作收入,n 受过 10 教育之后可以赚得工作收入的年份总数,I:第 10 年教育的收益率,i:所考察的年份)。

而本人认为农村人力资本投资效率与一般人力资本投资效率总体上是有共性的,所以参照对一般人力资本的评价,将农村人力资本投资效率分为人力资本配置效率和人力资本利用效率两个方面。虽然本文在调查数据基础上对农村人力资本投资效率的分析并不是完全按照这两个方面来评价,但基本上以此作为指导思想。其中,人力资本的配置效率是指人力资本配置结构的合理性。合理的农村人力资本配置是指当非人力资本一定时,每一单位人力资本投入的边际产量达到最大。资源利用效率则反映在资源利用程度、资本周转速度以及资本投资效益等方面,资本利用效率最终可归结为资源投入价值与产出价值的关系。

农村人力资本配置效率与利用效率既有区别,又相互联系,两者相互制约、相辅相成。它们的区别在于:首先是两者隐含的时间状态不同,人力资本配置侧重于说明静态的状况,即在某一时点的人力资本结构状况,而人力资本利用则侧重于说明动态的过程,即在某一期间的人力资本运用过程。其次是人力资本配置一般侧重事前的预测、决策和规划环节,而人力资本利用则侧重于事中及事后的运用、控制和分析环节。它们的联系在于:首先是人力资本配置效率影响和决定着人力资本利用效率。具体说,从某一定期间看,若初始人力资本配置合理,意味着农村各类人力资本的能力处于一种平衡状态,这就为协调发挥农村人力资本的能力水平,实现人力资本"合力"最大化提供了静态基础,进而也就能够促进该期间人力资本综合利用效率的提高。反之,人力资本配置不当,则会导致"人浮于事"与"人手不足"并存,进而限制人力资本整体功能的发挥和综合利用效率的提高。其次是人力资本利用效率反映并制约着人力资本配置效率。一方面,人力资本利用效率的高低反映着人力资本配置效率的高低,也就是说,一定期间的人力资本利用效率高,通常表明初始的人力资本配置是合理的,有效率的,反之,可能说明人力资本配置存在着问题,甚至说是低效率的,应予调整配置。另一方面,人力资本利用效率的高低制约着人力资本配置效率的实现情况。

三、我国农村人力资本投资收益错位效应

有研究者认为[①],我国农村人力资本投资收益会发生错位效应,主要包括投资收益主体错、投资收益空间错位、投资收益时间错位。投资收益主体错位是指投资主体与收益主体的不一致,即由家庭(或父母)所进行的私人教育投资,受益对象是其子女。投资收益空间错位,是指农村所进行的教育投资伴随着我国农村人口的非农化进程而转移到城市或发达地区,形成农村投资,城市或发达地区收益的现象。投资收益时间错位,投资收益时间错位是指投资时间与收益时间的不一致性,即在人力资本投资过程中,收益主体对社会经济的作用需要等到收益主体参加社会经济活动后才能发挥直接的经济效力。

第六节　农村人力资本投资效率评价

一、判定投资效率的五个标准[②]

(1)负效率状态,投资的负效率状况,是指投资活动的结果表现为亏损状态,会计利润<0。

(2)零效率状态,它指投资活动的结果是投资收入等于投资成本,会计利润为零的状态。从本质上讲,由于投资活动不仅仅耗费了有形物质,也耗费了无形资源,如时间。所以,零效率状态不仅是会计利润为零,而且资本的时间价值亦未收回,实质上仍是一种负效率。

---

① 张藕香,李录堂:《我国农村人力资本投资收益非均衡性分析》,《电子科技大学学报(社科版)》,2006 年第 6 期,第 35—40 页。

② 雷海燕:《EVA 方法在企业投资效率评价中的应用》,《商业经济文荟》,2006 年第 5 期,第 83—84 页。

（3）低效率状态,它指投资活动结果存在会计利润,但会计利润低于社会的正常利润,即经济增加值（EVA）是负值。在会计核算中,存在会计利润是可取的一种状态,但从投资的角度来看,这种状态是不可取的。因为正常利润是按某行业、某部门的平均利润水平来确定的,或按资本成本（银行存款利息等）来确定的。如果投资收益低于正常利润,意味着投资收益低于社会平均收益水平,或低于资本成本,从资本运营上看仍然是一种亏损状态。所以,这是一种低效率的状态,表明资本循环是处于一种减量循环状态之中,是不可取的。

（4）平效率状态,指经济增加值（EVA）为零的状态,此时经济增加值与社会正常利润（机会成本）相等,是投资低效率与高效率的平衡点,此时,资本通过投资形成的循环处于一种等量循环状态。

（5）高效率状态,它指投资活动的结果,是存在经济增加值,即经济增加值大于社会正常利润（机会成本）。这种状况反映了投资目的在一定程度上得到实现,投资人的需求得到了一定程度的满足,因而是有效率的。

二、评价方法基础

农村人力资本投资效率的评价同样从人力资本配置效率和人力资本利用效率两方面进行。由于对人力资本内部结构合理与否的衡量,主要可通过测算各层次人力资本相互之间的边际技术替代率,看相互的边际替代率是否处于等值或接近状态。而这种纯经济学的分析对于农村人力资本来说难以进行,因为农村的人力资本与企业的人力资本相比,层次不是那么清楚,所以很难测算高层与中层人力资本相互之间的边际技术替代率。因此,本书仅对农村人力资本利用效率进行评价。

本文在评价农村人力资本利用效率时借用钟旭东的模型的思想（而不是使用他的模型）,这一模型在分析了企业人力资本的存量和质量的基础上,构建了人力资本利用效果分析模型[1],即:

$$R_1 = Q_1 - A_1 = (Q_{11} + Q_{12} + Q_{15})Y_1 * \frac{r(1+r)^t}{(1+r)^t - 1}$$

只是将式中符号的代表意思改为,Q_t 表示某一时刻农村人力资本的价值,A_t 表示农村人力资本投资的年当量值,Q_{t1}、Q_{t2}、Q_{t3} 分别代表某一时刻的农民总收入、由人力资本带来的经济增加额和农户潜在收益,Y_t 表示某一时刻的人力资本存量,r 为投资利率,t 为农民的平均剩余的服务年限。

---

① 钟旭东:《企业人力资本的测度与利用效果分析》,《湖南商学院学报》,2000 年 1 月号,第 22—37 页。

本文引用此模型,并不是用来具体评价农村人力资本利用效率,而是作为评价农村人力资本利用效率的方法基础。

三、评价方法——投入产出对比法

投入产出对比法就是将人力资本的投入价值与人力资本产出价值进行比较,据以评价人力资本利用效率的方法,它是人力资本利用效率评价的最直接方法。这里,人力资本投入价值是按照一定方法所确定的农村各个层次的人力资本投资总额;产出价值包括总产出价值和净产出价值两个方面,其中,总产出价值是指没有扣除耗费的产出价值,它可以用农户在一定期间的总产值来表示;净产出价值是指扣除了相关耗费的产出价值。相应地,人力资本利用效率包括总产出效率和净产出效率两个方面,前者是指总产出价值对人力资本投入价值的比率,后者是指净产出价值对人力资本投入价值的比率,它们分别反映了人力资本投入对总产出和净产出的贡献程度。

然而,虽然投入产出法是评价人力资本投资利用效率的最直接的方法,但由于农村人力资本及其投资的特殊性,很难计算出人力资本投资总额、总产出价值和净产出价值等指标的确切数值,所以很难像使用数学公式计算一样用投入产出法准确计算农村人力资本投资利用效率。但是,可以用投入产出法的"投入"和"产出"思路,处理调查得到的有关收入和人力资本投入及其他们之间相关性的数据,达到对其效率的定性判断。

第五章　影响农村人力资本投资效率
几个具体因素的实证分析

第一节　全国农村人力资本投资效率总体分析

目前我国还没有对农村人力资本投资收益进行全面系统的评估,所以对其效率也没有全面系统地判断,下面就从几个侧面来观察我国农村人力资本投资的效率。

农村劳动力的教育、培训等方面的资本投入,其成效可以体现在农户的收益变化上,体现在农村居民与城市居民收入及其变化上。农民工教育收益率的变化就像一面镜子,可以反映农村人力资本投资效率的现状。

图 5-1　农村居民人均收入及增长速度

一、从农村居民收入及其增长速度分析农村人力资本投资效率

2008 年我国农村居民人均纯收入 4761 元,比上年实际增长 8.0%(扣除价格上涨因素);城镇居民人均可支配收入 15781 元(增长 8.4%)。农村居民家庭食品消费支出与家庭消费总支出的之比为 43.7%,城镇居民家庭此项数据为为 37.9%。按 2008 年农村贫困标准(1196 元)测算,2008 年年末我国农村贫困人

口为 4007 万人。而 2008 年农业生产资料价格上涨 20.3％,农产品生产价格上涨 14.1％。① 2008 年南浔区城镇居民人均可支配收入达 21726 元,农村居民人均纯收入达 10838 元,分别增长 10.6％和 12.8％。② 农村居民人均收入及增长速度③从下图中可以看出,农村居民人均收入增长率经历了二次放缓时期,第一次是 2005 年,第二次就是 2008 年。虽然看不出人力资本与 2008 年农村居民收入增长速度放缓有什么直接关系,但农村居民的收入增长与农村人力资本投资有紧密的关系,如果农村居民收入增长放缓,增加农村人力资本投资就益显困难。本文将此数据放在首位,目的也就是要明白目前农村人力资本投资所处的困难环境。

二、从城乡居民家庭人均收入、支出对比分析农村人力资本投资效率

1. 收入对比(见表 5-1④)

表 5-1　城乡居民家庭人均收入对比

年份地区	农村居民家庭人均总收入	人均纯收入	家庭经营纯收入	城镇居民人均可支配收入	城镇居民人均可支配收入比农村人均纯收入
2000	3,146	2,253	1,427.3	6280.0	2.8
2001	3,307	2,366	1,459.6	6859.6	2.9
2002	3,432	2,476	1,486.5	7702.8	3.1
2003	3,582	2,622	1,541.3	8472.0	3.2
2004	4,040	2,936	1,745.8	9421.6	3.2
2005	4,631	3,255	1,844.5	10493.0	3.2
2006	5,025	3,587	1,931.0	11759.5	3.3
2006 年					
东部地区	6,754	5,188	2,251.8	14893.9	2.9
中部地区	4,441	3,283	1,869.5	9911.3	3.0
西部地区	3,927	2,588	1,588.8	9545.1	3.7
东北地区	6,181	3,745	2,435.2	9775.7	2.6

---

① 《2008 年国民经济和社会发展统计公报》。
② 来自《2009 年南浔区政府工作报告》。
③ 2008 年国民经济和社会发展统计公报图 14。
④ 来自《2007 年中国农业发展报告》表 22,"城乡居民家庭人均收入对比"。

将表 5-1 用 EXCEL 转换为折线图。

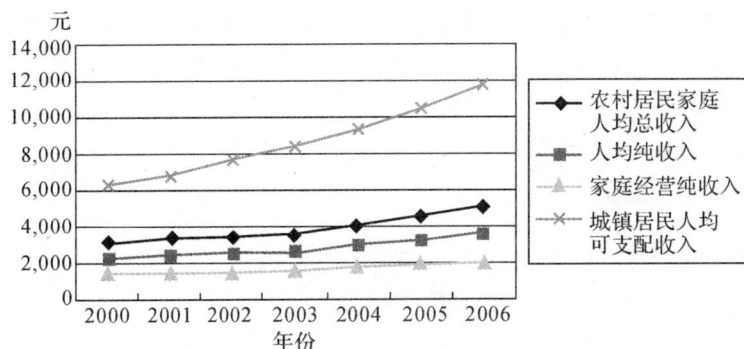

图 5-2 城乡居民家庭人均收入对比

2. 支出对比

从折线图中可以更清楚地看出,城镇居民的人均可支配收入曲线(浅蓝色)明显比其他三条线陡变,说明其增长快。如果城镇居民的收入增长总是明显地大于农村居民的收入增长,农村人力资源向城市的流动就永无休止,农村能够贮存的人力资本就会越来越少,这是我国农村人力资本所处的另一重要环境。研究农村人力资本、投资、效率等问题都不能离开这个大环境,说得简单些,如果农村培养的人才都流向城市,农村人力资本投资的"错位效应"继续的话,谁还愿意对农村人力资本进行投资? 在图 5-2 中还不能忽视那条黄线,即农村家庭经营纯收入线几乎是平的,从 2000 的后就没有什么增长,始终没有突破 2000元大关,这对农民的投资是有直接影响的。农村家庭收入中经营性收入与人力资本的关系最为密切,这就进一步影响了农民对人力资本的投资。

表 5-2 城乡居民家庭人均支出对比

| 年份 | 农村居民人均总支出 | 其中:家庭经营费用支出 | 现金支出 | | | 城镇居民 | | 城乡居民人均生活消费支出比 |
			总计	家庭经营费用支出	税费支出	生活消费支出	人均生活消费支出	
2000	2,652	654	2,140	545	90	1,285	4,998	3.0
2001	2,780	696	2,285	585	86	1,364	5,309	3.0
2002	2,924	731	2,438	617	76	1,468	6,030	3.3
2003	3,025	755	2,537	638	66	1,577	6,511	3.4
2004	3,430	924	2,863	789	37	1,755	7,182	3.3
2005	4,127	1,190	3,567	1,053	13	2,135	7,943	3.1
2006	4485.4	1242.3	3931.8	1104.1	10.9	2415.5	8696.6	3.1

103

在表 5-2① 中,城乡居民人均生活消费支出比在 2002－2004 年比较高,05 年后有所下降,但依然比 2000 年高;但无论是哪一年份,这个比例都在 3 倍以上,是非常高的,这说明农民的支出与城市居民比还处在一个非常低的水平上,在这么低的消费水平上,对人力资本的投资非常有限。另外,我将表中的三个非常重要的指标:农村居民人均总支出、农村居民经营支出和城市人均生活消费支出转换成折线图 5-3.

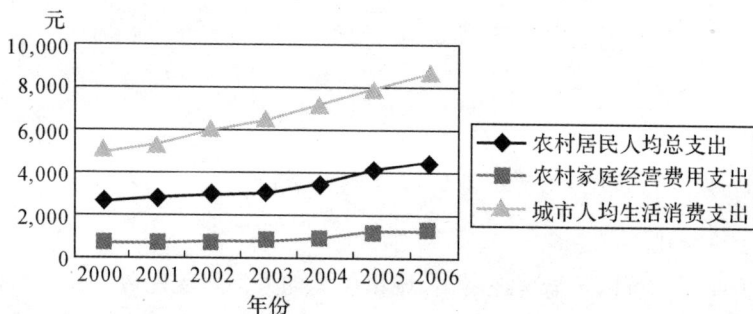

图 5-3　城乡居民家庭人均支出对比

三、农业生产经营户和农业生产经营单位分析农村人力资本投资效率

从图 5-3 中看出,城市人均生活费用支出线(黄线)相对处在较高的水平上,而且与下方的两条线相距较远。与农村居民生产经营收入相对应,农村家庭经营费用支出也处在一个非常低的水平上,大多数年份低于 1000 元,从这个角度看,农村的人力资本投资的能力基础是非常薄弱的。

2006 年末,全国共有农业生产经营户 20016 万户,比 1996 年第一次全国农业普查时增长 3.7%。在农业生产经营户中,以农业收入为主的户占 58.4%,比 10 年前减少 7.2 个百分点。全国共有农业生产经营单位 39.5 万个。

表 5-3　农业生产经营户和农业生产经营单位数量及构成

	农业生产经营户		农业生产经营单位	
	数量(万户)	比重(%)	数量(万个)	比重(%)
合计	20016	100.0	39.5	100.0
按行业分				
农作物种植业	18414	92.0	7.0	17.9

① 来自《第二次全国农业普查主要数据公报(第 2 号)》

	农业生产经营户		农业生产经营单位	
	数量（万户）	比重（%）	数量（万个）	比重（%）
林业	411	2.1	9.9	25.1
畜牧业	990	4.9	4.4	11.1
渔业	149	0.7	4.3	10.8
农林牧渔服务业	52	0.3	13.9	35.1
按地区分				
东部地区	6550	32.7	19.3	48.9
中部地区	6060	30.3	9.0	22.8
西部地区	6128	30.6	8.7	22.0
东北地区	1278	6.4	2.5	6.3

从表 5-3 中看出，农业生产经营户主要集中在农作物种植业，在地区分布上，除东北地区外，其他地区在数量和比例上都没有明显的区别；而农业生产经营单位却主要集中在农林牧渔服务业和林业，在地区分布上，无论是数量还是比重，东部地区都明显高出其他地区。而农业生产经营单位是农村人力资本相对集中的地方，这一数据也从另一个侧面反映了我国农村人力资本在地区分布上的不平衡。

四、从物质资本与人力资本对经济增长的贡献率[①]分析农村人力资本投资效率

表 5-4　物质资本与人力资本对经济增长的贡献率

	物质资本贡献率%		人力资本贡献率%		贡献率之比（物质/人力）	
	1983—1992	1992—2001	1983—1992	1992—2001	1983—1992	1992—2001
全国	35	30	31	91	1.11	0.33
北京	47	17	32	28	1.48	0.61
辽宁	79	11	18	41	4.42	0.27
吉林	23	6	49	50	0.46	0.12
江苏	119	24	11	60	10.64	0.40

---

①　孟晓晨，刘洋，戴学珍：《中国主要省区物质资本与人力资本利用效率及投资取向》，《经济地理》2005 年第 4 期，第 458—462 页。

续　表

	物质资本贡献率%		人力资本贡献率%		贡献率之比(物质/人力)	
	1983—1992	1992—2001	1983—1992	1992—2001	1983—1992	1992—2001
浙江	108	35	19	93	5.74	0.38
江西	109	51	14	84	7.77	0.61
湖南	54	14	17	52	3.22	0.27
陕西	91	52	14	30	6.69	1.73
宁夏	13	27	28	52	0.48	0.51

从表中可以发现 1983—1992 年间大多数省区物质资本的贡献率明显高于人力资本的贡献率；而在 1992—2001 这 10 年间，物质资本的贡献率呈现较大下降，人力资本的贡献率则表现为较大提高。再从贡献率比值一栏中可以看到，前 10 年绝大多数地区的比值大于 1(物质资本贡献率高于人力资本贡献率)，有些地方甚至大于 10，说明经济增长主要依靠物质资本的投入；但后 10 年大部分省区的比值是小于 1(物质资本贡献率低于人力资本贡献率)，这说明人力资本对经济增长的重要性提高。物质资本贡献率由 65％下降至 57％；人力资本贡献率却由 30％上升至 88％。贡献率比值的变化说明我国经济增长从上世纪 80 年代主要依赖物质资本投入转变为上世纪 90 年代的主要依赖人力资本投入，标志着我国经济发生了从外延式增长向内涵式增长方式的转变。大部分省区也实现了这种转变(陕西省比值虽然也出现了变化，但物质资本的贡献率仍大于人力资本的贡献率)。

第二节　农村人力资本投资效率影响因素相关性分析
——以浙江省为例

虽然从总体上看，正如当前的研究所表明，有些研究者[1]通过明塞尔的劳动报酬函数，分析农村劳动力受教育平均年限对农户人均纯收入的影响，证明了农村劳动力受教育水平的提高能够明显提高农民收入，劳动力受教育水平与农民纯收入水平之间存在长期稳定的正相关关系。另有研究者认为[2]，家庭收入

[1] 龙翠红：《人力资本对中国农村经济增长作用的实证分析》，《农业技术经济》2008 年第 1 期，第 55 页。

[2] 雷武科，张秀生：《人力资本投资与农民收入增长》，《光明日报(理论周刊)》2006 年 2 月 7 日第 010 版。

与人力资本投资呈明显的正相关关系,是因为:第一,加大人力资本投资能够提高农业劳动生产率,而农民收入主要由农业生产率(特别是劳动生产率)决定。第二,加大人力资本投资能够增加农民的非农收入。第三,增加人力资本投资能够加快农村剩余劳动力转移,减少农业人口。第四,加大人力资本投资能够加快农业经济结构调整。第五,加大人力资本投资能够改善农村政策法律环境。然而,从对浙江农村的问卷调查分析看,农村人力资本投资效率几个具体影响因素之间还有不同的具体表现。

一、浙江农村调查概述

(一)农村调查基本思路

了解农村情况,掌握客观的资料和数据是农村人力资本投资效率影响因素研究的基础和前提,所以,必须采取多种途径调查农村情况。

1. 选点

选好调查点,本次调查点选在浙江南浔的主要理由是它具有代表性,它不算富裕也不算贫穷。它位于浙江省湖州市东北部,地处浙江北部杭嘉湖平原,南望省城杭州,北濒太湖,东接苏州,西上接南京。全区总面积716平方公里,辖一个省级开发区——南浔经济开发区(国家级华侨投资区)和南浔镇、练市镇、双林镇、善琏镇、旧馆镇、和孚镇、菱湖镇、千金镇、石淙镇9个镇,250个行政村,47个居民区。总人口51万人,其中农业人口26.63万人。区域面积27.72万亩、桑地8.93万亩、各类水域养殖面积15.7万亩,稻田养殖面积8.27万亩。渔业是南浔区的传统优势产业,已经成为区农业增效、农民增收的主导产业之一,渔业产值占全区农业总产值的四分之一。南浔区是全省家禽饲养量1000万羽以上的5个县区之一,也是省无公害湖羊基地和湖羊本品种繁育基地,畜牧业是南浔区农业的另一大优势产业。

2. 调查途径和方法

采用三种途径进行调查,一是通过南浔区政府的帮助,选择其中的三个镇进行比较广泛的调查,二是直接抽样调查农户,其三是收集政府部门掌握的资料。采取的主要方法也有三种:问卷调查、座谈会、访谈。

3. 调查步骤

调查步骤如图所示:在这一过程中,联系区政府是很重要的,现在比较大规模的调查没有政府部门的支持是难以进行的,尤其是对农村的调查,由于地域广阔、农户分散居住、户主在家的时间没有规律、交通不方便等原因,调查过程和结果、调查的时间安排可能和预想的偏差较大,为了尽量能按计划进行,一定要获得政府部门的支持。

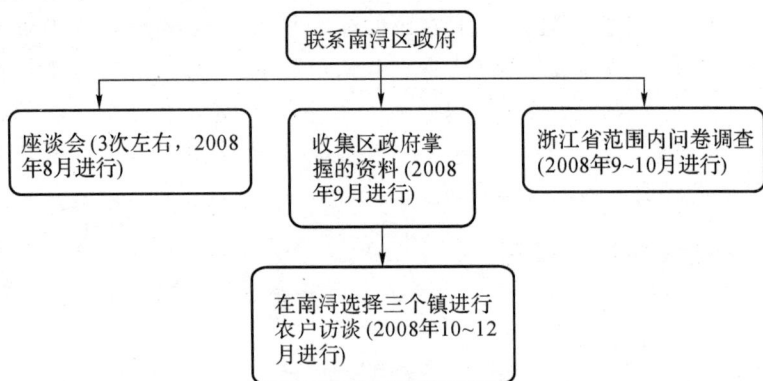

图 5-4   社会调查计划

4.调查内容

只有先知道"是什么",才能客观地分析"为什么",所以,对农村人力资本投资效率的调查内容的设计要非常全面和仔细,在参阅大量资料的基础上编制《农户基本人力资本投资及收益调查表》。主要调查内容有:

政府资料:农村人力资本投资(持续投资)保障和管理方面的制度资料、农村经济发展对人力资本投资的要求(需求)方面的资料、完善农村人力资本结构的措施(或计划)方面的资料、农村人力资本对地区经济发展贡献方面的资料、乡或村级 16 个具体投资形式方面的资料(可能不齐,有多少算多少);

农户和个人方面的资料(以下资料可以采集样本,也可以乡级为单位搜集):

四大投资途径方面(教育、培训、医疗保健、流动迁徙)的模糊数据——农户家庭投资、农民年龄结构(20～30,31～40,41～50,51～60,60 以上)、文化程度构成(小学及以下,初中,高中,大专及以上)、农户家庭人口状况(3 人及以下,4人,5 人,6 人,7 人及以上)、农民从事工作种类:农业,农村第二、三产业,外出务工、农民流动性方面的资料:流动,未流动、农民收入方面的资料,最好能按表格中的要求填写,不能的话,大概数据也行。

除上述内容外,还要了解相关的信息,比如说地方政府的相关政策以及它的实际执行情况,农民对政府的理解和接受程度,农民在接受教育和培训等方面体现出的主动性和积极性等。

（二）南浔调查基本情况

2008 年 7 月，利用暑假时间，多次去南浔区，在朋友的帮助下，终于得南浔区政府的同意，允许对南浔区所属 9 个镇进行调查研究。在对 9 个镇的基本情况进行了解后，决定将南浔镇、练市镇和南浔开发区作为主要的调查样本采集点。

2008 年 7 月 26 日，在南浔区政府办公室的帮助下，在区政府会议室召开了首次座谈会，参加会议的除了南浔区区长（只是礼节性地致词），主要与会人员还有相关镇的一些职能部门领导及工作人员，有了他们的参加，能够方便以后的调查工作。这次座谈会主要是交待调查的主要内容、目的、用途和大概的时间安排，以及需要的帮助，同时，认真且虚心地听取了与会人员提出的宝贵意见，如在时间安排方面、与农民打交道的礼节方面。

2008 年 8 月 10 日，对南浔区南浔镇进行调查，调查人员除自己外，还有一名研究生和二名本科生，面对面发放《农户基本人力资本投资及收益调查表》。主要调查点除农户外，还走访了南浔镇人民政府、南浔镇硬长桥村、南浔镇浔溪小学、南浔区行政便民服务中心、南浔区财政局。访谈南浔镇硬长桥村农户 12 户，并与硬长桥村杨书记进行了近两个小时的座谈（部分座谈会记录见附件 2—1）。

2008 年 9 月 12 日，对南浔区练市镇进行调查，调查人员除自己外，还有三名本科生，面对面发放《农户基本人力资本投资及收益调查表》，除农户调查外，与村书记沈新祥同志及几位村干部进行了相当坦诚的座谈（部分座谈会记录见附件 2—2），掌握了一些有关农村教育、培训、劳动力转移等方面的真实而珍贵的信息。

2008 年 9 月 21～23 日，采访南浔区政府相关部门，并搜集了相关材料，除了相关统计数据外，主要有：《南浔区 2007 年农村劳动力技能培训工作总结及2008 年工作思路》、《关于出台〈南浔区开展城乡统筹就业工作实施方案〉的情况汇报》、《关于加强南浔区基层劳动保障工作平台建设的汇报》、《关于南浔区劳动保障工作涉及民生的情况汇报（高区长调研课题）》、《加快推进实用型人才培训》、《夯实我区人力资本基础》、《加强农村劳动力培训推进新农村建设（调研报告）》、《南浔区 2005 年农村劳动力技能转移培训情况汇报》、《南浔区关于开展农村低保家庭就业援助工作的有关情况》、《南浔区农村低保家庭就业援助暂行办法》、《农村经济发展对人力资本投资的需求方面的资料》、《区劳动保障工作服务于社会主义新农村建设的调研报告》、《全面提升农村劳动力素质　扎实推进社会主义新农村建设（调研报告—报市农办稿）》。

（三）问卷调查情况

本次调查范围是浙江省各地区，为了保证问卷的回收比率和质量，聘请浙江财经学院东方学院学生利用周末和假期时间调查，采用了当场回收的方法。2008 年 9—11 月，共发放问卷 223 份，有效问卷 219 份，用于本研究的有效问卷为 219 份。被调查地区和对象的基本情况如下：

（1）样本分布各地区情况

表 5-5 样本地区分布

		频数	百分比%	有效百分比%	累计百分比%
有效数	杭州地区	19	8.5	8.7	8.7
	湖州地区	81	36.3	37.0	45.7
	嘉兴地区	22	9.9	10.0	55.7
	宁波地区	11	4.9	5.0	60.7
	绍兴地区	36	16.1	16.4	77.2
	金华地区	8	3.6	3.7	80.8
	衢州地区	10	4.5	4.6	85.4
	台州地区	11	4.9	5.0	90.4
	温州地区	12	5.4	5.5	95.9
	丽水地区	5	2.2	2.3	98.2
	舟山地区	4	1.8	1.8	100.0
	合计	219	98.2	100.0	
系统损失数		4	1.8		
总数		223	100.0		

（2）年龄分布

表 5-6 样本年龄分布

			25 岁以下	26—35	36—45	46—55	56—60	60 以上	总数
性别	男	总数	4	16	55	84	29	2	190
		百分比%	2.1%	8.4%	28.9%	44.2%	15.3%	1.1%	100.0%
	女	总数	1	6	15	3	3	0	28
		百分比%	3.6%	21.4%	53.6%	10.7%	10.7%	.0%	100.0%
合计		总数	5	22	70	87	32	2	218
		百分比%	2.3%	10.1%	32.1%	39.9%	14.7%	.9%	100.0%

（3）受教育程度

表 5-7　样本受教育程度分布

		小学及以下	初中	中专	高中	大专	大学及以上	总数
性别 男	总数	58	82	2	35	2	4	183
	百分比%	31.7%	44.8%	1.1%	19.1%	1.1%	2.2%	100.0%
女	总数	10	9	2	5	1	1	28
	百分比%	35.7%	32.1%	7.1%	17.9%	3.6%	3.6%	100.0%
合计	总数	68	91	4	40	3	5	211
	百分比%	32.2%	43.1%	1.9%	19.0%	1.4%	2.4%	100.0%

（四）浙江省南浔区农村人力资本投资相关数据

在南浔区高屹区长的大力帮助下，多个部门对相关数据进行了综合处理，除两项数据（农民人均技术培训支出、农村居民人均流动就业支出）最终没有得出外，南浔区农村人力资本投资的相关数据均得到，这有助于相关问题的分析。

（五）相关政府文件

（1）南浔区 2007 年农村劳动力技能培训工作总结及 2008 年工作思路；

（2）关于出台《南浔区开展城乡统筹就业工作实施方案》的情况汇报；

（3）关于加强南浔区基层劳动保障工作平台建设的汇报；

（4）关于南浔区劳动保障工作涉及民生的情况汇报（高区长调研课题）；

（5）加快推进实用型人才培训、夯实我区人力资本基础；

（6）加强农村劳动力培训推进新农村建设（调研报告）；

（7）南浔区 2005 年农村劳动力技能转移培训情况汇报；

（8）南浔区关于开展农村低保家庭就业援助工作的有关情况；

（9）南浔区农村低保家庭就业援助暂行办法；

（10）农村经济发展对人力资本投资的需求方面的资料；

（11）区劳动保障工作服务于社会主义新农村建设的调研报告；

（12）全面提升农村劳动力素质，扎实推进社会主义新农村建设（调研报告——报市农办稿）。

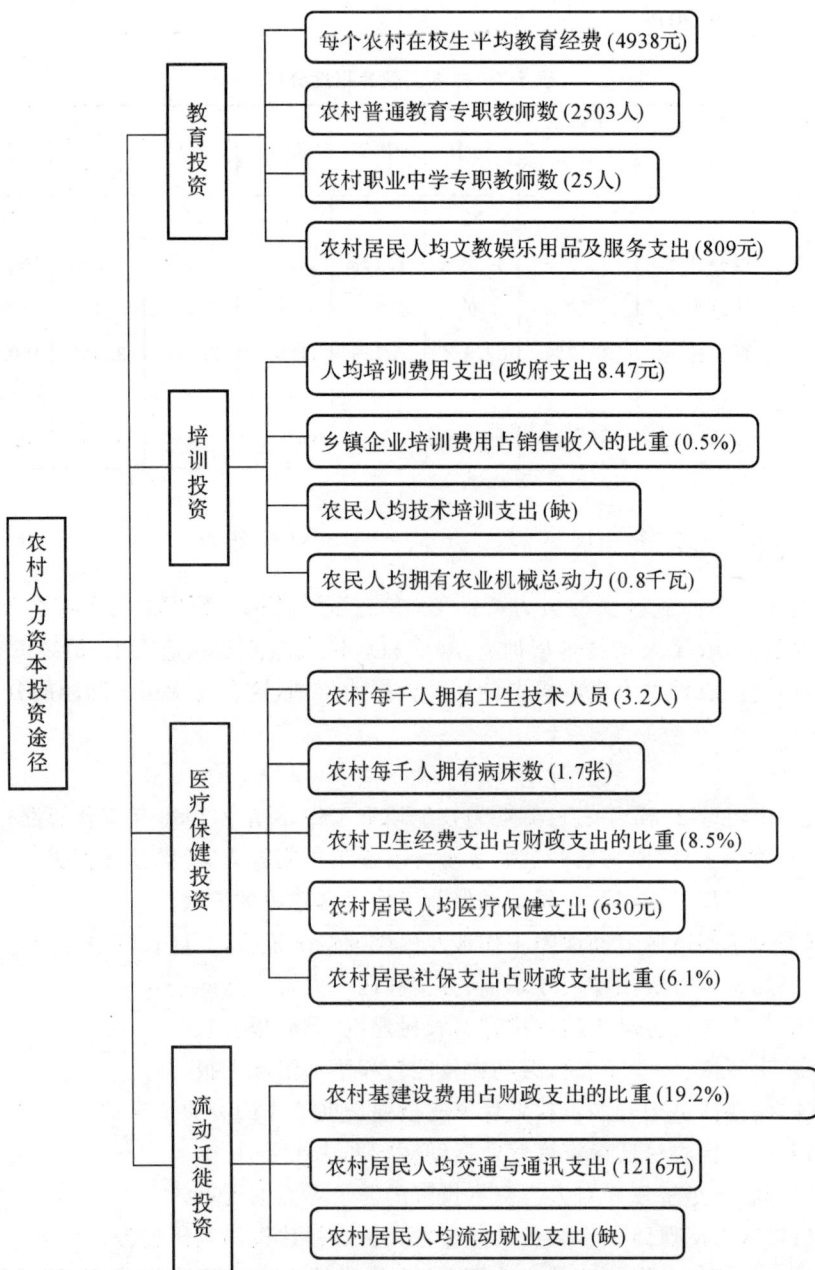

图 5-5　南浔区人力资本投资现状

二、浙江农村人力资本投资效率影响因素相关性分析

1.教育程度与农业收入没有显著性相关

表 5-8　教育程度与农业收入、非农业收相关性

		受教育程度	年均农业收入
受教育程度	肯德尔等级相关系数	1.000	.002
	双侧检验的显著性水平	.	.976
	样本数	211	138
年均农业收入	肯德尔等级相关系数	.002	1.000
	双侧检验的显著性水平	.976	.
	样本数	138	145

		受教育程度	年均非农业收入
受教育程度	肯德尔等级相关系数	1.000	.100
	双侧检验的显著性水平	.	.097
	样本数	211	199
年均非农业收入	肯德尔等级相关系数	.100	1.000
	双侧检验的显著性水平	.097	.
	样本数	199	210

2.教育程度与非农业收入没有显著相关性

从表 5-8 中可以看出,在总体上看,教育程度与农业收入、非农业收入没有显著相关性(肯德尔等级相关系数只有 0.002,双侧检验的显著性水平高于 0.01)。但是,在对分地区的分析中,经济发达的宁波、绍兴等地区教育程度与农业收入、非农业收入有显著相关性。这可能说明若要教育投入与农业和非农业收入相关的话,一定要达到一定的投入量。在经济发达的地区,可能因为教育投入的量超过了某个临界点,才使教育投入与农业和非农业收入产生显著性相关关系。

3.教育、培训投入与收入之间关系

表 5-9　教育培训投入与收入之间关系

		家庭年均教育花费	家庭成员年均培训花费	年均农业收入	年均非农业收入
家庭年人均教育费	皮尔逊相关系数	1	.241(＊＊)	−.105	.011
	双侧检验的显著性水平		.004	.222	.877
	样本数	204	142	138	191
家庭年人均培训费	皮尔逊相关系数	.241(＊＊)	1	−.163	.296(＊＊)
	双侧检验的显著性水平	.004		.088	.000
	样本数	142	144	111	137
年均农业收入	皮尔逊相关系数	−.105	−.163	1	−.299(＊＊)
	双侧检验显著性水平	.222	.088		.000
	样本数	138	111	145	142
年均非农业收入	皮尔逊相关系数	.011	.296(＊＊)	−.299(＊＊)	1
	双侧检验的显著性水平	.877	.000	.000	
	样本数	191	137	142	210

注:有星号的表示是有显著性相关,以下同.

从表 5-9 中可以看出,教育与培训花费之间有显著相关性,培训花费与非农业收入之间有显著相关性,但教育和培训花费均与农业收入没有显著关系,但值得重视的是有一定的负相关性,另一个要引起重视的是农业收入与非农业收入有显著的负相关性。这里省略了按浙江省各地区的数据分析表,从按地区的数据分析看,在比较富裕的杭嘉湖地区家庭年均教育花费、家庭成员年均培训花费与农业收入和非农业收入有显著性相关。

4.流动性与年龄、收入之间关系

表 5-10　流动性与年龄、收入之间关系

		年龄	年均农业收入	年均非农业收入	流动性(＞6个月)	流动性(＜6个月=	家庭成员流动性
年龄	皮尔逊相关系数	1	.444	−.028	−.386	.127	.211
	双侧检验显著性水平		.098	.912	.126	.628	.416
	样本数	18	15	18	17	17	17

续　表

		年龄	年均农业收入	年均非农业收入	流动性(＞6个月)	流动性(＜6个月＝	家庭成员流动性
年均农业收入	皮尔逊相关系数	.444	1	−.182	−.655(＊)	−.006	.561(＊)
	双侧检验显著性水平	.098		.517	.011	.984	.037
	样本数	15	15	15	14	14	14
年均非农业收入	皮尔逊相关系数	−.028	−.182	1	−.129	−.125	.011
	双侧检验显著性水平	.912	.517		.621	.634	.967
	样本数	18	15	18	17	17	17
流动性(＞6个月)	皮尔逊相关系数	−.386	−.655(＊)	−.129	1	.277	−.685(＊＊)
	双侧检验显著性水平	.126	.011	.621		.282	.002
	样本数	17	14	17	17	17	17
流动性(＜6个月)	皮尔逊相关系数	.127	−.006	−.125	.277	1	−.247
	双侧检验显著性水平	.628	.984	.634	.282		.339
	样本数	17	14	17	17	17	17
家庭成员流动性	皮尔逊相关系数	.211	.561(＊)	.011	−.685(＊＊)	−.247	1
	双侧检验显著性水平	.416	.037	.967	.002	.339	
	样本数	17	14	17	17	17	17

从上表可以看出,流动性大于 6 个月与农业收入有显著负相关性,而流动性小于 6 个月与农业收入则没有明显相关性。说明外出务工时间对农户的农业收入影响大,即外务工时间越长,其农业收入减少越多。

5.受教育程度、教育培训投资与从事工种之间的关系

首先,受教育程度与家庭成员从事农业的关系。

表 5-11　受教育程度与家庭成员从事农业

		家庭成员从事农业						合计
		0 人	1 人	2 人	3 人	4 人	5 人	
小学及以下	总数	45	5	13	2	2	1	68
	百分比	66.2%	7.4%	19.1%	2.9%	2.9%	1.5%	100.0%
初中	总数	73	5	7	0	1	0	86
	百分比	84.9%	5.8%	8.1%	.0%	1.2%	.0%	100.0%
中专	总数	4	0	0	0	0	0	4
	百分比	100.0%	.0%	.0%	.0%	.0%	.0%	100.0%
高中	总数	25	6	5	2	0	0	38
	百分比	65.8%	15.8%	13.2%	5.3%	.0%	.0%	100.0%
大专	总数	3	0	0	0	0	0	3
	百分比	100.0%	.0%	.0%	.0%	.0%	.0%	100.0%
大学及以上	总数	3	0	1	0	0	0	4
	百分比	75.0%	.0%	25.0%	.0%	.0%	.0%	100.0%
合计	总数	153	16	26	4	3	1	203
	百分比	75.4%	7.9%	12.8%	2.0%	1.5%	.5%	100.0%

　　结论：受教育程度与家庭成员从事工作种类（农业）是没有显著性关系的。

　　从表 5-11 看出，家庭成员中无人从事农业的比例达 75.4%，受过高中教育且有 1 人（含 1 人）以上从事农业的占受访人数（38 人）的 34.2%，受过中专教育的 100% 不从事农业生产。从另一方面看，有 2 人从事农业的家庭，受教育程度在小学及以下占受访家庭的 19.1%，初中占 8.1%，高中占 13.2%，中专和大专均为 0，大学及以上虽然占 25.0%，但因为总数 4 户，其中 1 户出现了 2 人从事农业，事后了解属于农业专业大户，属偶然，可排除。

　　其次，受教育程度与家庭成员从事二、三产业的关系。

表 5-12 受教育程度与家庭成员从事二三产业

		0人	1人	2人	3人	4人	5人	>=6人	合计
小学及以下	总数	17	9	27	10	4	1	0	68
	百分比%	25.0%	13.2%	39.7%	14.7%	5.9%	1.5%	.0%	100.0%
初中	总数	13	9	37	13	9	3	1	85
	百分比%	15.3%	10.6%	43.5%	15.3%	10.6%	3.5%	1.2%	100.0%
中专	总数	0	0	2	1	0	0	0	3
	百分比%	.0%	.0%	66.7%	33.3%	.0%	.0%	.0%	100.0%
高中	总数	14	6	13	4	1	0	0	38
	百分比%	36.8%	15.8%	34.2%	10.5%	2.6%	.0%	.0%	100.0%
大专	总数	0	1	1	1	0	0	0	3
	百分比%	.0%	33.3%	33.3%	33.3%	.0%	.0%	.0%	100.0%
大学及以上	总数	4	0	1	0	0	0	0	5
	百分比%	80.0%	.0%	20.0%	.0%	.0%	.0%	.0%	100.0%
合计	总数	48	25	81	29	14	4	1	202
	百分比%	23.8%	12.4%	40.1%	14.4%	6.9%	2.0%	.5%	100.0%

结论：受教育程度与家庭成员从事(二三产业)没有显著性关系。

第三,受教育程度与家庭成员外出务工的关系。

表 5-13 受教育程度与家庭成员外出务工

		家庭成员外出打工						合计
		0人	1人	2人	3人	4人	5人	
小学及以下	总数	51	11	3	2	0	1	68
	百分比	75.0%	16.2%	4.4%	2.9%	.0%	1.5%	100.0%
初中	总数	69	8	5	3	0	0	85
	百分比	81.2%	9.4%	5.9%	3.5%	.0%	.0%	100.0%
中专	总数	3	0	0	0	0	0	3
	百分比	100.0%	.0%	.0%	.0%	.0%	.0%	100.0%
高中	总数	25	5	3	4	1	0	38
	百分比	65.8%	13.2%	7.9%	10.5%	2.6%	.0%	100.0%

续 表

		家庭成员外出打工						合计
		0人	1人	2人	3人	4人	5人	
大专	总数	3	0	0	0	0	0	3
	百分比	100.0%	.0%	.0%	.0%	.0%	.0%	100.0%
大学及以上	总数	1	0	4	0	0	0	5
	百分比	20.0%	.0%	80.0%	.0%	.0%	.0%	100.0%
合计	总数	152	24	15	9	1	1	202
	百分比	75.2%	11.9%	7.4%	4.5%	.5%	.5%	100.0%

结论:受教育程度与家庭成员从事工作种类(外出务工)是有显著性关系。

从表5-13看出,有2人外出打工的家庭,受教育程度在小学及以下的占受访家庭的4.4%,初中占5.9%,高中占7.9%,明显看出外出打工的比例随受教育程度的提高而增大,说明家庭成员的受教育程度与外出务工却有显著关系。

三、浙江省农村人力资本投资效率影响因素问卷调查研究结论

(1)教育程度与农业收入、非农业收入没有显著相关性,但在经济发达的宁波、绍兴等地区有显著相关性。

(2)培训投入与非农业收入有显著相关性,而与农业收入没有显著相关性。

(3)农业收入与非农业收入之间也有显著相关性,且为负相关。

(4)家庭成员流动性(一年中6个月以上在外)与农业收入显著相关性(负相关)

(5)受教育程度与家庭成员从事工作种类(农业)没有显著相关性,与家庭成员从事工作种类(外出务工)有显著相关性。

第三节   浙江南浔个例分析

全区现有农业人口37.9万人,其中农村实有劳动力21.66万(扣除16岁以上的学生和丧失劳动能力的人员),男为11.39万人,女为10.27万人。从事第一产业的农村劳动力有7.4万人,占农村实有劳动力的34.2%;有14.26万农村劳动力从事第二、三产业,占农村实有劳动力的65.8%。据初步调查,目前,全区现有农村富余劳动力2.16万人,主要分布在从事农业生产的人员为

主。我区现有外来务工人员总数约在 11 万左右,男性约占 36％,女性约占 64％,主要来自安徽、四川、贵州、云南、江西、河南、湖南、湖北等省,其数量呈逐年上升趋势,主要分布在以下几个行业中:一是工业企业,主要集中轻纺(服装、绢纺、丝织、针织、毛纺)、建材、通讯线缆、特色轻工等行业中,约有 8.5 万人,占外来务工人员的 77％。二是建筑业行业。在我区辖区范围内从事建筑施工的外来务工人员常年在 1 万人左右。三是从事第三产业外来务工人员约为 1.5 万人。[①]

2008 年 10 月,再次去南浔区统计局,获得以下资料及统计表。国家统计部门在南浔设立了 40 个长期跟踪点,但南浔区自己扩大到 100 户,以下几个表即为南浔区的跟踪数据。

(1)南浔区农村住户全年家庭人均收入－支出情况

表 5-14　南浔区农村住户全年家庭人均收入情况　　　　单位:元

指　标	2007 年	2006 年	±％	±
调查户数(户)	100	100	0.0％	0
调查人口(人)	412	431	－4.4％	－19
全年人均纯收入	9612	8396	14.5％	1216
全年人均可支配收入	9173	7926	15.7％	1247
全年人均总收入	12305	10926	12.6％	1379
一、工资性收入	4875	4230	15.2％	645
1.非企业组织劳动收入	1641	1428	14.9％	213
2.在本乡地域劳动收入	2923	2532	15.4％	391
3.外出从业得到收入	311	270	15.2％	41
按产业分:(1)一产收入	196	242	－19.0％	－46
(2)二产收入	3461	2968	16.6％	493
(3)三产收入	1218	1020	19.4％	198

---

①　数据来自《关于出台南浔区开展城乡统筹就业工作实施方案的情况汇报》

续　表

指　标	2007 年	2006 年	±%	±
二、家庭经营收入	6297	6014	4.7%	283
1.农业收入	1 249	1120	11.5%	129
2.林业收入	5	21	−76.2%	−16
3.牧业收入	1694	1698	−0.2%	−4
4.渔业收入	522	480	8.7%	42
5.工业收入	1 927	1710	12.7%	217
6.建筑业收入	98	86	14.0%	12
7.运输业收入	187	248	−24.6%	−61
8.商饮业收入	203	180	12.8%	23
9.服务业收入	218	224	−2.7%	−6
10.文教卫生业收入	13	5	160.0%	8
11.其他收入	181	242	−25.2%	−61
二、转移性收入	735	322	128.3%	413
其中:农村亲友赠送	665	190	250.0%	475
四、财产性收入	398	360	10.6%	38

从表 5-14 可以分析出以下几点:其一是农户的工资性收入虽然在规模上还比不上家庭经营收入,但它的增长速度(15.2%)明显快于家庭经营收入的增长速度(4.7%)。现代农民已经不是传统意义上的农民,不只是依靠种地养家糊口,还可以通过自己的劳动得到工资收入。而正因为这样,农民自身的"资本"就很重要,一般情况下,这种人力资本就会与工资收入有密切的关系。其二是在按产业划分的工资性收入中,第三产业的增长速度最快(19.4%),第一产业呈负增长(−19.0%);这就很明显地看出当前农民的工资收入还是主要来自服务业,而且服务业也成为农民将来工资收入的主要增长点。其三是财产性收入虽然规模比较小,但它呈二位数增长(10.6%),这是一个很重要的信息,说明现代农民有了知识后不再让自己的财产处于"死"的状态,而是让它产生效益。

表 5-15 南浔区农村住户全年家庭人均支出情况   单位：元

指　标	2007 年	2006 年	±％	±
全年人均总支出	10171	8806	15.5％	1365
一、生产费用支出	1658	2156	－23.1％	－498
（一）家庭经营费用支出	1506	2054	－26.7％	－548
1.第一产业费用支出	897	1194	－24.9％	297
①农业支出	338	355	－4.8％	－17
②林业支出	4	21	－81.0％	－17
③牧业支出	384	545	－29.5％	－161
④渔业支出	171	273	－37.4％	－102
2.第二产业费用支出	447	630	－29.0％	－183
3.第三产业费用支出	162	230	－29.6％	－68
（二）购买生产性固定资产	152	102	49.0％	50
二、缴纳税款	24	71	－66.2％	－47
1.第一产业税款			0.0％	0
2.第二产业税款	24	63	－61.9％	－39
3.第三产业税款		8	－100.0％	－8
三、其他各种收费	10		5100.0％	5
四、生活消费支出	7399	5914	25.1％	1485
①食品	2124	2090	1.6％	34
其中：主食	453	446	1.6％	7
②衣着	397	318	24.8％	79
③居住	1529	560	173.0％	969
④家庭设备用品及服务	563	517	8.9％	46
⑤医疗保健	630	783	－19.5％	－153
⑥交通通讯	1216	645	88.5％	571
⑦文教娱乐用品及服务	809	851	－4.9％	－42
⑧其他商品和服务	131	150	－12.7％	－19
五、其他非借贷性支出	1080	660	63.6％	420
1.转移性支出	1076	640	68.1％	436

续　表

指　标	2007 年	2006 年	±%	±
其中:赠送农村亲友	759	580	30.9%	179
2.财产性支出	4	20	−80.0%	−16
附:生产性固定资产折旧	488	210	132.4%	278
1.第一产业固资折旧	228	82	178.0%	146
2.第二产业固资折旧	225	112	100.9%	113
3.第三产业固资折旧	35	16	118.8%	19
人均住房面积(平方米)	54.96	54.00	1.8%	0.96

从表 5-15 可以分析出以下几点:其一是在生活消费支出中,医疗保健、文教娱乐用品及服务的支出均呈负增长,分别为−19.6%和−4.9%,这是令人费解又令人惊讶的,虽然其中原因比较复杂,比如现在的农村医疗体制改革等原因。但是,在与村民交谈中也能明显感觉到,农民在这两个方面投入的悲观思想和消极行为。而这两个方面的投入本应是非常重要的,虽然其中的医疗保健投入还要依赖国家的农村医疗体制改革,但农民自身也应该有比较积极的态度。其二是生产费用支出和纳税的下降比较快,分别下降了 23.1%和 66.2%。生产性费用支出的下降可能反映了农业生产方面在农户收入中的地位的下降,从而减少了其中的投入,而纳税的减少是国家政策的作用。现在要考虑的是农民减负后的钱应该投往哪里? 为什么国家给农民减负了,农民却并没有因此感到轻松? 这其中一个很重要的原因是农民在居住方面的支出增长更快。在生活费用支出中,食品支出增长小,只增长 1.6%,但居住支出增长惊人,达 173.0%。

(2)南浔区农村住户全年家庭人均收入分产业情况

表 5-16　南浔区农村住户全年家庭人均收入分产业情况　　　　单位:元

指　标	2007 年	2006 年	±%	±
全年人均总收入	12305	10926	12.6	1379
一、生产性收入	11172	10244	9.1	928
1.第一产业收入	3666	3561	2.9	105
2.第二产业收入	5486	4764	15.2	722
3.第三产业收入	2020	1919	15.2	101

续　表

指　标	2007 年	2006 年	±％	±
二、非生产性收入	1133	682	5.3	451
1.转移性收入	735	322	128.3	413
2.财产性收入	398	360	10.6	38
全年人均纯收入	9612	8396	14.5	1216
一、生产性纯收入	9144	7904	15.7	1240
1.第一产业纯收入	2531	2280	11.0	251
2.第二产业纯收入	4790	3959	21.0	831
3.第三产业纯收入	1823	1665	9.5	158
二、非生产性纯收入	468	492	−4.9	−24
1.转移性纯收入	70	132	−47.0	−62
2.财产性纯收入	398	360	10.6	38

　　从表 5-16 可以看出,2006 年生产性收入中农业(第一产业)收入所占比例为 34.76％,2007 年为 32.81％,很明显,农业收入在农户总收入中所占的比例不大,而且在呈比较快的下降趋势。与此对应的是 2007 年第二、三产业的收入都呈二位数增长(均为 15.2％)。

第四节　建议

　　1.无论是政府还是农户,教育投入一定要重视规模问题

　　为什么比较富裕的地区教育的投入农业与非农业人均收入均有显著相关性? 这正好说明了值得我们重视的两点,其一是农民的富裕与教育投入问题,只有在农民足够富裕的基础上,才可能有足够的教育投入;其二是教育投入一定要达到一定的量才能带来收入的变化,教育投入才与收入有显著性相关。即教育投入有个基数,然后是边际效益,并不是只要有投入就有收益,所以,必须克服这一认识上的误区,以及这一错误认识所带来的实践中的误导。因此,农村的教育投入,无论投资的主体是政府还是农民,都要求达到一定的规模,现在很多农村的教育投入根本没有达到一定的规模,所以教育投入对农民的收入没有起到明显促进作用。这不仅会挫伤投资主体的投资教育的积极性,而且还会导致对教育投资效益的错误看法,错误的看法又进一步导致对教育投资的惰

性,从而形成恶习性循环。

2.农民培训的收入效应明显,所以政府要更加重视培训的针对性

不仅从调查表的分析反映了培训投入与非农业收入有显著相关性,而且对农户的访谈也发现农民对培训看得比一般教育更重要,从这一点看,地方政府要重视对培训的有效组织,为什么在这里谈有效组织呢?对浙江农村的调查发现,地方政府(区、县)根据上级政府的文件要求,以完成任务的心态组织农民的培训,组织流于形式、内容缺乏针对性,农民培训没有起到应有的效果。从浙江农民培训的实际情况看,除了要加大培训的力度(包括费用和精力的投入),更重要的是要提高培训的效果,因为从各种途径都显示培训显著影响农民的收入尤其是非农业收入。

3.要重视农业收入的基本保障作用

从我们的调查分析看,农业收入与非农业收入有密切的关系,理论上讲有两种可能性,其一是两者之间是此消彼长的关系,即一方收入的增加使另一方的收入减少;其二是相互促进的关系,即一方收入的增加会促使另一方收入的增加。从我们对农村的走访发现,非农收入的增加会在一定程度上影响农业收入,但一般情况下,非农收入增长的幅度要明显大于农业收入的下降幅度,从而使非农收入多的家庭总收入也多。然而,对农户来说,农业收入在其总收入中占的比重在下降,但其保障作用一如既往地重要,当前的经济形势也佐证了这一点,数以千万计的农民工因在城里失去工作而返乡,如果没有农业收入在起着基本的保障作用,这种情况无论对农民还是对社会都是难以承载的风险。

4.政府要重视农民"漠视农业"问题

从我们对调查数据的分析得出外出务工时间对农户的农业收入影响大,即外务工时间越长,其农业收入减少越多。这是个要引起重视的问题,以前我们更多地强调或者凸显外出务工能够增加农民的非农业收入,但是,如果非农业收入的增加是以农业收入的减少为代价,那就不只是数字上的加减游戏了。农民外出务工而导致的农业收入的减少部分有可能是转移到别的农户,也可能是没有转移而绝对地消失。如果是前一种情况,农民甲的农业收入减少部分转移到了农民乙身上,那对农业和农村不会有明显的影响;但如果是后一种情况,即这种收入的转移没有发生,这可能意味着该种的地没有种、该干的农业活没有干。虽然对单个的农户来说,会如我在本文前一点所言,非农收入增长的幅度要明显大于农业收入的下降幅度,从而使非农收入多的家庭总收入也多,但是,其对农业的影响不止于几亩地的荒芜,还有对农业的漠视,各级政府应该高度重视这一现象。

第六章　农村人力资本投资对策研究

第一节　总体对策

通过对农村的深入调查,进一步感受到农村的很多问题,包括农村人力资本投资问题,特别具有黏着性,或者说是相互交错在一起。所以,解决农村问题,往往不能头痛医头、脚痛医脚,一是要注意从源头上解决问题,二是要有一定的全局性,在一定的高度上解决问题。农村人力资本投资问题也是如此,需要从总体上看对策问题,主要分析体制、政策导向和统一劳动力市场三个方面的总体对策。从这些全局性的方面着手,采取相应的对策,才能提高农村人力资本投资的效率。

一、体制方面

1. 农村人力资本享有平等权利方面

要通过建立城乡统筹的公共产品供给制度、取缔市场准入、竞争和就业对农民的歧视性政策等措施,进一步完善农民人力资本的使用权,还农民参与市场和竞争的平等权利;要通过加大对农村教育的投入力度,提高对农民教育服务的水平,还农民平等的教育发展权,促进农民人力资本的积累;要通过深化政治体制改革,提高农民在参政议政中的政治地位,还农民平等的政策制定参与权;要推进农村民主法制建设,降低农民维权费用,还农民对地方政府施政的监督权。

2. 农村人力资本经费保障机制方面

政府要调整公共财政投资政策,完善农村人力资本投入的经费保障机制,规范财政投入,提高财政投入在 GDP 中的比重;要合理划分各级政府对农村公共产品投入的经费责任比例,改变现行的县、乡作为农村人力资本主要投资主体的投资体制,加大中央和省级政府的分担责任;要建立规范的农村财政专项转移支付制度,实行公共财政支出向农村尤其是欠发达地区农村倾斜的分配政策,在加大对农村教育、卫生、社会保障及信息网络建设投入力度的同时,还要加强对农村基础教育经费的安排和使用情况的监督检查,优化支出结构,提高使用效益。

3.户籍制度方面

要改革现行的户籍制度、居住制度及其他相关制度,放松户籍监管,建立简便的以居住地划分城镇和农村人口的户籍登记制度,促进劳动力在城乡间、产业间的自由流动,彻底打破城乡隔离局面,使农民享有与城市居民同等的待遇;要改革现行的土地经营制度,建立承包权与经营权相分离的土地流转制度,赋予农民完全的土地承包权、经营权、流转权、继承权和收益权,增强农民为提高土地的劳动生产率进行人力资本投资的信心,也为农村劳动力的迁移解决后顾之忧。

4.农村教育体制方面

要充分整合农村现有的教育资源,特别是各种闲置资源,要采用多种模式,通过多种途径、多种机制积极发展包括学前教育、基础教育、成人教育、职业教育和技能教育等在内的农村教育大体系;要更新教学内容,改革教学方法和教学手段,要使农村职业教育的专业设置、师资培训与义务教育相衔接,与农村产业结构调整、劳动就业相适应;要针对不同层次的不同群体,进行不同形式的教育安排和有效的制度安排,切实保证农村教育培训的层次、内容与农村生产活动的实际需要相一致。

5.农村习俗观念方面

政府要加强对农村的思想道德和新型文化建设,淡化农民因循守旧、安于现状、"小富即安"和不思进取的守成意识,增强其锐意进取和勇于投资的创新意识;要使农民树立起"人力资本致富"的观念,使其认识到人力资本投资也是一种生产性投资,而不单纯是一种消费行为。

6.农村人力资本激励机制方面

政府要通过提供融资、调整分配方式、调节税收政策等一系列的优惠政策与措施,引导与激励农村乡镇企业、个人或家庭优先、快速、持续地进行人力资本投资,促进人力资本投资的社会化和多元化。另外,政府还应加大对农村尤其是贫困地区农村的财政转移支付力度,公平补偿贫困落后地区因人力资本外流造成的损失。同时,还要建立以良好待遇、精神激励等为内容的激励补偿机制,来吸引外来人才和本地人才的回流。

二、政策导向方面

政府应在提高农村人力资本投资上发挥主要作用,直接进行大量投资,或创造条件引导农民投资于人力资本,消除农村人力资本投资形成机制的制约因素。

1.人才政策方面

城市预期的高收益、潜在的个人发展机会以及良好的公共设施和环境,近年来吸引农村大量的优秀人才涌入城市,但同时很少有城市的人才到农村去创业,造成农村人力资本向城市的单向溢出,农村失去了经济发展最宝贵的人才资源。农村人才进入城市,根本原因就是城市有着能让其技能和知识充分发挥作用的配套设施,其收益高于农村。因此,农村若要留住这些人才,甚至吸引城市的人才来创业,就要一方面完善基础设施建设,如交通、能源和通讯设施等,这是人力资本发挥作用所必须具备的基本条件;另一方面,县、乡政府应充分认识到人才的巨大作用,为农业人才提供展示才能的舞台和条件,建立一个完善的激励机制,以推广农业技术及农民增收效果作为考核指标,重奖表现优异者,这种"多劳多得"的体制既能留住农村的优秀人才,发挥他们的致富带头作用,又能加快农业技术的推广速度。

2.政府投资责任方面

目前,中央政府和省级政府掌握了主要财力,却基本摆脱了负担农村人力资本的责任,而县乡政府财力薄弱,却承担了大部分人力资本投资经费,政府间财力与农村人力资本投资事权责任的不对称,是造成农村人力资本投资经费短缺的重要制度因素。中央政府和地方政府应当成为农村人力资本投资的主体,建立规范的农村人力资本财政逐级转移支付制度,中央政府和地方政府对下级政府进行转移支付,明确各级政府的投资责任。国家依据一定的规则,科学地计算确定一个农民最基本的人力资本投资所需的经费定额标准,依靠县财力无法达到的部分经费由省财政补足,依靠省财力无法达到的部分经费由中央财政来支付。这样就可以保证基本人力资本投资经费的相对均衡,农民接受义务教育的权利和享受基本的医疗保健就得到了保障。

3.投资倾斜政策方面

中央政府在政策上重心要逐渐向农村人力资本倾斜。在中国经济发展过程中,城市对农村人力资本投资进行了大量剥夺,城市的教育投资、培训投资和医疗卫生投资都多于农村,这种城乡人力资本投资机会不均等,长期以来剥夺了农民和市民在教育、培训、健康和迁移等人力资本投资方面的平等权利,在人力资本储备阶段阻碍了农村人力资本的形成,造成农村人力资本初始存量水平的低下,这是现在城乡差距不断扩大的一个重要原因。现在工业应该"反哺"农业,政府要改变以往一切以城市为中心的思维模式,对城乡一视同仁,加大对农村人力资本的投资,尤其是农村基础教育、医疗卫生这些公共物品或准公共物品的投资。各级政府应增加对义务教育的经费投入,逐步免除农村地区的学杂费,保证贫困地区适龄儿童入学率,改善农村中小学的教学条件;以镇或乡为单位,设立专门的培训机构,对农村三大产业中16岁这一最具生产潜力的劳动力人口进行扫盲和职业技术培训,使之达到初级文化和相应的专业技术水平;推行新型的农村医疗合作制度,增加农民医药费的报销比例,切实减轻农民的医疗负担。另一方面,加强村级医疗点的建设,政府出资购买先进的医疗器材,定期组织县市医院的优秀医生对村卫生室的医生进行培训,提高乡村医生的专业水平。

4.农村教育医疗改革政策

现阶段,对我国广大的农民来说,教育、健康等人力资本投资的价格是很昂贵的,本来是免费的义务教育,农民依然承担着很大一部分成本,职业教育和高等教育高昂的学费更是农民无法承担的。近几年飞速上涨的医药价格,使得我国广大农村出现了很多有病无钱就诊的现象。高昂的人力资本投资成本使农民把更多的资金投向了物质资本,这是农村人力资本投资不足的一个重要原因。中央政府近几年来不断减少基础教育的学杂费,应该坚持这个方向,最终使九年义务教育真正成为农民的免费教育,各级地方政府也应加大对农村基础教育的支持。通过助学贷款、奖学金以及勤工助学等各种途径对农村户口的大学生进行补助,保证他们都能顺利完成学业。对于医药价格的迅猛上涨,这是摆在各级政府面前的一个重大难题,可以考虑由中央政府统一采购药品,以最低的统一价格出售,辅之以监管监督机制,彻底解决基础人力资本投资中乱抬价格的现象。

5.农村信息服务平台方面

农村市场的信息不对称导致的人力资本投资资源流失,目前中国农村的职业教育学校数量在急剧下降,生存下来的学校的生源也成了问题。优秀的教师和医生也纷纷离开农村,流向信息传播更加顺畅的城市。要改变这种现状,政府一方面要加大人力资本投资,提高农民的科学文化素质,增强他们掌握先进通讯工具及获取信息的能力,另一方面,增大农村信息化建设的力度,在普及电话和电视的基础上,可以考虑建立县级信息服务平台,逐步建立覆盖全县的局域网,培养农村信息员,精选农村人力资本及其他方面的信息,通过在传统媒体(电视、广播、报刊、杂志等)开辟的专版、专栏、专题等,向广大农民发布信息,让他们了解人力资本投资的价格及收益,平衡其与人力资本服务提供者之间的信息不对称,使他们掌握农村人力资本服务的各种有效信息,有效防止农村人力资本资源的流失。

6.地方官员考核方面

在中国的官员评价体系中,GDP、吸引外资数量等经济指标占有核心地位,而像农村基础教育投入量、医疗保健投资等"社会"指标则处于被忽略的地位,各级地方官员,为使自己得到更大的晋升机会和经济收益,都偏向于把资金投入到非农人力资本领域,造成农村人力资本投资的资金长期得不到满足。要改变目前这一现状,首先从中央政府做起,更加重视农村人力资本投资量。这些"社会"指标,而不能只是片面追求经济指标的增长。并且建立一套完整的激励惩罚机制,对那些热衷于农村人力资本投资的地方政府的官员,要给予更高的晋升机会,以弥补他们在经济指标上的损失;对拒绝承担农村人力资本投资责任的地方政府的官员,应降低他们的晋升机会,迫使地方政府更多地投资农村人力资本,满足其资金需求。

三、统一劳动力市场方面

提高农村人力资本投资回报率。城乡二元结构割裂了经济要素的流动并导致低效率,是当前制约农村剩余劳动力迁移、抑制农村人力资本投资回报率的一个制度性因素。因此,要予以农民平等的发展机会和国民待遇,按照城乡统筹的思路,通过改革促使农村劳动力的自由流动和充分就业。

第一,改革户籍制度,建立城乡统一的劳动力市场,为实现人力资源的循环自由流动提供条件。现有的户籍制度使农村劳动力转移及人口迁移面临较高的进入和退出壁垒。因而,必须改革户籍制度,放松户籍监管,通过简化各种手续和中间环节,提高办事效率,从而有效地促进劳动力的地区及城乡迁移。

第二,建立和完善覆盖全社会的劳动与社会保障制度,予以城乡居民平等的国民待遇。改革的基本方面是扩大保障面和建立面向城镇非农产业就业人口的住房、就业、失业、教育、养老和医疗保障体系。

第三,大力发展并规范多种形式的劳动力就业中介组织,提供高质量的就业中介服务,逐步形成包括就业信息发布和咨询、职业介绍和培训、跟踪服务在内的社会性就业服务体系。完善和规范政府对劳动力市场的管理,建立一整套促进农村剩余劳动力跨地区流动的市场组织、调控和保障就业者权益的规章和制度体系。

第二节　针对农村人力资本投资主体存在问题的对策

一、政府投资主体存在问题的对策

政府方面存在的问题前面也谈到了一些,这里集中谈几个方面的问题及其对策,这里的所谓对策,其实就是政府在这些方面应该如何改善。

1.观念问题及其对策

我国各级政府都在不同程度上存在着认识不够、意识不强的问题,即对农民素质在当代农村中越来越显示出的特有作用认识不够,进行农村人力资本投资的意识不强。因此,各级地方政府一方面应强化自身认识,通过集中学习或培训等形式,认识到农村人力资本投资的重要性,从而为积极发挥自身在农村人力资本投资中的作用做好思想上和心理上的准备;另一方面,还应通过各种方法和渠道,逐步引导广大农民、农村劳动力雇用单位和其他社会主体认识到,投资农村劳动力对农民自身、企业乃至整个社会发展的重要意义。只有认识水平提高了,农村人力资本投资意识不强的现状才能得以改变。

2.地方政府体制问题及其对策

前文谈过政府的体制问题,那主要针对的是中央政府,这里重点谈谈地方政府在体制方面的问题及其对策:

第一,实施基础教育与职业培训并重的投资战略。农村基础教育可以提高农民素质,职业培训更是培养农村实用型人才的直接、有效途径,各地政府在抓好农村基础教育的同时,应通过多种形式、途径、机制发展农村职业培训。

第二,科学设置教育、培训内容。要积极引导农村中小学、职业学校多开设与当地经济发展密切相关的课程,注重现代农业技术知识的教育和培训,把课堂教学与农村经济发展需求结合起来,培养知识、能力、素质协调发展的人才。

第三,职业培训方式科学化。要积极引导培训机构为农民提供各种学习时间短、易于接受、对市场变化反应快、学制和学习方式灵活的培训,使广大农民真正学到实用知识。

第四,重组农村卫生资源。通过优化组合,改善农村医疗卫生条件,提高从业人员素质,各地方政府要不断加强新型农村合作医疗制度的试点和推广工作,探索试点和推广中诸多问题的解决途径,切实为农民筑起一道"健康防护墙"。

3.政策力度问题及其对策

政策具有导向性和管理性功能,它能够通过规定目标、确定方向、统一思想来引导社会朝着正确方向发展,它能够通过计划、组织、控制、调节等活动使整个社会协调一致发展。地方政府作为地方政策的主要制定者,应充分发挥政策对农村人力资本投资发展的推动作用。政府应该在哪些方面改善政策,在本文"6.1.2 政策导向方面"中已经概括了一些,在此补充几点,其一是完善农村收入分配政策,千方百计增加农民收入,让农民收入真正体现自身素质,惟有如此,才能真正强化农民进行人力资本投资的能力和动力。其二是完善税收优惠政策,如规定企业用于农村职工的教育、福利等方面的费用可税前扣除,鼓励广大用工单位进行农村人力资本投资。其三是完善土地使用优惠政策,对投资农村人力资本的机构,各地政府可优先审批其机构开设所需土地,并允许该土地支出在税前做一定形式的扣除,从而起到鼓励民间投资农村人力资本的作用。

4.资金问题及其对策

地方政府,尤其是贫困地区政府,财力相对有限,如何解决资金这一瓶颈问题是地方政府农村人力资本投资的关键。要解决或者缓解这个问题,首先要改善公共支出结构,我国各地政府用于经济建设的费用很高,而用于教育等人力资本投资的费用明显偏低,用于农村人力资本投资的费用则更低。因此,各地政府应调整公共支出结构,逐步加大农村人力资本投资所占的比例。其次要建立合理的投资分担机制。根据财权与事权相一致的原则,合理确定各级地方政府在农村人力资本投资中所占的比例,对于贫困地区,应加大中央政府的投入比例,从而建立有效的农村人力资本投资资金保障机制。第三要建立健全多元化的融资渠道。各地政府应积极探索集团化办学、校企联合办学、股份制办学等多元化办学体制,并通过教育储蓄贷款、社会捐赠和教育彩票等形式,为农村人力资本投资多方筹集资金。

二、农户投资主体存在的问题及解决思路

(一)存在的问题

当前农户对人力资本的投资存在许多问题,但主要集中在观念、积极性和投资能力三个方面。

1.观念问题

一些农民看到个别暴发户没读几年书,就能挣大钱,认为农村孩子读书不需多,认识几个字,会拨弄计算器算算账就行了,在农村"读书无用论"有所抬头,多读书不如早挣钱的思想束缚了农民的人力资本投资行为。

2.缺乏投资的积极性

农民直接承担着从小学教育到高等教育的人才培养成本,成本与收益不对称,农民认定教育等人力资本投资是一项"赔本生意"。农村因学致贫已经成为一个普遍性问题,就业难更是影响农民投资的积极性,农民从教育等人力资本投资中看不到希望。

3.投资能力有限

农民小规模和分散式的经营方式,决定了农民投资十分有限,只能集中在短期投资上,主要是当年生产费用的支出,包括化肥、农药、种子、地膜等,投资教育、培训等人力资本方面的能力十分有限。近年来,由于农民收入增长速度相对较缓,农民的收入预期不高,用于扩大再生产的中长期投资少之又少,生产性投资下降,人力资本方面的投资就更加捉襟见肘了。

(二)解决思路

虽然农户人力资本投资存在上述三个方面的问题,但是,在解决时应该先从投资积极性和投资能力方面着手,因为这两个方面解决了,观念方面的问题也迎刃而解。

1.投资积极性方面

对于人才来说,培养只是过程,有效使用才是目的。由于绝大多数农村人才都属于自谋职业,如果不打破身份壁垒,拓宽选人用人的视野和渠道,有效发展、使用这些农民人才,国家、个人为培养这些人才所作出的大量投入就不能得到预期的效益,也是对人才资源的浪费。因此地方各级政府应该高度重视对农村人才的就地选拔与使用工作,在实践中本着公开、平等、竞争、择优等用人原则,使农村人才也能得到更多公平竞争的机会,以提高农村居民进行人力资本投资的积极性。

首先,国家应统一制订切实可行的关于农村优秀乡土人才选拔管理办法,加强对农村一线种植、养殖、加工、建筑等行业成绩显著,技术拔尖的能工巧匠或能手的动态管理,对有特殊才能、突出贡献的乡土人才,通过培训、考核后择优聘用为基层干部或担任农业技术员。

其次,放宽对农民报考公务员的限制。尽管在山东、浙江等省已经允许农民报考公务员,但规模很小,据国家人事部提供的国家公务员考试录用资料显示:到2003年全国在经考试已录用的70多万公务员中,仅从农民中招收5000多人,只占总数的0.7%左右。其实这些乡土人才熟悉农村环境,热爱农村工作,国家应该尽快制定相关政策,允许符合条件的农民报考乡镇公务员。这样既保证了农村乡镇干部队伍的相对稳定,也提高了工作质量。

第三,制定优惠农村籍大学毕业生的政策。对于农村籍未就业的大学毕业生,应在经济待遇等方面制定优惠政策,将他们吸引回农村工作或创业,优先充实到教学、农技和基层管理岗位。

2.投资能力方面

关于提高农村居民人力资本投资成本的负担能力方面谈得比较多,在此强调三点,其一是政府应尽快全面取消农业税,加强农村基础设施建设,改良品种,鼓励农民举办各种副业,使农民的收入水平得以提高。只有农民的收入提高了,农民才有可能对自己和子女进行教育等方面的人力资本投资。其二是国家财政对农村的投入,应优先投资于教育,包括基础教育投资、在职学习和职业技能培训等,尽快免除农村基础教育的各项费用,对自觉进行人力资本投资的劳动者,国家可以直接进行生活补贴。加强对农村医疗卫生设施的投入力度,通过这些增收减负的措施,切实提高农村居民人力资本投资成本的负担能力。其三是可以通过发展农村个人消费信贷来提高农户的投资能力。发展农村个人消费信贷,促进农村居民进行不受家庭初始资源约束的人力资本投资。在市场经济发展过程中,农村在制度、生产和市场等方面还相当落后,农村没有完全融入现代市场经济,形成了农村与城市在制度、市场和人力资本构成方面的不对称。由于这些方面的不对称,所以农村经济缺乏产品、劳动和金融三个市场,技术(包括所带动的资本项目)和人力资本等生产要素不能在农村充分流动和有效配置,因此,也就不可能实现它们在一般市场中的最大价值和效用,严重影响了农村人口教育投入的积极性和可能性。发展农村个人消费信贷是农村地区居民充分享受发展机会和实现消费效用最大化不可或缺的重要渠道。通过发展农村个人消费信贷,可以促进农村居民进行不受家庭初始资源的禀赋约束的人力资本投资,以实现广大农民对未来收入预期的需要。

总之,解决农户在人力资本投资方面的问题虽然难度大,但其思路其实比较简单,主要可以从增加收入和提高人力资本投资的回报率两个方面入手,在此强调要持续提高农民收入。在此基础上,由于农户在人力资本方面的投资主要是教育培训投资和健康投资,而健康投资理应更多地由国家财政负担,农户自己在这方面的投资应该减少,这样农户才能将更多的投资集中在教育培训方面。财政方面应当逐步增加对农村卫生事业的投入,争取在短期内使农村医疗卫生机构的基础设施和工作环境有较大改善,卫生事业基建投资和经费应当向农村倾斜,支持农村卫生医疗事业的跨越式发展,尽快缩小并逐步改变城乡医疗事业投入相差悬殊的现状。这样看来,农户人力资本投资问题其实主要是教育培训投资问题,这个问题的核心是要提高教育投资的回报率。以农民培养子女读书为例,由于农民培养子女读书,大都出于两点:一是希望孩子不再重复自己的生活,告别"面朝黄土背朝天"的历史;二是希望孩子能够出人头地,使自己在农村中能够扬眉吐气。这就是农民不惜血本培养孩子的动力源所在。因此,孩子一旦考上大学他们就会感到无限荣光,一旦看到孩子找不到工作便感觉颜面尽失、懊丧不迭,甚至有读书无用的错觉。所以,要积极拓展大学生尤其是来自农村的大学生(农村大学生在就业中由于种种原因往往处于劣势)的就业渠道,多推出得力措施以消弭农民的怀疑和绝望心理。否则,年复一年,农村大学生就业难迟迟不能缓解,农民的信心就会被吞噬。所以,只有现实的回报率提高了,农民的投资观念自然会改变。

三、用工单位投资主体存在问题的对策

(一)存在的问题

用工单位在农村人力资本投资方面存在的主要问题归纳起来其实也就是两个方面,其一是在招工时尽量招不需要再培训的农民工,其二就是农民工招进单位后用工单位也不愿意花钱培训。

1.爱招"现成的"农民工

随着市场竞争的日益激烈,用人单位逐渐认识到直接招收高素质劳动者的成本要比自己对低素质的劳动力培训的成本低,因此用人单位在招收农民工时,也愿意雇用具有较高文化程度,掌握较多技能的农民工。对招收农民工的企业调查结果表明,90%的城市企业在招收农民工时提出明确的文化程度要求;76.3%的企业要求初中及初中以上的文化程度,13.6%的企业要求高中及高中以上文化程度。

2.不爱对农民工进行培训

国家规定了"先培训,后上岗"的用工原则,即用人单位对新招的农民工一般都要进行必要的岗位培训。对农民工的培训主要涉及两方面的内容:一种是有关用人单位规章制度、安全质量等方面的培训,这种培训一般采用用人单位内部集中培训的方式;另一种是职业技能培训,这种培训既有用人单位内部师徒传带方式,也有用人单位出资委托公共培训机构对农民工进行培训的模式。虽然国家有相关的用工规定,而且企业也愿意雇用高素质劳动力,但是大多数用人单位根本不注意对农民工进行培训,农民工又没有足够的经济能力,自己往往承受不起培训的费用,这导致了合格的农民工短缺。这在前几年珠江三角

洲地区表现得尤为突出,由于该地区长期以来农民工供应充裕,许多用人单位用工条件苛刻。他们通常招用 18～25 岁的年轻劳动力,尤其是女工。这些劳动力的"黄金期"过去以后用人单位就将其淘汰,重新招用新的劳动力。这种掠夺式的用工方式,导致对农民工人力资本的投入、开发严重不足,最终该地区爆发"民工荒",用人单位招不到合适的农民工,最后受损的还是用人单位。

(二)解决思路

解决用工单位在农村人力资本投资方面存在的问题,虽然根本出路是要改变用工单位的观念,提高培训意识,但企业受短期效益的影响,短期内是难以根本改变企业轻培训的局面的。因此,要使这些用工单位愿意在社会发展十年规划身上花钱,政府给予相应的政策和优惠是必要的,比如职工培训经费按照职工工资总额的 1.5% 比例提取,计入成本在税前列支。并对合理培训农民工的企业给予表彰,使其在社会上赢得声誉,从而提高企业在市场上争夺人力资源的竞争力,赢取竞争优势。

而从目前世界企业的发展趋势看,优秀企业不仅要赢得利润,还要承担经济和社会责任,而且还必须预计社会未来的问题,并且把一部分企业资源用来解决这种问题。企业展开农民工培训,培训的正外部性帮助解决社会上广泛存在的农民工结构性失业问题,体现企业的社会责任。同时也有利于增加企业的非货币收入,产生农民工的组织公民行为,鼓励建立双方长期稳定的合作雇佣关系,提高其在社会上的美誉度、满意度、知名度。

第三节　针对农村人力资本投资途径存在问题的对策

一、农村教育培训投资问题的对策

前文在谈到农村教育培训投资时,也已谈及其存在的问题,在此联系相应的对策来思考这个在农村人力资本投资中非常重要的问题。

这些年来,国家为了将优质教育资源传输到农村中小学,缩小城乡之间义务教育教学质量的差距,实施了农村中小学现代远程教育工程,各级政府将在 5 年内投入 100 亿元[①],到 2007 年使农村初中基本具备计算机教室,农村小学基本具备卫星教学收视点,农村小学教学点具备教学光盘播放设备和成套教学光

---

① 本小段数据均来自《中国农业统计年鉴 2006》P142～143

盘。工程建设中,在资金投入等方面对西部地区给予特殊的优惠政策。为保证农村贫困家庭学生接受义务教育,国家加快推行"两免一补"政策,2005 年,中央和地方财政安排"两免一补"资金 70 多亿元,共资助中西部贫困家庭学生 3400 万人。592 个国家扶贫开发重点县 1700 多万义务教育阶段贫困家庭学生免除学杂费、书本费,对其中 395 万名寄宿学生补助生活费。国家决定从 2006 年开始,全部免除西部地区农村义务教育阶段学生的学杂费,享受免学杂费政策的学生数达到 4880 万人。2007 年,全国 1.48 亿名农村义务教育阶段学生将全部免除学杂费。为提高农村中小学教师队伍素质,近几年来,教育部实施了教师教育网络联盟计划和中小学教师全员培训计划,并坚持向农村教师倾斜;启动了农村中学教育硕士师资培养计划,为农村贫困地区中学培养具有教育硕士学位的教师。教育部明确要求县级政府加强区域内教师资源的统筹,通过建立区域内骨干教师巡回授课、紧缺学科教师流动教学、城镇教师到乡村学校任教服务期等项制度,加大城乡教育对口支援力度,强化和带动对农村教师的培训工作。有的地方积极推行城镇中小学教师到乡村任教服务期制度,提出了城镇中小学教师晋升高级教师职务,应有在乡村中小学任教一年以上经历的要求;积极推动地(市)、县建立区域内城乡"校对校"教师定期交流制度,建立区域内骨干教师巡回授课、紧缺学科教师流动教学等多项制度,加大城乡教育对口支援力度,强化对农村教师的培训。教育部将积极协助有关部门研究改善农村地区教师待遇的政策措施,以吸引更多的优秀人才到农村地区任教。

虽然国家采取的政策收到了明显的效果,但农村教育的落后面貌并没有从本质上改变,所以,还应该采取政策和对策,继续改善农村教育的现状。

(一)宏观方面

1. 理顺农村教育培训投资主体,建立"三层式"投资体系

具体说来,实施"以省为主、中央合理转移支付、县乡配合"的"三层式"农村教育培训投资体系。"以省为主"是由省级政府主要承担对农村教育的投入,其好处是各省能够在财力较充足的前提下,可以依据本地区的实际状况合理调配各项教育资源,因时制宜、因地适宜地分配教育投入。"中央合理转移支付"是指国家财政转移支付应当充分考虑各地区的实际状况,打破原有地方利益格局,实现对农村基础教育的转移支付在相对量上的增大。"县乡配合"指县乡两级政府在力所能及范围内积极配合中央转移支付和省级政府的投入,依据本地区的实际情况合理分配投资款项,将各投资款落到实处。"县乡配合"中注意两点,一是县乡政府不得私自扣留或挪用农村教育经费,中央和省级政府可作相

应立法,二是并不意味着县乡政府对农村教育只"配合"而不"投入",在教育的一些基本支出方面如教学设施的日常管理维护、教育环境的治理等方面,县乡两级政府有义务承担起来。

2.借鉴"社会共济型"制度,建立多元主体农村教育培训投资模式

"社会共济型"是社会保障的一种模式,它强调社会保险基金由国家、雇主和劳动者三方共建,重视个人层面义务与权利的对等但又强调互助互济,有利于体现社会的效率和公平。有鉴于此,我国的农村教育也可以实施"三方共济"的投资模式,即由政府、私人企业和民间组织(第三部门)构成投资的主体。在社会主义条件下,政府是农村教育培训投资的"领头羊",但同时也要充分发挥私人企业及民间组织的作用。对私人企业应主要从经济角度予以鼓励,政府应主要从税收政策上对企业行为进行引导,使其能够主动参与到教育培训投资的行列,还可以规定企业如果在农村开办学校,政府可以对其在某些方面的政策上予以照顾,对民间组织应主要从社会效益方面予以扶持。政府可以出台相关政策成立农村教育基金会、农村慈善会等社会组织,允许他们通过发行农村教育彩票等多种方式筹集教育资金。此外还要允许和支持农民成立自己的民间组织,赋予他们更大的发言权,增加其在人大、政协中的比例,使他们能够更好地代表和维护农民自身利益。

3.转移投资重心,加强农村职业技术教育

对广大农村地区教育而言,培养适应社会发展要求、拥有高技能高水平的专业技术类人才是符合时代发展需要的。在未来发展过程中,城市可以集中资金和能力发展高等教育事业,重点培养学术型、研发型高级人才,而对专业技术类人才的培养则可主要集中于乡村,将大多数职业技术类学校开设在农村,使农民可以"足不出村"地掌握一技之长,既为以后进城务工提供必要的技术知识保障,又可以使他们在当地乡镇企业或城市化建设发展中发挥一定的作用。这样不仅有利于调整城乡教育培训投资体系,协调城乡经济社会发展,同时也可以从根本上缓解城市紧张的就业压力。

(二)具体措施方面

根据农业部科技教育司的总结,目前在新型农民科技培训工程实施过程中,各实施单位开展了一系列富有特色、行之有效的培训工作,积累了丰富的经验。主要措施有:[1]

---

[1]　来自《中国农业统计年鉴 2006》,第 143—144 页。

1. 加强部门协作

为了进一步完善组织机构,各省、自治区、直辖市成立了由农业、财政、团委三部门组成的新型农民科技培训工作领导机构,各项目县(市)也相应成立了由县政府牵头,农业、财政、团委、教育、畜牧、水产、农机、蔬菜等多部门共同参与的工作机构,通力协作,合理分工。

2. 建立培训机制

各项目县结合当地实情,制定了具体的新型农民科技培训工作实施方案和项目管理制度,采取管培分离、目标绩效管理和政策激励等措施,建立有效的工作机制。广东、海南、四川、宁夏等省、自治区实行"行政部门监督、培训单位承担、任务落实到人"的培训机制,广西对技术指导员实行补贴,陕西对项目实施与农民技术职称评审相结合。这些措施使培训工作组织领导到位、技术培训到位、资金拨付到位,为培训的顺利开展提供了机制保障。

3. 确保培训质量

为了保证培训工作取得实效,各级培训机构从宣传动员、教学管理、监督检查和创新培训模式等环节入手,严把培训质量关。

4. 农业科技入户直通车项目

农业部 2005 年启动的首批农业科技入户直通车项目覆盖了 30 个省、自治区、直辖市,主要是粮食主产区和中西部地区条件较好的县。该项目为这 150 个县配备农业科技入户直通车。每台直通车上配备了计算机、电视机、DVD、播放机、投影仪等现代教学培训设备和光盘、科技图书等实用技术资料。通过农业科技入户直通车,把媒体化的农业技术、信息和政策,以及县级农广校本土化的优秀培训教师等基本要素进行优化配置,组装集成先进的培训设备、优质的培训内容和优秀的培训教师为一体的农民培训课堂,直通车深入到村寨和田间地头,通过播放节目、专家指导、现场培训等多种形式,就地就近为农民提供生产、生活急需的农业科技知识和信息,让科技培训真正进入到了千家万户。

5. 农民科技书屋

2005 年,农业部继续以粮食主产区和革命老区为重点,建设了 472 个农民科技书屋。其中,在四川仪陇县建设 200 个,江西吉安县建设 100 个,有效地解决了老区群众买不起书、买不到书的困难,为这些地区提供了传播农村政策、农业实用技术的固定场所。农业部继续加强对近 3 年来相继建成书屋的检查和督导,及时掌握农民科技书屋的运行情况,并要求各地有关部门在每年 12 月底前将当年农民科技书屋工作进行总结和上报。同时,将多种农民教育培训项目与农民科技书屋建设相结合,发挥书屋的外延效应。各地不断加强书屋的管理工作,完善书屋设施建设,改善了阅览条件。现在书屋的书架上均已如数摆放上农业部配送的图书和光碟,每个书屋基本上都配备了电视机、影碟机、书柜、桌椅等设施。随着科技书屋建设的逐步扩大,也带动了各地农村纷纷开展此项工作。各地根据当地农民的实际需要,采取多种形式在农村中建设农民科技书屋,向农民免费提供图书资料和学习场所,利用科技书屋开展农民教育培训,培养新农村建设的实用技术人才。据统计,到2005年底,农业部已在全国建设2000个农民科技书屋,各地也相继自行建设了2000余个。实践证明,农民科技书屋已逐渐成为宣传农村政策、传播农业科技文化知识和丰富广大农民群众精神生活的有效平台。

二、农村医疗保健投资问题的对策

解决农村医疗保健投资问题的政策性很强,说通俗点就是"政府的事",政府的制度保障与财政保障对农村人口在低收入水平下健康状况的改善起着极度重要作用,因此,政府介入农村健康保障范围之大小、政策分配力度的强弱、效率的高低以及公平性对农村健康保障制度的建立,进而城乡健康公平的实现乃至农村返贫困具有关键性的意义。

农村医疗保障基本制度模式是农村合作医疗。目前,应在试点的基础上,进一步改进完善农村合作医疗制度和医疗救助制度,使农村医疗全面走向社会化。首先,科学制定农民大病医疗统筹实施方案。各县(市)应在核清近几年本地区农民住院和门诊大病医疗费用的基础上科学测算出筹资总水平;根据当地经济发展水平、财政收入、集体经济和农民个人收入情况确定各方出资额;本着"以收定支、保障适度"的原则,在留有一定比例风险准备金的基础上,合理确定新型农村合作医疗的保障水平,并确定报销起付标准、报销比例和报销最高限额等。第二,政府应建立和完善农村卫生专项转移支付制度,进行农村卫生机构的组织变革,根据各地区的不同情况,实施不同形式的农民健康保障。如东部发达地区农村可以实行不同形式的农民医疗保险。中部地区农村加强卫生服务供给体系建设,对农村卫生人员进行实用技术培训,以合同形式开展社区卫生服务,重建乡、村卫生机构与社区的合作共生关系。西部贫困地区农村,中央政府转移支付扶持建设农村卫生服务设施,实施贫困人口的医疗救助。第三,健全与完善农村新型合作医疗制度,改革农村卫生体制。在发展新型农村合作医疗的过程中,一方面要择优选择农村合作医疗的服务机构,通过加强监管完善并落实各种诊疗规范和管理制度,切实保证医疗服务质量、服务效率并有效控制医疗费用;另一方面又要通过不断总结经验来积极推进农村医疗卫生体制改革,从而形成农村合作医疗与农村卫生体制改革之间的良性互动。

当然,农民对卫生服务的需求在很大程度上取决于其收入水平,因此尽快提高农民收入是促使农民增加健康投资的根本措施。

三、流动迁徙投资存在问题的对策

如前所述,流动迁徙投资有利于农民工的迁徙,也就是说可以使农民找到更适合自己的工作和生活的地方,而这方面的对策也主要依靠政府来完成。首先就是要改革现有的户籍和就业方面的制度,还有培训市场、信息服务等。

1. 户籍制度方面

如前所述首先是要改革户籍制度,进一步改革现有不利于劳动力转移和农民流动的城乡分割的户籍、就业等制度制约,逐步消除针对农业劳动力自由选择职业的障碍,摒弃讨厌农民的地区歧视和信仰歧视的思想和意识,降低劳动力市场上农民的进入壁垒和机会成本,给进城农民工的小孩提供长期性的私人和公共贷款。结合中国实际,在农业外部发展以促进农业劳动力向工业和城市转移,进而增加城市人力资本的基础上,加强农业内部改造,进一步挖掘农业和农村自身的劳动力吸纳潜力,促进农业劳动力内部转移,增加农业、农村部门人力资本存量。

2. 知识培训方面

帮助外出就业的劳动者及时了解有关劳动工资、社会保障、投资创业等方面的政策规定和市场需求与供给的相关信息及其潜含经济意义,增强他们判断、预防和处理不测事件的能力,增强农民利用市场创造机会并分散风险的能力,分散和减少农业劳动力转移过程中的风险及不确定性,促进农业劳动力转移。

3. 技能培训方面

对外出就业的农业劳动力进行基本技能和技术操作规程的培训,做到与岗位需要紧密联系,鼓励各类培训机构与劳务市场和用工单位签订合同,定向培训,增加农业劳动力有效供给并做到适时转移。

4. 信息服务方面

积极引导农业劳动力服务中介组织的发育,多渠道开展劳务信息服务。尽量扫除劳动力转移过程中的信息不对称障碍。

5. 劳动力转移条件方面

多渠道、多形式开展针对性的农业劳动力转移培训。要增加对人力资本的公共教育投资,要充分利用现有农村各类学校、培训机构现有的设施、师资等资源,做好培训工作,为农民的分工分业创造条件,直接增强劳动力转移能力。

第七章　农村人力资本投资效率研究展望

　　请教过几位研究农村问题的专家,他们的共同感受之一是农村与城市在各方面的差异,有形的物质方面和无形的文化方面都有非常明显的差异,因此研究农村问题时,无论在思路,还是在方法上都与城市不同。虽然自己初次研究农村问题,但两年来由于写作论文,对一些农村问题思考比较多,当论文写作接近尾声时,有一种感觉越来越浓,一种怪怪的、总是对不上号的感觉,比如展望农村人力资本投资体系的研究时,这些研究应该往哪里去? 怎样去? 思路总不是那么顺畅。我在想,由于农耕文化与自然的亲近、与土地的亲和,形成了独特的乡规、乡俗、乡情,形成本真、素朴、敬畏而谐调的乡村精神,这样的乡村精神影响着农村管理的方方面面。

　　相对于城市的"喧喧车马度"、"长安名利客",农村少一分欲望多一分宁泊,少一分羁绊多一分自在,那乡风、乡俗、乡情中有一份份醇厚和天趣。然而,因为乡村大面积(不只是"西部")的贫与瘠,正在使它日益丧失本土文化秩序而在物质与精神上沦为城市的附庸。虽然农村的发展或沉沦业已跟城市息息相关,乡村的隐忧业已跟城市的隐忧形影相随,城市与乡村已经越来越无法规避那些共同的担当,城市和乡村物质和精神文明,在人类生存发展的前程中已经越来越成为相互制约、生死缠绵的共同体。但是,城市的傲慢与偏见很多时候体现在对农村的漠视上,由于农村中的优秀人才越来越多地流往城市,农村越来越被边缘化。致使政府的一些好的政策也难以收到预期的效果。比如中央倡导要大力培养新型农民,按照党的十六届五中全会提出的要求,培养有文化、懂技术、会经营的新型农民,提高农民的整体素质。"有文化"要求农民能说会写,自主自强,崇尚科学,诚信友爱,知法守法;"懂技术"要求农民具有较高的技术素质,至少要熟练掌握一到多项生产技能和技巧;"会经营"要求农民具有一定的经营和管理能力,能够合理配置人、财、物和土地等资源,组织生产和参与市场活动,获得较高的经济效益。随着科技进步和社会发展,新型农民的内涵和要求还将随之提高。新型农民的主要特征表现在以下五个方面:一是主体性较强。当代新型农民担负着新农村建设的历史使命,是新农村建设的内生主体性力量,具有强烈的勤劳致富的愿望和较高的市场竞争开拓能力。二是适应性较强。能够适应社会变迁,不断学习和总结,重新调整,定位自己的角色,以农业为主,其他职业为辅,流动性较强,具有不断进取和勤劳致富的能力。三是权益保障意识较强。具有独立思想,强调个人权利,有一定的政治参与意识,追求公平、公正和民主,能学习法律并借助法律保障自己的权益。四是文化水平较高。努力学习有关农业、市场方面的知识、大胆开拓,敢于冒险,善于抓住机遇,重视经济投入,具有一定的合作、协调和管理能力。五是社会交往较为广泛。思想开放、要求平等、尊重、理解,以地缘、血缘为依托,交往的广泛性、目的性和功利性较强。但是,能够培养多少这样的农民? 这样的农民又有多少能真正留在农村? 我真的有些迷惘!

培养新型农民是社会主义新农村建设目标实现的根本,这已经是社会的共识,其实这也是解决很多农村问题的基础,如果没有上述内涵的新型农民,很多事情都将是空谈,包括农村人力资本方面的诸多研究将也只是一纸空文。我们常说社会主义新农村建设的关键是解决"三农"问题,有些人认为解决"三农"问题,从长期来看要靠工业化和城镇化,但这是一个长期的过程。从我国当前发展实际来看,虽然农民也能进城赚些钱,但在今后相当一段时期,农业仍然是农民就业和增收的重要渠道,因此解决"三农"问题、为建设社会主义新农村提供内在动力,必须提高农业效益,构建现代农业。只有按照市场经济的要求,大力发展现代农业,提升农业的科技水平、组织水平和经营水平,才能促进使农业增效,促使农民增收,为新农村建设提供坚实的产业基础。提高农业效益,构建现代农业,促进经济社会可持续发展,建设社会主义新农村最重要的是将人力资源培育为人力资本。而我在这里要强调的是,其一是只有新型农民才有可能成为人力资本,其二是只有留在农村的人力资本才算得上是农村的人力资本(这好像是句废话,但其有很重要的意义)。

在上述想法的基础上,谈谈在建设社会主义新农村背景下对农村人力资本投资效率的研究展望,即本文的研究不足之处或后续的研究。

第一节　社会主义新农村的内涵

社会主义新农村建设包括哪些内涵?"生产发展、生活宽裕、乡风文明、村容整洁、管理民主"[①],这20个字的目标充分表明,我们要建设的新农村,是社会

---

① 《中共中央关于制定国民经济和社会发展第十一个五年规划的建议》第三部分"建设社会主义新农村"。

主义经济建设、政治建设、文化建设、社会建设和党的建设协调推进的新农村。

第一,生产发展。建设新农村首先要振兴农村经济,加快农村经济发展,增加农民收入,这一条是首要的。农村经济不发展,建设新农村就失去了物质基础。有调查显示,我们的很多领导干部考虑新农村建设,更多的考虑是村庄的规划,很少考虑农村生产的发展。没有生产的发展,新农村建设是不可能的。要使生产发展,必须保障农业水利工程建设,为农村提供基础设施,加大支农力度,调动广大农民的生产积极性,提高农民参与市场竞争的能力。

第二,生活宽裕。在生产发展的基础上,使农民的财富增加,过上相对宽裕的生活。"生产发展"和"生活宽裕"这两条是要建设物质文明,"生产发展"为建设新农村提供必要的物质基础,"生活宽裕"是建设新农村的具体体现。要使农民生活富裕,必须增加农民收入,除掉农民背负的三大负担:教育支出、医疗支出、住房支出;搬掉影响农民收入的三座大山:农民的准失业状态、国内外市场机制对农民的挤压、农民贫乏的自我组织能力。

第三,乡风文明。精神文明也要有新进步,形成良好的社会风气,邻里之间,生产上要相互帮助,生活上要相互关心。乡风文明是建设新农村的灵魂。在农村,文明之风若不能愉悦人们的身心,腐朽的东西就会侵蚀人们的心灵。

第四,村容整洁。通过新农村建设改变农民的生存环境,让农民有新鲜的空气,洁净的水,整洁的街道。现在很多地方是院内干净,院外脏乱差。大多数村庄垃圾堆放在房前、屋后、路边,村庄没有排水沟渠。"村容整洁"就是要建设生态文明,这是建设新农村的外在表现。

第五,管理民主。管理民主就是落实和完善村民自治、民主选举和民主监督机制,实现农民自己当家做主。不以要挟、贿赂影响民主选举。不以家族势力影响村务公开。村民自治的形式应该根据各地的不同情况而有多样性。江苏的华西村、河南的南街村、山西的大寨村、河北的寺后村,都是以农村基层党组织为核心的村民自治,取得了引人注目的经济发展成就;以"下派党员干部"为核心的村民自治,正在被越来越多的地方政府所采纳;以经济能人为核心的村民自治,正在经济较发达地区浮现;以农村民间协会为核心的村民自治,正出现在中西部发展相对滞后地区。评价村民自治的形式先进与否,应当以能否推动农村的社会和谐和经济进步为标准,应当以建设非农的先进村庄为方向,以"建设社会主义新农村"为目标。"管理民主"就是要建设政治文明,这是建设新农村的政治保证。

从上可以看出,新农村的"新"字体现在五个方面,一是产业发展要形成"新格局",加快建设现代农业,繁荣农村经济,提高农村生产力水平,是建设新农村的首要任务。二是农民生活水平要实现"新提高",千方百计增加农民收入,改善消费结构,提高农民生活质量,是新农村建设的根本目标。三是乡风民俗要倡导"新风尚",加强农村精神文明建设,发展农村社会事业,培养造就新型农民,是新农村建设的重要内容。四是乡村面貌要呈现"新变化",搞好乡村建设规划,加强农村基础设施建设,改善农村人居环境,是新农村建设的关键环节。五是乡村治理要健全"新机制",深化农村各项改革,加强基层民主和基层组织建设,创建平安乡村、和谐乡村,是新农村建设的有力保障。

因此,社会主义新农村建设要按"生产发展、生活宽裕、乡风文明、村容整洁、管理民主"的目标要求,调整国民收入分配结构,逐步向农村倾斜。增加政府财政对农业和农村的投入,强化政府对农村的公共服务;加强农村基础设施建设,加快现代农业建设,增加农业综合生产能力;大力发展包括文化教育、公共卫生、广播电视在内的农村公共事业,促进农村经济和社会全面发展;把国家政策扶持与农民辛勤劳动有机结合起来,大力促进农业和农村经济的发展,千方百计增加农民收入。并且要"以工补农、以城带乡",把以往城市居民独享的公共财政支出,逐步向农村转移,让公共财政阳光逐步照耀广大农村,即让公共财政较大幅度向农村倾斜,让城市大门真正向农民敞开。工业反哺农业、城市支持农村的方针,加大各方面对农村发展的支持力度,只有这样,才能较快改变农村的落后面貌。建立城乡统一的户口登记管理制度,作为深化户籍制度改革的突破口。全会所提出的"建设社会主义新农村"之所以"新",还表现在要通过发展农村的文化教育事业,培养"有文化、懂技术、会经营的新型农民,提高农民的整体素质",给农民创造一个平等的自我发展的空间。

第二节　新农村建设目标对农村人力资本的客观要求

根据我国社会主义新农村建设"生产发展、生活宽裕、乡风文明、村容整洁、管理民主"五个方面的目标,相应地提出了对农村人力资本的客观要求。

1. 生产发展对农村人力资本科技素质的要求

发展生产是建设社会主义新农村的重要内容和物质基础。生产发展的有效出路就是要发展现代农业,而以生物化学化及机械化为主要特征的现代农业生产要求农业从业者具有较高的文化科技素质。根据发达国家在由传统农业向现代农业过渡的过程中,首先是从对农民的教育培训开始,即用现代农业生产要素的投入和使用改造传统农业。从农业生产经营方式看,目前我国的农业主要以传统农业为主,农业现代化水平较低。这就要求我国也必须从新型农民的培养入手,加强对农村人力资本的投资,提高农民文化科技素质,进而把传统农民提升为现代农民。例如在浙江南浔农村与高校的合作取得了初步的成果:"深入推进新农村建设,围绕与浙江大学动科院共建南浔现代农业示范区,继续实施新农村实验示范区重点区域'1221'行动计划,启动湖盐公路练和段示范带建设。扎实推进实验示范重点镇村创建活动,新增新农村实验示范村 8 个。深入实施"百村示范、千村整治"工程,力争建成"全面小康建设示范村"暨农村新社区 5 个,提升整治行政村 42 个,完成小城镇综合整治 1 个,编制行政村建设规划 30 个。争创省级绿化示范村 4 个、市级绿化示范村 9 个。①

2. 生活宽裕对农村人力资本增收能力的要求

"生活宽裕"明确描述了农民未来舒适的生活状态。然而,未来舒适生活的前提是农民收入的增加。近几年,从粮食直补到农业税的全面减免,从免费义务教育的推行到农村合作医疗、基础设施的财政补贴等,国家宏观政策加大了对"三农"的财政支持力度。但是,从微观角度看,家庭收入的增加和生活的彻底改善离不开农民自己的努力。新农村建设提出培养"有文化、懂技术、会经营"的新型农民的任务,实际上是对农民创业和就业能力提出了明确要求和希望。

3. "乡风文明、村容整洁"对农村人力资本文化道德修养的要求

"乡风文明、村容整洁"是对社会主义新农村精神风貌的高度概括,它要求农民在追求"生产发展、生活宽裕"的同时,注重农村的文化建设。文化具有凝聚、整合、同化、规范社会群体行为功能,是其他社会要素无法取代的。缩小城乡差距,促进农村、农业、农民的发展和进步,需要先进科学与文化的提升;建设和谐的小康社会,同样也离不开优秀文化的浸润与影响。一旦符合社会道德规范的文化观念能够形成并深入人心,就能在思维方式和行为习惯的层面上发挥其广泛、稳定而持久的影响。因此,需用传统文化和现代文明教育农民,摈弃不良习气,树立社会主义新农村文明风范。浙江南浔区 2008 年建成农村联网公路 84 公里,改造农村公路低承载桥梁 40 座、农村机埠 152 座,完成河道清淤344 公里、标准堤防建设 355 公里,全面完成善含中格局和荻港水系整治工程。深入实施"1221"行动计划,完成新农村实验示范带浔练段建设,新增区校合作项目 30 个,创建市级"全面小康建设示范村"暨农村新社区 9 个,实施 50 个行政村整治提升和 2 个小城镇综合整治工作。②

---

① 来自《2009 年南浔区政府工作报告》,第 6 页。
② 来自《2009 年南浔区政府工作报告》,第 2 页。

4.管理民主是对农村人力资本自我管理意识和能力的具体要求

在"村民自治"的组织原则下,"管理民主"是对农民民主管理意识和自我管理能力的综合考察,是发挥农民在新农村建设中主体地位的组织保障。这一目标对农民的政治文化水平和管理能力提出了较高的要求。农民是新农村建设的主体,新农村建设目标的实现离不了对新型农民的培养和农村人力资本的积累。

第三节 适应新农村建设的农村人力投资体系研究展望

一、对农村人力资本投资体系构成的研究展望

在任何体系中,结构总是非常重要的,因此,研究农村人力资本投资体系,首先要研究它的构成,农村人力资本投资体系构成应该怎样才是更科学的、更有效的?本人认为未来对农村人力资本投资体系结构的研究在以下几个方面需要加强。

1.农村社会物质生活条件对人力资本投资体系构成决定作用的研究

从哲学意义上看,农村人力资本投资体系的客观结构是由农村社会物质生活条件所决定的,也会因农村社会经济形态的变化而变化。在农村生产力水平较低、物质生产不甚发展的情况下,农村人力资本投资体系的结构也是非常简单的。因为,在这种情况下,精致、复杂的客观结构系统既不可能产生,也没有必要,它的建立和行政机构的设置都是社会物质生产分化的结果。随着社会经济的发展,农村人力资本投资体系也会像其他行政体系一样,也会变得越来越复杂和精致,以适应现代社会化大生产的需要。

2.对农村人力资本投资体系构成中权力、法律、政策、人与观念关系的研究

农村人力资本投资体系也是以人为主体、以权力为核心、以法律规范和政策调节方式为主导的管理实体。在这个体系中,人是基本要素,但是,只有支配行政行为的思想观念才是这个体系中更为重要的要素。而对于个体的人来说,行政权力是一种客观力量,而行政权力在本质上则是行政管理客体的主观认同。行政法律和政策,是客观的社会关系的反映,是统治意志及其观念的形式化。行政管理方法是对行政管理客观规律的认识,是前人经验的凝结。在农村人力资本投资体系构成中,各个要素之间是相互联系,相互影响和相互补充的。权力需要得到法律的支持和由法律来加以确定,而法律则需要借助于权力加以执行,并从权力那里获得作为行政规范甚至社会规范的强制力量。政策是临时

性的法律,是法律的具体化和有效补充。同样,行政管理方法又是权力、法律、政策等因素的综合体现。

3. 对农村人力资本投资体系结构灵活性和变动性的研究

农村人力资本投资体系结构具有相对的灵活性和变动性。因为在这个体系中,行政关系、行政行为的状况会不断地反映到结构上来。在一般情况下,体系结构是在保持自身基本不变的前提下对行政关系、行政行为加以调整。但是,现实社会生活的千变万化总是不断地向既定的行政关系、行政行为提出挑战的,要求它们不断地通过变更而适应现实社会生活的需要。这种变化达到一定程度时,就会提出改变结构的要求。因而,农村人力资本投资体系结构是积极的、活跃的不稳定结构,农村人力资本投资体系的变化、发展总是首先表现为其结构的变动。当然,体系的变化往往直接地表现为国家统治阶层顺应社会生活经济结构的要求而采取的自觉行动。但这种自觉的行动如果不是从行为结构着手,则是无效的,甚至会导致消极的结果。所以,自觉地调整或改变农村人力资本投资体系的行动也必须从其结构着手。

4. 对农村人力资本投资体系中的价值体系的研究

农村人力资本投资体系中存在着一个价值结构的系统,因为,在这个体系中,非常明显地存在着行政意志、行政义务、行政责任和行政人格等基本要素,这些要素以行政主体为载体,并借助于行政主体而构成一个统一的整体,形成了行政体系价值结构系统。行政体系的价值结构系统是行政主体与行政客体之间价值关系的稳定形式。在农村人力资本投资体系中,价值关系是包含在其他行政关系之中的。行政价值关系不像其他的行政关系那样明显地表露于外,它总是像幽灵一样时隐时现地为人们所感觉到却又无法准确把握。尽管如此,价值关系在农村人力资本投资体系中是不可缺少的因素,价值关系的失常,必然会导致农村人力资本投资体系机构臃肿、低效以及腐败泛滥等弊病。尽管我们在农村人力资本投资体系中往往首先看到的是权力关系、法律关系和人事关系等等,如果这些关系不同时伴生着价值关系,就很难在行政体系中发挥作用。因为,价值关系是其他行政关系的调节因素,可以补充其他行政关系的缺陷和不足。所以,健全的农村人力资本投资体系必然包含着价值关系的因素。

二、对农村教育投资的研究展望

1. 加强对农民教育投资风险及其抵御的研究

教育投资是人力资本理论的核心观点,是以支付当前的投资成本获取未来收益为目标的投资行为,农民要想获得未来较高的收入,就必须增加人力资本投资量。教育作为一种重要的农村人力资本投资,它能给受教育者及其家庭带来较高的回报。但教育经济学的这一基本假设是以受教育者能找到合适就业单位为前提的,否则,教育投资就不一定是件合算之事,存在潜在风险。

任何一个国家的社会都存在着强势群体和弱势群体,从目前我国的实际情况看,农民基本上属于弱势群体,又被称为"处境不利群体"或"边缘群体",由于种种原因,在经济收入、社会地位、权益保护、竞争能力等方面,农民都处于困难和不利境地。相对来说,农民的社会地位依然低下,处于被支配、被管理的地位,经济贫困,不具抗拒灾害的能力和潜力,家庭成员受教育水平低,知识贫乏,社会关系单薄。从个人家庭的角度来说,教育投资实际上是一种牺牲现有消费获取未来收益的行为,它的投资周期长,受教育者在进入劳动力市场之前,对未来在何单位工作是不确定的,对受教育者来说信息是不对称的,未来的收入具有不确定性或风险。随着教育尤其是高等教育大众化的进程,个人收益率必然呈现走低的趋势。随着高校的连年扩招,大量的毕业生充斥劳动力市场,就业日趋困难,大部分来自农村的大学生进入工薪阶层或从事临时性"打工",收入下降,加上贷款、债务偿还,职业准入培训,购房、结婚、抚养子女等,经济生存能力较差,成为新的贫困阶层,由此看来,弱势群体想通过高等教育投资的方式获得高收入,一般来说可能性不大,这必然增加了农民教育投资的预期收益风险。因此,未来研究农村人力资本投资应该加强农民教育投资风险及其抵御方面的研究。

2. 加强对农民教育投资收益结构的研究

教育投资其产品是人,人的价值是在一定的社会实践活动中体现出来的。任何人的活动总是处于一定政治、经济、文化环境之中,因此个人购买教育其收益也有政治收益、经济收益、精神收益。政治收益是指个人接受一定的教育能为他在今后的活动中获取一种特有的政治地位、身份。由于政治收益是以身份的形式表现出来,在此把这种收益称作身份收益。经济收益是指个人接受一定的教育可以为他在今后的活动(工作)中获取的工资、津贴等收入的增量。由于工资、津贴等收入在现代社会主要是用货币来计量,在此又称其为货币收益。精神收益是指个人接受教育可以获取心理的、情感的某种满足。这种满足既体现在其以后的活动中,但更多的是在接受教育的过程中就能获取。这样,个人教育投资收益主要有两种:身份收益和货币收益。

然而,不同经济体制下个人教育收益结构类型也不同,在市场经济体制下,货币收益成为个人教育投资收益的主要形式。20 世纪 90 年代以前,我国个人接受教育很大程度上是为了获取身份收益,90 年代以后特别是市场经济体制的改革过程中个人教育投资的身份收益发生了明显的变化。首先从观念层次来讲,由于市场经济体制的建立,商品经济的发展,就业观念发生了很大变化,进机关不再是理想的选择,更吸引人的是具有发展潜力的企业(最先是外资、三资、合资企业,现在扩展到国有上市企业及乡镇企业)。其次从制度层次来讲,市场经济的建立,"铁饭碗"和终身制被打破,接班制和招干优先制已完全废除,户籍制和干部人事制也在改革之中。所有这一切表明个人教育投资的身份收益随市场经济体制的建立其所占的份额越来越少,个人教育投资收益结构正发生着较大变化,身份收益比重在下降,货币收益比重在上升。

农民的教育投资收益结构同样会随着社会经济的变化而变化,它会发生哪些变化? 它的变化与一般教育投资收益结构的变化有什么不一样? 这些都将值得研究。

第四节　适应新农村建设的农村人力资本投资机制研究展望

一、对农村人力资本投资机制运行环境的研究展望

我们知道机制的重要性,但往往会忽视机制运行所需要的环境,农村人力资本投资机制在农村人力资本中处于非常重要的地位,而它的运行更需要特定的环境。外部环境对它的影响是非常明显的,运行环境作为一种综合力量在农村人力资本投资机制的形成和作用过程中扮演重要角色,没有相应的环境,农村人力资本投资机制是不可能正常运转的。所以,要加强对农村人力资本投资机制运行环境的研究。

我国农村正处于变动的时代,社会主义新农村建设将使农村环境经历一个明显的变化过程,尤其是农村的社会结构将会发生前所未有的变化,农村经济结构、阶级与阶层结构、人口结构、职业结构、群体结构、家庭结构等是构成农村社会结构的基本要素,这些要素成为农村人力资本投资的重要环境因素。这些环境因素在农村人力资本投资机制形成和运行过程中到底扮演什么角色? 起到什么样的作用?

1.对农村中边缘性群体在农村人力资本中的作用研究

农村社会结构作为由各结构要素构成的一个静态概念,其结合往往是相对恒定、协调和均衡的,但在社会分化不断发生的今天,由于整个社会结构发生了巨大变化,各结构要素之间这种恒定的关系不复存在,分化与整合之间难免会出现失衡与失调现象,从而导致农村社会稳定难以持续维持,大量非稳定因素

产生。1978年我国经济体制改革后,长期以农为本缺少变化的农民阶层内部也开始了前所未有的大分化,形成了农民工人、农民个体工商者、农民私营企业主、农民知识分子、农民企业家、农村管理者等不同的地位群体,而传统意义上的农民在不断减少。农民阶层内部的分化打破了长期以来刚性单一、相对封闭而又具有较强独立性的农民身份,使其在社会分层体系中出现了诸如农民身份的工人和农民身份的干部等边缘性群体。这些边缘性群体在人力资本投资中起到什么样的作用?

2. 对农村中不同利益主体间的矛盾和冲突的研究

近年来,由于农村党的基层组织削弱,使已经解体的传统社会群体,包括宗族、种姓、宗教等团体重新聚合,且在社会生活中地位不断上升。农村社会分化产生的许多利益群体和阶层,随着市场经济的深入发展,不同社会群体和阶层的利益意识会不断被唤醒和强化,对利益的追求会成为广大农民社会行为的一种强大动力,而利益的分化实际上也是利益格局重新调整的过程,这必然会在不同利益主体间产生广泛的矛盾和冲突,如农村基层组织管理者与广大农民之间的矛盾与冲突等,对农村中这些利益主体间的矛盾和冲突的研究,可以使农村人力资本投资的思路更清晰,所以将来要加强这方面的研究。

3. 对农民思想观念和意识形态的研究

农村社区社会分化的加速也必然会在农民思想观念和意识形态结构中有所反应,尤其是随着外来文化和城市文明的传播,广大农民的价值观念和意识形态结构将会不断趋于丰富和多元化,一些与主流意识形态不同甚至相反的价值观念也会大量涌现,致使各种观念相互碰撞与冲突频发。社会所倡导的价值标准与实际生活中人们所奉行的行为准则在许多方面相背离,使得人们在处理集体与个人、公与私、义与利等重大问题上愈来愈向后者偏移,表现在社会心理层面上,则是农民的相对剥夺感和社会不满情绪的增加和蔓延。而这种观念与心理上的分化和冲突,将成为影响农村人力资本投资的不可忽视的因素,所以要加强对它的研究。

4. 社会分化对农村社会的影响研究

农村社会结构的分化使农村社区成为具有许多层次的多元的社会结构,这一结构又由许多处于不同地位、拥有不同权力以及担任一定职责的社会群体组成。毫无疑问,社会分化在促使社会结构功能更加完善、更加充满活力的同时,也使社会结构更加多样化、复杂化。这种社会分化动摇了我国农村传统社会结构的超稳定性,引起社会地位群体的重新排序,从而使一部分地位群体因成为社会的突生力量而对社会现有的制度结构和组织状况提出新的要求,这种要求一旦得不到满足便会形成群体间的利益冲突。社会分化还会瓦解我国农村原有的社会规范和社会交换规则。社会分化对农村社会带来的影响将会非常明显地影响农村人力资本的投资行为，所以要加强对它的研究。

5.对农村家族势力在农村人力资本投资中的影响研究

由于农村中还同时存在着家族势力与传统道德等狭隘与保守性质的整合力量，虽然，这些整合力量在某些时候可以达成一致，但冲突往往是不可避免的。现在多数的农村集体组织面对的是集体力量不足，家族势力过盛等问题。农村中普遍存在的家族势力影响当今农村的方方面面，当然也对农村人力资本投资产生影响，需要加以研究。

二、对农村人力资本投资激励机制的研究展望

改革开放后，在我国的管理中越来越重视激励，理论界对激励的研究也充满了各个方面，本文也探讨了农村人力资本投资激励机制问题，然后，由于本人的能力有限，对它的研究只是些皮毛，难以深入。然而，激励和激励机制在农村人力资本及其投资中是非常重要的，应该加强对它的研究，尤其是以下几个方面的研究。

1.农村人力资本投资激励机制设计的原则

本文在论述农村人力资本投资激励时也谈到了"谁受益谁投资"和"效率公平"两个原则，主要指的是基本原则，那么，在农村人力资本投资激励机制的设计过程中，从程序的角度，还要遵循哪些原则，还是要进一步研究的。比如在具体设计过程中，必须遵循全员参与原则，这是因为农村人力资本投资激励机制中涉及乡镇政府、村民以及村干部等各种参与主体。按照全员参与原则，任何农村人力资本投资激励机制设计问题必须动员各种力量参加，信息充分共享。除了全员参与原则外，还有科学性、合理性、灵活性、全面性以及文化相容性等原则也要加以研究。

2.农村人力资本投资激励机制设计的内容

本文在阐述农村人力资本投资激励时，也论述了它的内涵，但是，如果要进一步研究下去，农村人力资本投资激励机制设计的内容在以下几个方面需要深入研究：

首先是报酬机制问题。虽然前文谈到了要遵循"谁受益谁投资"的原则，但投资以后，投资主体，比如农户、用工单位还有地方政府，应该如何享受物质和精神方面的报酬（受益）？

其次是声誉机制或荣誉机制问题。声誉一般是指荣誉、名气，也有信誉的

含义。从长期看,出于声誉的考虑,农村人力资本投资主体会有更大动力,因为他们更关注自己的职业声誉积累,出于对职业声誉的关心,更有投资的冲动。因此声誉是长期生存的无形资本。集体声誉是个体声誉的集合;个体声誉属于人力资本,是一种不可交易、不可替代也不能编纂的资产,丧失声誉是很大的损失。声誉机制在激励中能发挥重要作用,因此,必须重视农村人力资本投资声誉机制的研究。

第三是发展机制问题。这方面在前文中已经谈到一些,但需要更深入的研究。比如,投资主体在受益的同时,也有不断提升自身层次、被社会认同的需要,这种需要主要表现为:提拔和培训。在干部人事制度改革之前,我国乡镇政府的不少"官员"都是从优秀的村干部中选拔而来,有的甚至被提拔到乡镇党政的领导岗位。新的干部人事制度实施之后,公务员是"凡进必考",乡镇党政领导干部必须从国家公务员队伍中选拔。浙江省为充分调动全省村党支部书记的积极性,在全省发布简章,通过理论测试和面试的方法从基层村支部书记中选拔公务员,名额虽少,竞争比较激烈,但是从村干部选拔公务员的这扇门始终没有关闭;在乡镇党政领导干部的提名选拔上也适当放宽了身份要求,把部分基层管理经验丰富、工作能力强的村支部书记或村委会主任选拔到乡镇党政班子中来。浙江省这样做只是一个例子,一种做法,还应该探讨更多的方法。

最后是社会保障机制问题,这虽然是老调重弹,但还是有很多方面需要研究。农村居民尤其是农村的人力资本,游离在国家社会保障体系之外,没有享受到我国社会保障制度的成果。不管是城镇职工的养老保险、医疗保险政策,还是机关事业单位的养老保险、医疗保险政策,他们是"两头不着实"。如何建立和完善农村的社会保障机制,对提高农村人力资本的投资效率意义重大,所以需要加强研究。

第五节 适应新农村建设的农村人力资本投资效率研究展望

一、对农村人力资本投资效率评价方法的研究展望

1. 对农村人力资本投资效率评价多层次方法的研究

事实上,绝大多数有关认识世界和改造世界的方法,在层次上可以分为哲学方法、一般科学方法、具体科学方法。关于认识世界、改造世界、探索实现主观世界与客观世界相一致的最一般的方法是哲学方法;研究各门具体学科,带有一定普遍意义,适用于许多有关领域的方法是一般科学方法;研究某一具体

学科,涉及某一具体领域的方法是具体科学方法。三者之间的关系是互相依存、互相影响、互相补充的对立统一关系;而哲学方法在一定意义上说带有决定性作用,它是各门科学方法论的概括和总结,是最一般的方法,对一般科学方法论、具体科学方法论有着指导意义。

对农村人力资本投资效率进行评价时,将来要研究如何在多层次上采取方法进行评价,而不是采用单一的方法。

2.关于评价指标方面的研究

指标体系可从不同的角度反映农村人力资本投资的效率,如投资收益率、内部收益率、外部收益率、净现值指数等。但是,由于本人能力有限,既不能搜索到这些指标在农村人力资本投资评价方面的具体应用,也难以自己先行用之,所以导致本文在具体评价农村人力资本投资效率时只有通过统计数据来分析各因素之间的相关性来说明农村人力资本投资的效率,这是不足的。所以,将来应该研究一套全面的、完善的、既有绝对数指标又有相对数指标并适用于农村人力资本投资效率评价指标体系。

3.关于分层抽样和系统抽样问题

真实科学的数据是研究的基础,而收集数据(随机抽样)有三种:简单、分层和系统随机抽样。简单随机抽样,也叫纯随机抽样、SPS抽样,就是从总体中不加任何分组、划类、排队等,完全随机地从总体 N 个单位中任意抽取 n 个单位作为样本,使每个可能的样本被抽中的概率相等的一种抽样方式。分层抽样实际上是科学分组、或分类与随机原则的结合。分层抽样有等比抽样和不等比抽样之分,当总数各类差别过大时,可采用不等比抽样。系统抽样又叫等距抽样、机械抽样,是将总体各单位按一定标志或次序排列成为图形或一览表式(也就是通常所说的排队),然后按相等的距离或间隔抽取样本单位。

三种抽样方法各有特点,简单随机抽样中每个样本单位被抽中的概率相等,样本的每个单位完全独立,彼此间无一定的关联性和排斥性。简单随机抽样是其他各种抽样形式的基础。通常只是在总体单位之间差异程度较小和数目较少时,才采用这种方法。简单随机抽样在理论上最容易处理,当总体单位数 N 不太大时,实施起来并不困难。但在实际中,若 N 相当大时,简单随机抽样就不是很容易办到的。首先它要求有一个包含全部 N 个单位的抽样框;其次用这种抽样得到的样本单位较为分散,调查不容易实施。

分层抽样由于通过划类分层,增大了各类型中单位间的共同性,容易抽出具有代表性的调查样本。搞好分层随机抽样的关键,是分类的标准要科学、要符合实际情况,许多复杂的事物还应该根据多种标准作多种分类或综合分类。

它适用于总体单位数量较多、内部差异较大的调查对象。与简单随机抽样和系统随机抽样相比较,在样本数量相同时,它的抽样误差较小;在抽样误差的要求相同时,它所需的样本数量较少。但它的缺点是必须对总体各单位的情况有较多的了解,否则无法作出科学的分类。而这一点在实际调查之前又往往难以做到。

系统抽样抽出的单位在总体中是均匀分布的,且抽取的样本可少于纯随机抽样。系统抽样既可以用同调查项目相关的标志排队,也可以用同调查项目无关的标志排队。等距抽样是实际工作中应用较多的方法,目前我国城乡居民收支等调查,都是采用这种方式。

本文只采用了简单随机抽样方法,将来应该考虑在不同的情况下增加分层和系统随机抽样方法。

二、对农村人力资本投资效率独特性的研究展望

农村人力资本投资效率的独特性是由农村的独特性决定的,相对城市和企业而言,农村具有明显的不同之处,这些不同点使农村人力资本投资效率也与城市和企业不同,这一点是在研究过程中深切感受到的。我们的城市正在一天天壮大,但在城市待久了,就能感觉到它的脆弱的和苍白,城市用城市的思维思考和行事,农村则用农民的方式做农民能做到的。虽然当今现实中的乡村与农民已经不代表美丽的田园风光与纯朴善良,但我在调查中依然感觉到乡村与农民天然具有道德优越感。地域的偏远和辽阔,时间的舒缓和从容,生活的单纯和简练,不但使农民获得了天地万物的深情独处,对自己内心自由高远的开阔舒展;更使农民远离了都市和都市各种各样的流行病。在研究农村人力资本时,如果对农村在诸多方面的特点视而不见,那么研究可能会走入死胡同。

在"效率"研究方面,其实无论是人力资本的投资还是物质资本的投资,在农村都是有其独特性的,具体有哪些方面的独特性,需要更多更深入的研究,就目前来看,以下几个方面要引起重视:

1. 如何考虑效率中"文化"的因素

农村中坚层流向城市一方面消减农村文化发展的后劲,造成了农村文化传统的断裂;另一方面,国家公共文化服务因为缺乏农村中坚力量的参与,客观上使其日益边缘化,公共经费的效率不高。传统文化传承的裂隙与新型文化消费的出现。现代化过程中的拜金主义、个人主义的滋长,导致农村传统的伦理道德分崩离析。道德失范、社会正义感淡化、责任感义务感消弭、是非观、荣辱观混乱,都是当前农村文化潜在的问题,而一些优秀的传统民间艺术的消亡将传

统文化的传承推向了危险的边缘。与此同时,现代的电子虚拟文化、旅游休闲文化等新型文化在农村却得到巨大的发展,这些文化消费占农村文化消费的比重也日益提高。农民日常生活中的文化活动主要以看电视活动为主,然先进文化难以在农村社会中得到长期的发展。此外,由于地域和社会经济、政策的影响,农民群体之间形成了一定封闭性的文化需求结构,如基本的文化需求和发展型的文化需求等。

2.如何在"效率"中体现农民价值观的变化

我们在谈城市或者企业中的"效率"时,在指标或者原则中一定会考虑员工的价值观因素的。那么,在谈农村人力资本投资效率时,也不能忽视农民的价值观因素,可以在这方面设立原则或者指标(虽然有点难)。尤其在当前,中国快速的经济发展、社会流动、信息传播及国家权力向农村的渗透,使得现代性因素全方位进入农村,并因此改变和重塑了农民的价值观,改变和重建了农民行动的结构性条件,从而导致中国农村出现以上各种现象,导致中国农村正在发生千年未有的大变化。所以,在研究农村人力资本效率时要考虑以下几点。

其一是农民朋友看重传统观念中的传宗接代问题,这会影响他们对人力资本投资及其对投资效果的评判。在传统农村社会中,构成中国农民安身立命基础的是传宗接代,是通过繁衍子孙来延续个体有限生命的意义。改革开放以来,传统的传宗接代观是否与迷信、愚昧等负面价值画上等号而被抛弃?为个人而活是否替代了为祖宗而活和为人民而活?

其二是农民的信仰问题。改革开放以来,社会结构重新固化,个人努力在强大的社会结构面前显得有些微不足道,农村出现了社会分层。改革开放之初,因为毛泽东时代形成的个人对社会价值的积极追求就因为经济的多重可能性而在农村内部爆发了历史上不曾有过的异乎寻常的社会价值的竞争,使农民的信仰更加混杂。农民的信仰不仅混杂,而且功利化,有了事再去求神拜佛,希望通过选择一个好的坟地而让子孙发达等。农民的信仰明显有多神信仰的特征,这充分表现了中国农民信仰的实用主义色彩和生活化特征。正是因为如此,当前农村出现了诸多缺乏底线的行为,有些农民变得更加现实,注重短期利益,行事更加缺少原则和底线,坑蒙拐骗、不讲信义、道德沦丧。信仰危机是我国农村的最大危机之一,我认为我们在研究农村的任何问题时都不能忽视这种危机,因为它影响农村方方面面的事情,研究农村人力资本投资效率时也不例外。

3.如何在评判"效率"时反映我国农村经济社会化程度较低的现状。

虽然本文通过调查分析了我国农村人力资本投资效率,那主要是从技术层面上看的,但农村的人力资本投资效率问题有些方面是难以用数字表达和揭示的。比如我国农村虽经改革,但其生产的社会化程度依旧较低的局面并没有改变,农业并没有由孤立的、封闭的、自给性的农业,转变为分工细密、协作广泛、开放型的商品性农业。这样的农业生产还不能充分发挥协作的优势,提高现代农业的整体功能;也不能促进农业生产专业化的发展,不能在农业中推广现代科学技术和运用现代农业物质装备。农业生产的社会化是促进农业生产力发展的必由之路,也是建设有中国特色的社会主义农业制度的客观需要。所以,在评判人力资本投资效率时,应该反映这种效率是在怎样的社会化生产条件下的效率。

附 录

附录1 农户基本人力资本投资及收益调查表
（可填模糊数据）

户主姓名		年龄		性别		所在地			受教育程度	
家庭年均教育花费（元）					家庭年均娱乐花费（元）					
家庭成员年均培训花费（元）					家庭年均医疗费（元）					
家庭年均交通通讯费（元）					家庭年均就业支出（元）					
户总收入	年均农业收入（元）				户纯收入（元）	年均农业纯收入				
	年均非农业收入（元）					年均非农业纯收入				
家庭成员中受教育程度										
小学及以下（人）		初中		高中			大专及以上（人）			
家庭成员从事工作种类										
农业（人）		农村第二、三产业（人）					外出务工（人）			
家庭成员流动性										
流动（人）	一年中6个月以上在外				未流动（人）					
	一年中少于6个月在外									
家庭成员年龄结构										
18岁以下（人）		18～45岁（人）		46～55岁（人）		55～65岁（人）		65岁以上（人）		

附录 2 南浔调查原始记录

（一）问卷及硬长桥村调查

调查时间：2008 年 10 月 8 日

调查地点：南浔区

总计回收：农户基本人力资本投资及收益调查表 61 份

分调查小组成员：屠徐峰 吴 晓 金路安

分调查地点：南浔区南浔镇人民政府

　　　　　　南浔区南浔镇硬长桥村

　　　　　　南浔区南浔镇浔溪小学

　　　　　　南浔区水务局

　　　　　　南浔区行政便民服务中心

　　　　　　南浔区财政局

　　调查内容：访谈硬长桥村杨副书记；南浔区南浔镇硬长桥村，访谈农户 12 户，发放《农户基本人力资本投资及收益调查表》12 份，完成有效调查表 10 份；

——硬长桥村简介

　　硬长桥村位于南浔镇东南，东与江苏吴江、青云相邻，南毗沈庄漾，西靠甲午塘，北接浔东村，南北长 4 公里，东西宽约 1 公里，全村面积约 4 平方公里，境内河道纵横，浔（南浔）青（青云）公路横贯村北部，水陆交通便利。全村现有 9 个自然村分 13 个生产队，共 312 户 1052 人，约 1300 多亩水田面积（其中部分现发展为特色农业），200 余亩旱地。现村两委班子人数 5 人，中共党员 40 人（其中预备党员 2 人）。

　　近几年来，本村第一产业结构有所调整，韭芽、莲藕、沼虾、苗木等特色农业有所发展。第二、三产业上，以在外经商为特色，目前全村在外经商户占全村总户数的 30% 以上；2000 年以后，先后开辟两块村级工业功能区，个体私营经济有了一定发展，现有木制品、建筑五金等大大小小 20 多家企业。2007 年完成工业总产值 1.01 亿元，实现利税 711 万元，农民人均纯收入达到 9976 元。

　　社会各项事项取得较快发展。村庄环境整治在取得一定成效，正在研究制定一套可行的长效机制；电话、有线电视、自然水普及率 100%；2003 年以来，对全村道路进行全面整修,实现了村级公路沙改油,并建立日常维护与监管的长效机制;南浔区农村合作医疗保险制度全面铺开,村集体给予部分补助,参保率逐年上升。

在党委政府的领导下,通过全体村民的共同努力,本村在加强党的建设、经济和社会发展方面取得较大进步,在精神文明、物质文明和政治文明建设上有很大提高。被上级党委政府评为 2002 市级"文明村",2003 区级"先进村党组织"等荣誉称号。

——南浔区南浔镇硬长桥村杨副书记访谈记录

时间:2008 年 10 月 8 日 地点:村长办公室 访谈人:屠徐峰 记录人:金路安

杨副书记介绍全村情况:

全村 300 余农户,约 1100 人,外来流动人口 300 多人。

全村 30% 劳动力倾向个体经商,个体户。主要围绕服装,纺织面料等南浔支柱产业展开,经营服饰店,面料批发门市部等,另有自选超市,摩托车修理等。其余劳动力主要在当地企业上班,主要企业有:浙江省湖州市南浔华源绝缘材料有限公司;南浔顺鑫五金电器配件厂。

硬长桥村教育和农民培训的概况:硬长桥村离南浔镇较近,村里基础教育和镇上的合并,全镇现有高级中学 1 所,在校学生两千余人;初中 4 所,在校学生三千余人,校均规模八百余人;小学 6 所,民办小学 3 所,幼儿园 7 所,另有村级幼儿班 18 个,成人学校 1 所。农民农业以及其他培训,村里主要协调和落实区、镇组织的安排和活动。区、镇会定期不定期举办农业种植、养殖技能培训,蚕桑培训,计算机运用能力培训等。培训对农户是免费的,主要活动经费由区、镇相关单位落实。农户有意向的可以免费参加培训,村内各类培训时间多为三个半天或一天。杨副书记介绍最近的计算机培训全村有 10 余名村民报名参加。

硬长桥村医疗保健的大概情况:南浔区农村合作医疗保险制度在硬长桥村全面展开,村集体给予部分补助,参保率逐年上升。

最后杨副书记说像这次这样的入村入户的研究调查很实在也比较少遇到,欢迎我们能多多到村里交流。

（二）访谈农户体会

1.在12户有半数以上家中子女在上幼儿园或者小学,在交流中反映的问题是小学教育虽然免除了学杂费等,但其他收费项目反增,课外辅导材料等都成了没有发票的额外收费项目。小学生一年学习费用在1500－2000元(含校车接送费用,学校中餐包月费)。幼儿园一年学费在2000－2500元。

2.在12户被访农户中有2户子女初中毕业后就没有继续上学,都选择了拜师学手艺,其中以陈××为例,19岁初中毕业后就跟一个修理摩托车的师傅学习,到目前已学习两年,拜师不需交费用,也没有劳动报酬,或者得到每月300元的补助。

3.硬长桥村大学生村官——胡新强,户籍所在湖州市区,毕业于宜春学院经济管理专业,大专学历(网络信息查询信息获得,未查实)。反映村在中高学历人才培训方面存在薄弱。

4.农民农业以及其他培训,在和村民进行交流时了解培训过于形式,通常是几个人围坐起来喝茶讨论,培训时间较短培训流程欠规范,培训效果一般。

收支明细表

编制单位:硬长桥村　　2008年06月—2008年06月　　单位:元

科　目	上期累计发生额	本期发生额	本期累计发生额
一、收入合计	31,948.87	10,710.08	42,658.95
1.经营收入	27,000.00	10,000.00	37,000.00
其中:生产销售收入			
房屋租金	25,000.00		25,000.00
土地及其他租金	2,000.00	10,000.00	12,000.00
2.发包及上交收入	4,000.00		4,000.00
其中:土地流转款			
企业上缴利润	4,000.00		4,000.00
3.投资收益			
其中:长期投资收益			
4.补助收入			
其中:其他部门补助收			

续 表

科 目	上期累计发生额	本期发生额	本期累计发生额
镇政府补助收入			
5.其他收入	948.87	710.08	1,658.95
其中:存款利息收入	948.87	710.08	1,658.95
出售废旧物资收入			
集资收入			
盘盈			
有偿使用费			
其他收入			
无顺支付款项			
二、支出合计	210,802.19	17,332.16	228,134.35
1.经营支出	11,714.34		11,714.34
其中:房租金支出	11,714.34		11,714.34
2.管理费用	176,814.75	13,840.16	190,654.91
其中:干部报酬	76,180.00	2,400.00	78,580.00
办公费用	6,670.40	204.00	6,874.40
会务费用	33,106.50	1,380.00	34,486.50
书报费用	−772.00		−772.00
差旅费	4,748.00	45.00	4,793.00
误工	60.00		60.00
固定资产维修	270.00	2,040.00	2,310.00
队长及聘用人员报酬	19,800.00	1,350.00	21,150.00
参观培训考察	28,691.00	3,130.00	31,821.00
通讯邮电费	4,560.85	3,291.00	7,852.01
服务费	3,500.00		3,500.00
3.农业发展支出	11,292.00	829.00	12,121.00
其中:农田水利设施	630.00	525.00	1,155.00
贴农补农			

科　目	上期累计发生额	本期发生额	本期累计发生额
农业服务	131.00		131.00
机埠支出	7,731.00	34.00	7,765.00
低压线路维修	2,800.00	270.00	3,070.00
4.其他支出	10,981.10	2,663.00	13,644.10
其中:借款利息支出			
招待费	1,300.00	1,100.00	2,400.00
摊派及赞助		1,500.00	1,500.00
公共设施维修			
另杂用品	9,681.10	63.00	9,744.10
坏帐支出			
罚款支出			
村庄整治等			
治安联防			
盘亏			
其他			

附录3 南浔区练南村访谈原始记录

访谈时间:2008年10月8日

访谈对象:沈新祥(练南村总支书)13705721987

访谈人:刘中文

记录员:沈丁鼎

访谈内容:

(一)农村人力资本投入

(1)制度方面。政府暂无相关的政策扶持和补助;近因一些企业从本村迁走,村委也无力在这块进行投入建设。(2)培训方面。虽然得到国家财政支持,但乡镇组织的技术培训(养蚕、畜牧)效果不好,究其原因主要是形式主义,培训无针对性且时间短,没有根据农民的需要适时适地的开展,农民学不到真正想学的或学到了无用的技能,导致农民培训积极性不高。其中支书建议:建立南浔区农村技能培训机构,专业集中指导和组织农村的农计培训。

(二)农民教育投入与大学生就业

(1)书反映现今大部分的农民还是愿意投入教育的(上大学)(练南村至今已有40多个大学生,每年有10几个专本科的大学生),但教育投资太大(尤其三本),而且现在大学生就业形势日益严峻。这使得农民处于一种两难境地:高学历的大势所趋,读书上大学已逐渐成为"必需",然而大学毕业也找不到好工作,农民不让子女读书怕耽误前途,读书不仅让全家经济负担过重又不能确保子女找到好工作。(2)刘老师建议:教育投入大一方面是国家体制的问题另一方面是学生自己选择的问题,关于大学生就业国家积极提倡大学生下基层到农村。对于农民对上学的学校、专业选择等方面问题可以与咨询我校老师和有关部门,学校和农村可以建立长期的合作关系,农民可以咨询到有关学生读书和就业的信息同时学校又可以把农村作为一个专门的调查和收集农村信息的基地。

(三)农村医疗保障

(1)村的农民医疗保障主要是以参加国家的农村合作医疗保险的形式展开,其中保险费用农民个人承担与国家财政补助的比例大概为3:7。还有一部分人参加了"大病"(城镇职工医疗保险)保险,其中大部分是农民自负,村委无力补助生大病的村民。(2)老年人的保障村委暂无考虑,现在主要是农户个人的投资保险,农村现在大多数人还未有老年生活保障的意识。

(四)农村人口结构及流动性

(1)村人口结构的老龄化早已显现,农村独生子女的压力较大。以后典型的农村家庭结构是两个年轻人需赡养4位老人及1~2个子女,这样的家庭人口结构会直接长久的影响农村的收入消费方式、社会家庭关系和医疗社会保障等诸多方面。(2)由于练南村是练市镇的工业强区,所以几乎无本地外出打工的人,而外来人员较多。

(五)农户房屋建设与新农村规划

现在的农户大于50%的收入都投入了住房(自建房),这也大量挤占了教育资金,然而大规模无序的自由建设房屋与国家提出的新农村规划在长期上达不成统一,未来的规划整改会受到现在自发无序建设的困扰,让政府和农民都受损失。

(六)农村基层行政组织职能化分流

近几年由于国家农村政策的推进,以前一些农村村委的资金来源和行政范围都受到了不同程度的缩小,突出表现在国家与村委在农村收费上有冲突,根据支书反映虽然国家意在为农民减负,但村委的能力受到了限制。已至于现在村的收入只能支付村干部的工资,而无法如以前一样支持农业和农村的基础设施的建设。另外有关农民工的医疗养老等社会保障,暂时还没有相关的社会机构团体和企业单位的扶持帮助。

附录4　南浔区人民政府相关文件

南浔区人民政府办公室
关于转发《湖州市科技强镇(乡)评价指标体系及有关说明(试行)》的通知

浔政办发〔2008〕29号

2008—10—22

各镇人民政府,南浔经济开发区管委会,区府各部门,区直各单位:

为加强我市的基层科技工作,加快科技强镇(乡)建设,湖州市科技局制定并印发了《湖州市科技强镇(乡)评价指标体系及有关说明(试行)》,现将《湖州市科技强镇(乡)评价指标体系及有关说明(试行)》转发给你们,请各镇(开发区)对照科技强镇(乡)评价指标的要求,认真做好市科技强镇(乡)的创建工作,为加快科技强区建设,推动创业创新,促进富民强区工作作出新的贡献。

二〇〇八年三月二十五日

湖州市科技强镇(乡)评价指标体系及有关说明
(试行)

一、指标体系及评价方法

(一)指标体系

科技强镇(乡)指标体系均为定量评价,采用总量评价与水平评价相结合的方式,主要内容分三个方面,即科技投入、科技创新、科技产出共19项评价指标,标准分总分为100分。其中:科技投入包括财力投入、人力投入4个评价指标,标准分为18分;科技创新包括专利、科技项目等12个评价指标,标准分为65分;科技产出包括3个评价指标,标准分为17分。另外,特色工作作为附加分计算,附加分总分不超过10分。科技强镇(乡)评价指标体系见附件。

(二)评价方法

定量指标主要分为总量指标和水平指标,指标完成得满分,指标如果没有完成按比率扣分,超额不加分;特色工作每项加3分,总加分不超过10分。

创建科技强镇(乡)的评价要求:

1.创建科技强镇(乡)的镇(乡)领导班子有较强的凝聚力和战斗力,重视科技创新工作,且成效显著;镇(乡)评价总得分大于或等于80分。

2.当年度区域内因发生重大生产污染而引发重大群体性事件或高新技术产业产值占规模以上工业总产值的比重低于20%，都不予受理。

二、指标说明

（一）科技投入

财力投入：企业是科技投入的主体，科技投入是推进科技进步的重要保障。科技强乡镇主要评价指标为企业研究和试验发展（R&D）经费支出额和企业技术开发费占销售收入的比例。

1.企业研究和试验发展（R&D）经费支出额：统计口径为规模以上企业。以统计部门提供的数据为准。

2.企业技术开发费占销售收入的比例：统计口径为规模以上企业。以统计部门提供的数据为准。

人力投入：人才是第一资源，是建设科技强市的重要基础。科技强乡镇主要评价指标为每万人口中专业技术人员数。

3.每万人口中拥有的人才数：每万人口中拥有的人才数＝人才总数÷年末总人口

4.每万人口中拥有的人才数年均增长率：人才统计数以人事部门提供的为准，人口数以统计部门的年报数据为准。

（二）科技创新

专利：专利是体现自主创新的重要依据，是反映科技活动成效的重要方面，是国际上通用的反映和衡量创新能力的重要指标。科技强乡镇主要评价指标为三年内每万人专利授权数、三年内授权发明专利的比重和市级以上专利示范企业数。

5.三年内每万人专利授权数：

三年内专利授权数÷人口数（万人）专利授权数以专利管理部门提供的数据为准，人口数以统计部门的年报数据为准。

6.三年内授权发明专利的比重：主要考核三年内授权发明专利占全部授权专利的比重。

发明专利授权数和专利授权数以专利管理部门提供的数据为准。

7.市级以上专利示范企业数：经过国家、省、市专利管理部门认定的企业数。以专利管理部门提供的数据为准。

科技项目：科技项目是反映开展科技活动的重要指标。科技强乡镇主要评价指标为三年内列入省级以上科技项目数和三年内获得市级以上科技进步奖数。

8.三年内列入省级以上科技项目数:主要指经过省级以上科技、经济部门批准立项的(不包括新产品)。

9.三年内获得市级以上科技进步奖数:获得科技进步奖励的项目包括第一、二、三获奖单位。以科技部门提供的数据为准。

创新平台:创新平台特别是企业创新平台是企业开展科技创新的重要载体。科技强乡镇评价指标主要为市级以上企业研发中心、技术中心、工程中心、规范化农业专业合作组织及与高校合作建立的农业技术推广中心、科普设施建设。

10.市级以上企业研发中心、技术中心和工程中心数:经过市级以上科技、经济等部门认定的,包括市级以上高新技术研发中心、企业技术中心、企业工程中心、重点实验室和省级农业科技型企业研发中心等。以科技、经济等部门提供的为准。

11.规范化农民专业合作组织、与高校合作建立农业科技推广中心数:具有一定规模、运行比较规范并具有较强带动力的农民专业合作组织。与高校、科研机构有实质性的合作,并开展工作。须提供相关的证明材料,以农业、科技等部门提供的为准。

12.科普设施建设包括:乡镇所在地建一个10米以上标准化科普画廊;建立一站(科普活动站)、一栏(科普宣传栏)、一员(科普宣传员)的行政村比例不低于50%。以科协部门提供的数据为准。

科技合作:科技合作是提升企业科技创新能力的重要途径。科技强乡镇评价指标主要为企业与高校、科研机构签订的产学研合作项目数、农业科技创新载体建设与高校、科研机构科技合作数。

13.企业与高校、科研机构签订的产学研合作项目数:主要评价企业与高校、科研机构的科技合作,包括创新平台建设合作、科技项目合作等。须提供相关的证明材料。

14.农业科技创新载体建设与高校、科研机构科技合作数:主要评价农业科技合作情况,重点体现在推进农业载体建设上的合作情况。须提供相关的证明材料。

科技企业:科技型企业是衡量一个地区科技创新能力的重要指标。科技强乡镇主要评价指标为省级科技型中小企业、市级以上高新技术企业数、省级农业科技型企业、市级以上农业龙头企业数。

15.省级科技型中小企业和市级以上高新技术企业数:省级科技型中小企业经省科技部门认定的,市级以上高新技术企业经市级以上科技部门认定的。

以科技部门提供的数据为准。

16.省级农业科技型企业和市级以上农业龙头企业数:省级农业科技型企业经省级科技部门认定的,市级以上农业龙头企业经市级以上农业部门认定的。以科技部门和农业部门提供的数据为准。

(三)科技产出

高新技术产业化:高新技术产业发展是衡量一个区域产业结构优化升级和创新绩效的重要指标。科技强乡镇评价指标主要为高新技术产业产值增长率、高新技术产业产值占规模以上工业总产值的比重。

17.高新技术产业产值增长率:以统计部门提供的数据为准。

18.高新技术产业产值占规模以上工业总产值的比重:以统计部门提供的数据为准。

节能降耗:该指标主要衡量经济发展的质量,是实现又好又快发展的重要指标。科技强乡镇主要评价指标为规模以上万元工业增加值综合能耗下降百分比。

19.规模企业万元工业增加值能耗下降百分比:以经济、统计部门提供的数据为准。

南浔区人民政府办公室关于印发加强农村体育基础设施建设实施意见的通知

浔政办发〔2008〕34号

2008—10—22

各镇人民政府,南浔经济开发区管理委员会,区府各部门,区直各单位:

为进一步完善农村体育基础设施,推进社会主义新农村建设,根据《浙江省农村体育工作实施意见》(浙体群〔2004〕133号)的精神,结合市农村基础体育设施建设现场会的要求,决定在全区各镇(开发区)的行政村启动农村体育基础设施建设工程,现特制定本实施意见。

一、总体目标

全区实现221个行政村基础体育设施普及工作,到2008年前覆盖率达90%,力争覆盖率达100%。

二、具体建设标准

1.一类标准(新农村建设省级示范村):一场一条一室,场:一个标准篮球场或门球场;条:一条 10 件器材以上的健身路径,室:二张室内外乒乓球桌。

2.二类标准(一般行政村):一场一室,场:标准篮球场或两个半篮球场或门球场或 10 件器材以上的健身路径一条;室:二张室内外乒乓球桌。

3.三类标准(欠发达村):一条一室,条:一条 10 件器材以上的健身路径;室:一张室内外乒乓球桌。

室内乒乓球室一间,面积不少于 40 平方米。

三、资金安排和安装方式

本着政府投入与社会资金参与相结合的原则,采取"市里补助、区里配套"的办法统筹解决。如选择新建标准篮球场,经验收合格每个球场除器材外再补助资金 1.2 万元。

购置安装方式由各镇(开发区)上报行政村需安装器材,由区政府采购办和区文化体育局联合集中采购,统一安装,各镇(开发区)负责落实场地,配合安装。

四、工作要求

(一)加强领导。农村体育基础设施建设工程,是区委、区政府落实为民办实事的具体工作之一,涉及面广,工作任务重。为了加强领导,抓好农村体育基础设施建设工程的组织实施,成立分管区长为组长的南浔区农村基础体育设施建设工程领导小组(见附件),并下设办公室,落实具体工作。各镇(开发区)也要建立相应组织机构,确实加强领导,确保经费到位,认真组织实施,落实工作人员,抓好农村体育基础设施建设工程的顺利完成。

(二)合理选址。各镇(开发区)所需安装体育设施的行政村选址要坚持方便各类人群就近、就地、就便参加体育锻炼的原则,与镇、村社会主义新农村建设的总体规划相结合,统筹规划、合理布局。既要把健身场地覆盖到农村,把体育服务体系延伸到农民身边,又要促进农村体育与文化、教育、科技及青少年、老年活动场所相统一,资源共享,立足长远,让广大农民群众有一个固定的体育健身场所。

(三)维护管理。区文化体育局和各镇(开发区)、行政村各负其责,以"好事办好、实事办实"为指导思想,采取"积极扶持、层层引导、分类建设、整体推进"的方式,千方百计把建设经费落实到位,把工程质量建设到位,把"村村建工程"推进到位。各镇(开发区)、村要高度重视群众体育工作及群体活动的开展,保证农村基础体育设施的使用、维修、管理,层层签订责任书,确保安全和无人为损坏,突出公益性为主。按建设资金 30% 建立农村基础体育设施维护基金,区镇各承担 50%。进一步加大社会体育指导员的培训力度,健全社会体育指导员网络,将事业心强、责任心强的同志推荐到社会体育指导员的队伍中来,不断活跃农村体育事业,不断满足人民群众日益增长的精神文化和体育健身的需求,为建设社会主义和谐社会做出新的贡献。

二〇〇八年四月一日

南浔区人民政府办公室
关于印发南浔区 2009 年新型农村合作医疗补充办法的通知

浔政办发〔2008〕118 号

2008—12—23

各镇人民政府,南浔经济开发区管理委员会,区府各部门,区直各单位:

《南浔区 2009 年新型农村合作医疗补充办法》已经区政府第 31 次常务会议讨论通过,现印发给你们,请认真贯彻执行。

二〇〇八年十二月八日

南浔区 2009 年新型农村合作医疗补充办法

第一条　为进一步巩固和完善南浔区新型农村合作医疗制度,减少农村"因病致贫、因病返贫"现象的发生,统筹城乡经济社会协调发展,根据湖州市人民政府的要求,结合我区实际,制定本补充办法。

第二条　2009 年南浔区新型农村合作医疗继续推行"镇小额报销、区大病统筹、困难群众大病补助"三条医疗保障线。

第三条　资金筹集

(一)2009 年新型农村合作医疗人均筹资标准为 180 元,其中农民个人承担 65 元,各级财政补助 115 元(即中央财政 4 元、省财政 24 元、市财政 43.5 元、区财政 22 元、镇财政 21.5 元)。

(二)农民个人于 12 月 20 日前缴齐下一年度的合作医疗参保资金,基金缴齐后即开始 2009 年度门诊医药费报销。镇财政补助资金包括对本镇(开发区)参合农民补助资金和低收入农户的个人缴费金额。镇财政补助资金于 2009 年 3 月底前足额划入区合作医疗专户,即开始新一轮住院医药费报销工作。

第四条　基金使用分配原则

(一)安排每人 128 元用于区大病统筹合作医疗的报销。

（二）安排每人 45 元用于区内镇（开发区）小额补助型合作医疗的报销。

（三）安排每人 7 元用于合作医疗困难救助。

第五条 2009 年区内定点医疗机构的门诊与住院医疗费用全部实行信息化实时报销，区外医院医疗费用报销办法不变。

第六条 镇小额合作医疗报销比例仍为 25％，报销范围不变。

第七条 大病统筹合作医疗报销起报线下调为：区内医院 1500 元，区外医院 2500 元。

第八条 大病统筹合作医疗报销比例调整为：起报线至 1 万元的报销 55％，1 万至 5 万元的报销 65％，5 万元以上的报销 70％。

第九条 为合理控制医疗费用，增强合作医疗基金的抗风险能力，试行单病种报销限额制度。首批试行的单病种有 4 种，即：平产分娩、剖宫产分娩、急性单纯性阑尾炎、急性胆囊炎胆石症腹腔镜手术治疗。单病种报销限额实施办法另行通知。

第十条 本办法自发文之日起施行。本办法由南浔区卫生与人口计划生育局负责解释。

南浔区财政支出绩效评价实施意见

为加强财政支出管理改革，优化财政支出结构，提高我区财政资金使用效益，根据省政府办公厅《关于认真做好财政支出绩效评价工作的通知》（浙政办发〔2005〕91 号）和市政府办公室《关于印发湖州市本级财政支出绩效评价活动实施意见的通知》（湖政办发〔2006〕14 号）精神，结合我区实际，特制定本实施意见。

一、绩效评价范围

使用财政性资金，并且与财政部门直接发生预算拨款关系的党政机关、企事业单位和社会团体，都纳入绩效评价范围。

按照"先易后难、由点及面、稳步推进"的原则，以财政支出项目绩效评价（以下简称"项目评价"）为重点，开展绩效评价工作。在此基础上，积极探索单位财政支出整体绩效评价。

凡年度预算安排财政专项资金在 100 万元以上的区级财政支出项目、部门预算中非基本支出性质的 20 万元以上支出项目，均应按规定和要求进行绩效评价。

二、评价类型

项目评价按评价阶段的不同分为项目实施过程评价和项目完成结果评价二类。项目实施过程评价是指对项目实施过程执行情况的绩效评价;项目完成结果评价是指项目完成后的总体绩效评价。

三、组织管理

在区政府统一领导下,财政部门组织各部门(单位)绩效评价工作,各部门(单位)组织本系统的绩效评价工作。

(一)财政部门

1.负责制订财政支出绩效评价操作规程,统一规划评价工作,指导、监督和检查各部门(单位)、项目单位开展财政支出绩效评价工作。

2.审核项目单位上报的项目可行性方案、资金使用的预期绩效目标和具体绩效指标,按程序批复项目预算。

3.根据评价工作重点和预算管理要求,会同有关部门,在每个预算年度遴选部分具有代表性和一定影响力的重点项目组织评价。

4.汇总和分析年度内开展的绩效评价情况。

(二)主管部门(单位)

1.负责审核项目单位上报的可行性方案、资金使用的预期绩效目标和具体绩效指标。

2.指导、监督和检查所属项目单位的绩效评价自评工作,督促项目单位及时报送自评报告。

3.每年选取一定数量的项目进行绩效评价,并编制本部门年度项目评价计划表(见附件4),于每年部门预算下达后15天内报财政部门备案。

4.根据年度项目评价计划,组织实施项目绩效评价,在评价结束后20天内将评价报告报财政部门。

5.汇总本部门的绩效评价情况(包括项目单位自评情况和主管部门评价情况),在年度结束后两个月内,写出本部门总体项目绩效评价报告及年度项目评价实施情况表(见附件5),报财政部门。

(三)项目单位

1.对于纳入绩效评价的项目,项目单位在申报年度部门预算时,必须向主管部门和财政部门报送项目可行性方案,提出项目资金使用的预期绩效目标及能体现绩效目标的具体绩效指标,项目的绩效目标和绩效指标应尽量细化和量化。

2.项目单位应组织开展绩效评价自评工作。对于实施范围内的跨年度项目,在每个预算年度结束后一个月内,项目单位要对绩效阶段性目标完成情况和资金使用情况实施一年一评的中期评价;该项目完成后两个月内,要对绩效总目标完成情况和资金使用情况进行绩效自评。对于实施范围内的非跨年度项目,在预算项目完成后一个月内,项目单位必须对项目支出的绩效和预定目标的实现情况进行自评。

项目单位自评结束后,应在 20 天内将自评报告报主管部门和财政部门。

3.项目单位对被列入主管部门或财政部门年度评价计划的项目,应积极提供反映项目绩效的相关材料,做好绩效评价的配合工作。

四、具体指标与标准的设置

(一)绩效评价标准是依据绩效评价指标设定的,是衡量财政支出绩效的标尺和准绳,其基本类型有计划标准、行业标准、历史标准和经验标准等。在评价对象和具体指标确定后,应选择合适的评价标准,选择评价标准应保持一定的连续性。

(二)项目单位在进行自评时,侧重于对项目执行情况特别是预算绩效目标完成情况的评价,在自评报告"项目执行情况"中应包含对基本指标内容的分析与评价。主管部门对项目单位另有要求的,从其规定。

(三)主管部门和财政部门在组织实施项目评价时,应设置、选择一定数量且能衡量项目绩效的具体指标,具体指标由主管部门和财政部门研究确定,设置时可参考"南浔区项目评价具体指标一览表"(见附件 3)。在设定、选用具体指标的基础上,应对具体指标设置一定的分值(权重),便于评价结果的计算。

五、工作程序

绩效评价工作应当遵循严格、规范的工作程序,一般按以下步骤实施。

(一)前期准备

1.确定评价对象。由财政部门、主管部门和单位根据评价范围、评价工作重点和预算管理要求确定。

2.成立评价工作组。评价对象确定后,组织实施绩效评价的财政部门、主管部门和单位应成立评价工作组,负责制定评价实施方案、选择评价机构和审核评价报告等。

评价机构包括:具有相应资质的社会中介机构;由项目单位、主管部门或财政部门组织的专家组;由项目单位或主管部门内部相关专业人员组成的评价组等。社会中介机构的委托应在全省绩效评价中介机构库中选择,专家的聘请可在绩效评价专家库中选取。

重大项目的绩效评价原则上应委托具有相应资质的社会中介机构或组织

专家组实施,并可邀请人大、政协专业委员会的委员参加。

3.下达评价通知。在具体实施绩效评价工作前,组织实施评价的财政部门、主管部门和单位应下达评价通知。内容包括评价目的、任务、依据、评价机构、评价时间和有关要求等。

(二)实施评价

评价机构应对主管部门和单位提供的相关资料进行审核,根据具体指标,运用相关评价方法对绩效情况进行综合评判。

绩效评价方法为:目标比较法、成本效益分析法、因素分析法、比较法、专家评分法、问卷调查法、询问查证法和财政、主管部门确定的其他评价方法。

(三)撰写报告

评价机构按照规范的文本格式和要求撰写评价报告。绩效评价报告要依据充分,内容完整,数据准确,分析透彻,逻辑清晰。并在规定时间内提交评价工作组,经评价工作组审定后,将评价结果通知被评价者。

自评报告的主要内容:包括基本概况、项目绩效目标、项目执行情况、自评结论、问题与建议、评价人员等(见附件1)。如项目实际绩效与预期绩效目标存在差异的,应在自评报告中做出详细说明。

主管部门和财政部门的项目评价报告的主要内容:包括基本概况、绩效情况、评价人员和评价报告(文字部分)等(见附件2)。

评价机构对项目单位提供的相关资料、业务文件等负有保密责任。参与评价人员应严格按照要求进行评价,确保评价结果的独立、客观和公正。不得在规定程序之外对评价工作施加倾向性影响;不得干预和影响项目单位的正常工作秩序;不得谋取不正当利益。

六、结果应用

(一)项目单位、主管部门应将项目评价结果作为编报年度部门预算的依据,并根据项目评价结果进行认真分析,对于存在的问题,及时提出改进措施,不断提高科学决策水平和财政资金的使用效益。

(二)项目单位逾期或不报送项目资金绩效自我评价报告的,视同项目支出绩效目标没有达到。

(三)绩效评价结果是政府对主管部门和单位实施年度业绩考核的重要内容之一,也是财政部门核定部门预算的依据。对绩效优良的,在下年度安排部门预算时给予优先考虑;对绩效一般的,要严格监控;对绩效差劣的,要进行通报,并在安排下年度部门预算时从紧考虑。

(四)对跨年度实施中期评价的项目支出,在项目单位报送年度评价报告之前,财政部门不再拨付后续资金,并可根据评价结果提出后续资金拨付的处理意见,经政府批准调整支出预算。

(五)绩效评价结果报经区政府同意后,可以在一定范围内公布。

七、实施时间

本实施意见自下发之日起实施。

本实施意见由南浔区财政局负责解释。

附录5 南浔区各部门相关文件

《南浔区 2007 年农村劳动力技能培训工作总结及 2008 年工作思路》

南浔区农培办

(2008 年 1 月 22 日)

2007 年,我区在市委市政府的正确领导下和市农培办的精心指导下,以增加农民收入为目的,以提高农民整体素质、增强农民就业创业能力为重点,大力开展农村劳动力技能培训工作。通过全区上下的共同努力,我区的农村劳动力技能培训工作取得了明显成效。现将一年来我区的培训工作情况作如下汇报:

一、全年培训完成情况

2007 年,全区共举办肉鸡养殖、龟鳖养殖、面点制作、市场营销、家政服务、服装加工、纸艺制作、纺织技术、安全生产、计算机操作等各类技能培训班 309 期,培训农村劳动力合格总人数 22039 人(其中:农业专业技能培训 7295 人,转移就业技能培训 10243 人,岗位提高技能培训 4501 人),完成全年市下达任务的 119.99%。其中,参加各类培训总人数 22392 人,培训合格率为 98.42%。培训农村后备劳动力 917 人。全区参加转移就业培训的农村劳动力已转入二、三产业就业的有 8210 人,转移率为 80.15%。经培训后获证总人数 22039 人,发放各类证书 25313 份。其中:培训结业证书 22039 份,职业资格等级证书 3024 份,绿色证书 250 份。

二、所做的主要工作

一年来,我区农村劳动力技能培训工作在组织领导上得到进一步加强,在工作力度上得到进一步加大,在培训操作上得到进一步规范,在工作措施上得到进一步落实,全年共印发培训文件通知 12 个,编印培训简报 10 期,有力地推动了全区农村劳动力技能培训工作的开展。

(一)加强组织领导,实行目标管理。为了加强对培训工作的组织与领导,我区从工作力量、考核力度等方面着手,严格实行目标管理,狠抓工作责任的落实。一是调整充实工作力量。随着人员和机构的变动,我区及时把区、镇(开发区)农村劳动力技能培训工程领导小组及办公室人员进行了调整,并充实了工作力量。区领导小组办公室从原区农林局调整到区委农办,办公室主任由区委农办朱月林主任担任。同时,办公室副主任由原来 5 名增加到 6 名,并增设了 2

名专职工作人员。二是强化工作考核力度。年初,区农培办根据市下达的目标,将年度培训任务分解到各镇(开发区)和相关培训机构,区与各镇(开发区)签订了《目标考核责任书》。同时,对各镇(开发区)领导小组及培训定点机构的年度工作考核办法进行了修订和完善,并印发了《农村劳动力技能培训工作考核办法》(浔农培发〔2007〕1 号)和《农村劳动力技能培训定点机构工作考核办法》(浔农培办〔2007〕3 号)等两个考核文件。实现目标管理,落实目标责任,有计划地开展培训工作。

(二)结合本地特色,创新培训模式。我区根据产业特色和市场需求,结合参训农民的主观意愿,采取就地培训和合作培训等多种形式,有针对性地开展各类培训,努力打造培训专业、培训学校新品牌。一是就地培训。按照学员的需求,在村设立培训点,就近就地组织农民参加技能培训,既方便了农民,又扩大了培训生源。如:善琏镇邀请扬州大学和扬州威克生物工程有限公司有关专家、教授为广大畜禽养殖户现场讲解禽类疫病防治知识;菱湖镇根据养殖行业的特点,邀请广东温氏集团技术人员,到该镇三溪村举办肉鸡养殖实用技术培训班等。二是合作培训。培训机构与高校、科研单位签约,寻求长期合作模式,不断充实师资力量。如:菱湖镇的湖州现代工业技工学校在与市农科院进行"院校联合办学"的基础上,与浙江大学现代农业技术推广中心签订了合作协议,并共同创建南浔区现代农民自主创业辅导中心;双林镇和开发区分别聘请了省淡水水产研究所叶雪平高级工程师、南京花仙子手工艺术开发中心陈利辉老师为两地开设的牛蛙养殖培训班及纸艺、布艺花制作培训班进行授课辅导。去年12月份,区委农办与浙江大学现代农业技术推广中心携手,组织全区33名农村优秀村支书赴浙江大学进行了为期7天的新农村建设提高培训。

(三)加强培训监管,增强培训效果。为进一步规范农村劳动力技能培训行为,切实提高培训工作质量,我区专门下发了《关于印发2007年南浔区农村劳动力技能培训工作管理办法的通知》(浔农培发〔2007〕2号)、《关于全面实施农村劳动力技能培训质量监管的通知》(浔农培办〔2007〕4号)等两个文件。8月24日,区领导小组召开了由各镇(开发区)分管领导、区成员单位负责人、各培训定点机构负责人参加的全区农村劳动力技能培训工作会议。区农办、经发、农林、人力资源、教育、财政等职能部门密切配合,分工协作,去年对各培训定点机构进行了2次全面集中督查。而且区经发、农林、人力资源、教育等职能部门结合各自的工作职责,多次赴基层培训定点机构进行检查与指导工作,确保培训质量常抓不懈。在乡镇分管农业领导及农办主任会议上,都把农村劳动力技能培训工作作为重点来抓。

(四)强化培训服务,开展就业对接。我区按照"劳动者自主择业、市场调节就业、政府促进就业"这一方针政策,在继续抓好区级人力资源市场建设的同时,切实加强乡镇劳动保障工作平台建设,积极构建城乡一体化的人力资源市场。去年已完成了南浔、练市、双林、菱湖、和孚、石淙等6个镇的人力资源市场建设工作。各培训定点机构针对培训后的转移就业问题,在开班前深入有关企业开展用工需求调查,摸清企业用工需缺情况,同企业签订定向培训协议,进一步提高了转移培训的针对性和就业率。去年3月,我区在南浔、双林、菱湖成功举办了南浔区春季劳动力交流大会。大会期间,向全区推出用工岗位5422个,达成用工意向1107人。为参加转移培训的学员牵线搭桥,提高培训后的就业率,努力实现"培训一人、就业一人、致富一户"的目标。

三、2008年工作思路

今年,我们将按照"创业富民、创新强区",构建社会主义和谐社会和建设社会主义新农村的总体要求,继续深入实施农村劳动力技能培训工程,紧密结合我区农村实际和产业发展态势,大力开展特色实用项目培训。通过培训,切实提高农民综合素质,拓宽转移就业门路,真正实现"培训农民、转移农民、富裕农民"目标。2008年我区的工作目标是:全年计划培训农村劳动力17500人,其中:农业专业技能培训5000人,农民转移就业技能培训7000人,务工农民岗位技能培训5000人,农村后备劳动力培训500人。

根据上述指导思想和工作目标,今年我区农村劳动力技能培训工作重点在以下几个方面下工夫:

(一)加强组织发动,力争在"细"字上下工夫。农村劳动力培训涉及方方面面,工作千头万绪,要深入推动此项工作的开展,必须广泛宣传发动,做深做细农民的工作,提高农民的思想认识。今年,我们将全面建立"农村劳动力资源数据库",利用"六百工作制"这一载体,在现有《农户家庭基本信息软件》开发使用的基础上,统一设置"就业类别"栏,真实掌握农民就业尤其是富余劳动力情况。为农民到底需要什么样的培训,谁能提供这样的培训,怎么样来开展培训提供依据。只有通过深入宣传,积极发动,做深做细工作,才能制订出切合实际的计划和方案,实现"政府有作为、农民有受益、企业有效益"的农村劳动力培训工作目标。

(二)讲求方式方法,力争在"新"字上下工夫。农村劳动力培训工作面广量大,必须充分发挥社会各界的积极性,整合和利用社会各方面的教育资源,达成共识,重点突破,合力推进。今年,我区重点是进一步健全"农村劳动力培训师资库",挑选一批优秀教师,外聘一批专家教授,实行优势互补,整合培训力量,充分实现资源共享。特别是以"2007 区院合作行动计划"启动仪式为平台,加强与浙江大学的合作,启动并实施好"农民企业家素质提升"工程。采取高薪聘请浙大教授来浔讲课、组织农民企业家赴浙大培训等形式,造就一批高素质复合型"创业农民"。还计划组织三期区外培训班,即:组织 15 名种植大户赴山东寿光参加优质蔬果种植技术培训班;组织 15 名成长型农业加工企业负责人赴山东滕州参加农业企业家创业培训班;组织 20 名营销大户赴上海近郊参加农产品经纪人培训班。

(三)注重培训质量,力争在"实"字上下工夫。农村劳动力培训的市场十分广阔,但竞争也相当激烈,能不能搞好培训,关键看培训的质量。要突出培训的灵活性,坚持长期与短期、集中与分散、综合与专项相结合,因人施教、因时施教、因地施教,切实按省、市培训的要求组织好培训,体现培训的实用性。同时,加强培训定点机构设施建设,注重现场办学、实践操作,增强动手能力。2008年,为进一步提高培训质量和实效,我们将严格按照《浙江省农村劳动力培训业绩申报办法》,结合我区农业主导产业发展和二、三产业结构快速提升的要求,积极开展农业专业与经营管理技能、农民转移就业技能、务工农民岗位提高技能等培训,增加培训课时,使每一位从事一产的受训农民获得 1 张省农科教协调领导小组颁发的培训资格证书,使每一位参加转移就业技能、岗位提高技能培训的农民获得 1 张国家职业资格等级证书,真正实现持证上岗。

(四)提高培训就业率,力争在"转"字上下工夫。实施农村劳动力培训的初衷和根本目的是要提高受训农民的技能水平和就业能力,使农村的富余劳动力得到转移。因此,我们今年培训的工作重点放在转移就业技能培训。在培训内容上,力争做到符合农民需要,符合市场需求,符合用工单位需求,做到有的放矢,切实加强培训的计划性和针对性,努力减少随意性和盲目性。进一步找准技能培训工作的切入点,全力抓好订单培训、定向培训和委托培训。积极引导各培训定点机构与劳务市场和用工单位签订合同,按需定培,切实提高培训的转移就业率,做到"已培即转"。以区、镇人力资源市场建设为平台,在全区范围内全面建立村级服务工作站,真正形成培训、就业、保障一体化新体系。

《关于加强南浔区基层劳动保障工作平台建设的汇报》
南浔区人力资源局

2008 年 6 月 13 日

为认真贯彻落实《就业促进法》,扎实推进统筹城乡就业工作,根据《国务院关于做好促进就业工作的通知》(国发〔2008〕5 号)、《湖州市人民政府关于推进城乡统筹就业工作的实施意见》(湖政发〔2005〕64 号)和《湖州市人民政府办公室关于加强市区基层劳动保障工作平台建设的实施意见》(湖政办发〔2008〕28 号)文件精神,结合我区实际,研究起草了《湖州市南浔区加强基层劳动保障平台建设实施方案》(见附件)提请区政府常务会议审议,现将有关情况汇报如下:

一、基本情况

加强基层劳动保障工作平台建设是贯彻落实党的十七大精神和《就业促进法》《劳动合同法》的迫切需要,是推进统筹城乡就业试点工作的迫切需要,是建设平安南浔的迫切需要,也是当前做好劳动保障工作和劳动保障监察网格化建设的迫切需要。去年以来,市委市政府进一步重视加强统筹城乡就业和基层劳动保障工作平台建设工作,方新旗副市长专门抽出时间,先后两次到我区有关镇进行了专题调研,听取了汇报,并提出了明确要求。在破解"困难群体就业再就业援助"难题过程中,市政协王金根主席、市人大常委会丁文贲副主任、市政府方新旗副市长到我区菱湖镇对基层劳动保障工作平台建设也进行了专题调研,提出了具体要求。市劳动保障局将全市劳动保障监察网格化建设工作,交由我区进行试点,总结试点经验后向全市推广,并纳入 2008 年劳动保障年度目标考核。近几年来,区委区政府领导高度重视统筹城乡就业工作和基层劳动保障工作平台建设,根据市政府《关于推进城乡统筹就业工作的实施意见》(湖政发〔2005〕64 号),不断加大工作力度,取得了明显的成效,在 2006 年 11 月 6 日区政府第 46 次常务会议上,审议通过了《南浔区开展城乡统筹就业工作实施方案》。区人力资源局把加强基层劳动保障工作平台建设作为一项重要工作来抓,通过开展调查研究、借鉴兄弟县区经验、先行开展试点等举措,基层劳动保障工作平台建设得到进一步加强。到目前为止,全区共建成区、镇人力资源市场 10 个,市场面积达到 1250 平方米左右。镇(开发区)劳动保障工作机构专、兼职工作人员有 42 人,社区从事劳动保障工作的专、兼职工作人员 26 人,完成了 1 个农村社区劳动保障工作平台的试点建设;按照南浔区中心村规划情况,全区已初步规划了农村社区劳动保障工作平台建设方案,共布点 75 个中心行政村及社区(其中社区布点 20 个)作为村(社区)级劳动保障工作平台进行建设。

　　与此同时,对照党中央国务院的工作要求,对照省、市有关文件精神,对照周边地区的建设情况,按照统筹城乡就业的要求,我区基层劳动保障工作平台建设还存在一些不足,主要表现在以下三个方面:一是基层劳动保障工作平台不够健全。按照《湖州市人民政府办公室关于加强市区基层劳动保障工作平台建设的实施意见》的要求,我区基层劳动保障工作平台的机构、人员、经费、场地、制度、工作"六个到位"没有得到真正落实,严重影响了各项劳动保障工作的深入开展。二是基层人力资源市场体系建设进展不快。目前,我区 9 个镇已基本建立人力资源市场,但是农村基层市场服务体系还不尽完善,镇一级只是初步形成了人力资源市场框架体系,农村社区除试点村(和孚镇吴兴塘村)以外,基本上没有对外服务窗口。人力资源市场服务网络体系远远没有覆盖到城乡的每个角落,城乡一体化的人力资源市场服务功能没有得到有效发挥。这与全国统筹城乡就业试点工作提出的按照中心城区有市场、街道(乡镇)有网点、社区(村)有窗口的标准要求和区政府出台的《南浔区开展城乡统筹就业工作实施方案》提出的到 2006 年底前各镇都建立公共职业介绍机构网点并联网、2007 年底前所有社区和有条件的行政村都建立服务窗口、2008 年底前全区各镇(开发区)劳动保障所都要完成向村(社区)延伸的工作要求还存在很大差距。三是基层平台与新形势发展的要求不相适应。党的十七大明确提出要加快推进以改善民生为重点的社会建设,必须在经济发展的基础上,更加注重社会建设,努力使全体人民学有所教、劳有所得、病有所医、老有所养、住有所居,推动建设和谐社会。和谐社会建设的一个很重要的基础环节就是劳动关系的和谐,和谐劳动关系的建设除了需要政府各有关部门的通力配合外,大量的工作需要基层专业工作人员去做。目前,很多协调劳动关系的基础工作已逐步依靠各镇、开发区等基层劳动保障方面的工作人员在处理。但是随着今年相继有《劳动合同法》、《就业促进法》、《劳动争议调解仲裁法》的实施,劳动关系协调的任务越来越重。同时,从劳动保障事业发展的趋势来看,任务重心逐渐向基层转移,如困难群体中的城镇零就业家庭和农村低保家庭的就业援助、农村劳动力转移就业技能培训、企业职工社会保险扩面和实名制建设、农村社会养老保险、退休人员社会化管理以及劳动纠纷的调解等大量劳动保障工作要依托基层专门工作机构开展,但各镇(开发区)特别是农村社区基本没有工作平台,已严重不适应劳动保障事业发展的需要。

二、有关说明

通过前阶段的工作，按照统筹城乡就业工作的目标任务要求，结合我区基层实际，我们草拟了《湖州市南浔区加强基层劳动保障工作平台建设实施方案》，以全面推进我区基层劳动保障工作平台建设进度。现将主要内容说明如下：

（一）总体目标：到 2008 年年底，在全区所有镇（开发区）建立和健全劳动和社会保障工作平台，建成率达到 100％；积极探索农村社区劳动保障工作平台建设，由各镇（开发区）制定规划，合理布局，确定 75 个中心行政村（社区）作为村级（社区）劳动保障工作平台进行布点，劳动保障工作覆盖到全区所有行政村（社区），初步建立起区、镇（开发区）、行政村（社区）三级人力资源市场体系。到 2009 年底，在逐步完善基层劳动保障工作平台服务功能的基础上，加快劳动保障信息网络体系建设，全面建成信息互动、资源共享、功能完备、运转协调的区、镇（开发区）、行政村（社区）三级网络，使劳动保障管理服务覆盖到我区广大城乡居民。

（二）主要任务：我区基层劳动保障工作平台建设的主要任务就是要把基层劳动保障工作平台的机构、人员、经费、场地、制度、工作"六个到位"的要求细化、量化、具体化，确保"六个到位"的要求真正落到实处。一是统一机构设置。基层劳动保障工作组织机构统一名称、统一标识、有独立账户。各镇劳动保障工作平台统一名称为"南浔区××镇劳动和社会保障所"，同时挂"南浔区××镇人力资源市场"牌子；南浔经济开发区综合服务中心增挂"南浔经济开发区劳动和社会保障所"牌子，行政上分别归口镇政府、开发区管理，业务上接受区人力资源局的指导。中心行政村（社区）劳动保障工作平台统一名称为"××村（社区）劳动保障工作站"，由镇（开发区）劳动和社会保障所统一管理和业务指导。二是确定人员配备。各镇（开发区）基层劳动保障工作平台应配备适应工作需要的工作人员，并确定负责人，明确分管领导。人员配备在各镇经济建设服务中心、开发区综合服务中心调剂解决。各中心行政村（社区）劳动保障工作站按工作需要配备工作人员，人员可从现有社区、村干部中确定，也可在高校毕业生到农村和社区工作的工作人员中确定。三是明确经费投入。区、镇政府和南浔经济开发区要将基层劳动保障工作平台建设项目列入政府公共就业服务项目，加大资金投入，确保基层劳动保障工作平台建设与运行经费。镇劳动保障工作平台建设经费，由市、区、镇共同筹集，市、区给予开办经费补助。村（社区）建立劳动保障工作平台的，经验收合格后，其建设经费由区、镇（开发区）配套予以补助，补助标准为 10000 元/个（区、镇或开发区各承担 5000 元）。中行政村(社区)劳动保障工作平台运行经费由区、镇(开发区)两级补助,区每年补助工作经费 2500 元/个,镇、开发区每年配套 2500 元/个。区里承担的基层劳动保障工作平台建设资金和日常运行经费,在区就业专项资金中列支,2008年区里需投入建设和日常运作补助经费 56.25 万元。镇、开发区承担的经费由镇政府和开发区统筹安排。同时建立区级就业专项资金,区政府每年在财政预算中按照市下拨就业资金的额度,予以 1∶1 配套用于促进就业工作。各镇(开发区)劳动和社会保障所必须单独设立账户,对核拨的资金,实行独立核算,专款专用。四是落实场地设施。基层劳动保障工作平台办公场所由各镇予以落实,其中镇人力资源市场面积为 100～200 平方米左右,原则上应设置政策咨询、职业指导、用工登记、求职登记、合同备案、事务代理、培训登记、社会保险经办、劳动监察投诉接待和劳动纠纷调解等多功能服务窗口。并应配置工作需要的桌椅、档案(资料)柜、电脑、电话机、复印机、传真机等基本办公设备。镇人力资源市场应配置电子显示屏。中心行政村(社区)劳动保障工作站的办公场地可与行政村(社区)内其他服务窗口合署办公,但必须按照“一桌、一椅、一电脑、一电话、一信息栏”配备办公设施。五是确定工作职责。根据劳动保障事业发展和工作需要,镇(开发区)劳动保障工作平台主要做好以下工作:负责做好辖区内劳动力资源登记管理和就业服务、农村低保家庭及城镇零就业家庭等就业困难人员的就业援助帮扶工作;配合社会保险经办机构做好辖区内社会保险扩面、参保、登记、缴费及失业金发放等各项服务性工作;负责做好辖区内企业退休人员的社会化管理服务工作;开展劳动监察投诉受理、处理和劳动争议调解工作;负责辖区内劳动保障法律法规政策宣传、咨询工作;负责对中心行政村(社区)劳动保障工作站的业务指导。中心行政村(社区)劳动保障工作平台主要工作职责是:开展劳动保障法律法规及政策的宣传、咨询工作;开展辖区内农村劳动力资源登记管理和就业服务;协助做好农村富余劳动力转移就业和农村低保家庭的就业援助工作;协助做好被征地农民保障的后续管理工作;协助开展劳动监察和劳动争议调解工作;承办上级劳动保障部门交办的其他工作。六是统一规章制度及流程。主要是建立健全就业登记制度、失业登记制度、社会保险参保办理制度、劳动监察投诉处理制度、劳动争议调解制度、退休人员社会化管理制度、劳动力调查统计制度等,统一规章制度,统一服务流程,规范管理办法,实行“一站式”服务,做到制度流程上墙,主动接受群众监督。

三、下步建议及打算

这次政府常务会议讨论研究决定以后,对于基层劳动保障工作平台建设工作,我们考虑着重抓好以下几项工作:

（一）尽快下发文件。建议以区人民政府名义下发《湖州市南浔区加强基层劳动保障工作平台建设实施方案》,在全区范围内全面启动基层劳动保障工作平台建设。同时建议区财政尽快落实好用于促进就业工作的就业专项资金,确保工作正常开展。

（二）明确工作任务。待文件下发后,各镇（开发区）要统一思想,迅速行动,要进一步明确工作目标任务和建设进程安排,将基层劳动保障工作平台建设落到实处。根据时间安排,力争 9 月底前全面完成基层劳动保障平台挂牌工作。

（三）开展督促检查。区人力资源局负责对全区基层劳动保障工作平台建设的监督检查,通报各项工作目标、任务的完成情况。区财政每年安排一定的资金作为考核工作经费,对基层劳动保障工作平台建设及工作开展情况进行年度考核督查,以确保基层劳动保障工作平台建设的顺利实施。

《加强农村劳动力素质培训推进新农村建设》

（区人力资源局　朱惠汉）

大规模开展农村劳动力素质培训,加快农村劳动力向城镇和非农产业转移,是统筹城乡协调发展的重大举措。农村劳动力转移的途径主要有农业内部吸纳、民营企业就业、跨区域流动就业的"三元就业模式"。从南浔区情况看,主要是以本地转移为主,即主要在民营企业就业。根据区农办资料显示,在 2004 年至 2006 年共转移农民 2.2 万余人。到 2006 年年底,我区已累计转移农村劳动力 15.24 万人。在实践中我们体会到,我区的农村劳动力培训工程在取得成绩的同时,也还存在着一些问题和困难,值得我们在今后的工作中引起重视。

一、我区农村劳动力及培训现状

1.农村劳动力转移就业力度不断增强。据调查,全区现有农村人口 40.54 万人（占总人口的 78.9%）,其中农村实有劳动力 21.93 万（扣除 16 岁以上的学生和丧失劳动能力的人员）,男为 11.39 万人,女为 10.54 万人。当前,我区经济发展活力进一步增强,民营经济发展迅猛,尤以劳动密集型行业企业发展迅速,为全区提供了大量的就业岗位,新区成立至今,已累计新增就业岗位 4 万个次,吸纳了大量农村劳动力进厂工作,大批农村劳动力转移到二、三产业就业。据统计,全区有 15.24 万农村劳动力从事二、三产业,占农村实有劳动力的 69.5%。在二产就业的农民主要从事工业和建筑业,三产就业的农民具体从事交通运输、仓储、邮政、信息传输、计算机服务和软件、批发和零售、住宿和餐饮等行业。

2.培训服务体系不断健全。区委、区政府把农村劳动力素质培训作为一项重要工作来抓,整合社会各培训资源,不断完善培训机制,当前我区农村劳动力培训服务网络进一步完善,先后建立了南浔职业技能培训中心、南浔区职业技能鉴定中心,成立了湖州现代工业技工学校,申报审批了10所农村劳动力转移就业培训基地,并在巨人通力电梯、久立集团、丝得莉集团及先登公司等4家企业设立了4个职业技能培训基地。同时,围绕区委、区政府关于加强农村劳动力技能培训工作精神,以提高农民技能和用人单位需求为重点,开展了农村劳动力转移就业、失地农民职业技能、企业农民工技能提高等培训工作,切实做好农村劳动力转移就业技能培训工作,不断提高农村劳动力的整体素质和劳动技能,增强农民的就业能力和增收能力。到2007年6月,全区完成农村劳动力转移就业技能培训2.6万人次,为0.75万名农村劳动力提供了职业技能鉴定服务。

3.培训制度进一步完善。制定完善了《南浔区农村劳动力转移技能培训工程考核办法》、《南浔区农村劳动力技能定点培训机构工作考核办法》和《南浔区"农村劳动力技能培训工程"财政补助资金管理办法》,把培训考核工作列入了区级机关有关部门和镇人民政府、南浔经济开发区年度目标责任考核的主要内容。按照事前申报、审查,事中巡查,事后督查的工作要求,加强对培训基地师资资格、培训时间和课程设置、参加培训农民的规范化管理和培训以后农村劳动力就业情况的跟踪管理和督查,初步建立起了一整套符合实际的农村劳动力培训与转移工作的动态管理机制。同时,为规范农村劳动力技能培训工作,提高培训班质量,制定出台了《南浔区农村劳动力技能培训操作规则》,对培训对象、培训类型及分管部门、培训学时、培训券及操作办法、开班审查、考试、发证、培训档案管理等培训要求进行了规范。培训班严格按照报名、开班、学员点名、课时要求、规范考核、建立档案等要求,把培训质量抓到每个班和每个学员,并建立起学员转移就业跟踪回访制度。

4.培训模式不断创新。全区各地能结合实际,创新工作方法,不断拓展培训模式,突出培训工作的新亮点。一是校校合作,提高教学质量。充分利用市区培训资源的师资和设备等方面的优势,我区相关培训机构聘请浙江工商大学、南京林业大学、湖州师院、湖州职业技术学院、湖州信息工程学校等56名人力资源管理、电梯、电磁线、建筑、不锈钢、木业、家具等方面的专业教师来浔上课,共举办培训22班次,培训效果显著。二是校企合作,提高转移就业。各镇成校及有关培训机构加大与企业的合作,为企业职工开展"定向式"培训,全区共举办各类"校企合作"培训班23期,实现了理论培训与就业实践的紧密结合,受到企业的欢迎,帮助大量本地农民就近转移到企业就业。三是结合实际,培育特色培训基在。根据区域产业布局和经济发展的现状,有针对性地培育和发展有地方特色的培训项目,在农业实用技术方面,形成了无公害农产品产销培训、蚕桑生产、畜牧和水产养殖等特色农业培训;在转移培训方面,形成了轻纺、木地板、机械制造等特色块状产业培训项目,使农民培训后能更快地实现本地就业转移。

二、目前存在的主要问题

1.培训管理工作运行机制不够健全。我区虽然已成立了农民培训领导小组,有关职能部门也作了分工,但缺乏有效的沟通机制,组织管理较分散。如农业实用技术培训以农业部门为主,农民转移就业技能培训以劳动保障部门为主,务工农民岗位技能培训以经贸部门为主,农村预备劳动力培训以教育部门为主,部门之间缺乏协调,存在着协调难、统计难、标准制定难及综合管理难等问题。

2.培训课程设置和培训模式不够全面。每年我区绝大多数农村劳动力及农民工培训大都集中在各成校培训机构来完成,各成校在完成培训的规模和数量非常大。但从培训的种类来看,绝大多数还只停留在简单的知识普及和农业技术培训,如无公害蔬菜班、绿色粮食知识讲座,特种水产讲座等,对于企业专业知识的提高培训和技能培训较少,另外培训项目和课程设置较为单一,培训的工种也不是很多,针对职工和农民的教育需求、技能提高都无法满足,培训的范围较小。

3.培训机构师资力量不够强大。目前,我区各成校的师资大多数是从学校走向学校,缺乏企业实际的生产经历。由于涉及单位性质、编制等问题,学校急需的人才引不进来,一些不适应职业教育的人员又不能流动,造成了成校专业师资不足。而且外聘教师占有一定的比例,教学质量不稳,"双师型"教师严重缺乏,影响了教学质量和效果。各成校教师的整体素质亟待提高,特别是培养双师型教师方面。

三、加快农村劳动力转移,促进农村经济发展的对策措施。

1.明确一个目标,强化农村劳动力转移的远景意识。加快农村劳动力向非农产业的转移,是推进我区新农村建设、发展现代农业,加快城镇化进程的有效载体。根据我区的实际情况,要以开展农村劳动力技能培训,提高农民素质为基点;拓展就业渠道,加快农民转移为重点;完善保障服务,构建和谐社会为支点,形成一个集培训转移、保障为一体的农村劳动力转移体系,强化农村劳动力转移的远景意识,以每年转移就业8000人为目标,通过4年的努力,再转移农村劳动力32000人,使我区一产业从业人员比例下降至20%以下。

2.推进两项改革,立足从体制上保证农村劳动力的有效转移。一是推进农民培训体制的改革,进一步深化农民培训体系。要按照"面向农村、面向农民、面向市场"的农民培训方针,科学设置培训专业和培训课程,多元发展;要充分发挥各镇成人技术学校的资源优势,以创建区域性成教中心为载体,改变目前各镇成校"小而散"的状况,实现区域内联片统筹,协调培训项目,做到资源共享,并加强成校师资队伍建设;要以市场化形式运作,本着谁投资谁受益的原则,积极鼓励社会力量参与农民培训工作,按照培训的实际效果,由政府按标准给予一定的奖励。二是推进用工制度改革。大力推行职业资格证书制度和就业准入制度,在技术性职业工种中建立起素质门槛,促使劳动者参加必要的职业培训,做到上岗必先持证;认真做好职业技能鉴定工作,争取通过几年的培训,技术工种从业人员基本上都取得国家职业资格证书,持证率达到80%以上。

3.强化三项培训,培育一支能学会用的农村实用人才队伍。以市场需求为导向,突出培训的针对性、实用性、科学性。一是加强农业专业技能培训,着重围绕南浔区发展生态高效农业,做好温室养鸡、裘皮加工、淡水鱼加工等特色农业的专业技能培训。二是加强农民转移就业技能培训,以增强就业竞争力、提高转移率为目标,按照产业特点和企业需求设置专业,积极配合先进制造业基地建设,重点加强钳工、车工、轴承加工、电梯安装、电子等行业的培训力度,为制造业提供有用人才,同时以旅游优势为依托,加强服务性行业培训。三是加强创业培训,以头脑灵活、文化素质较高的青年农民和农村"经纪人"为重点,着重培养他们的创业理念,提高创业能力、管理水平,实现培训一批、致富一批、带动一批的效果。

4.提供四项服务,营造良好农民转移培训氛围。一是加强区、镇、村三级信息网络建设,完善农村就业信息网络体系,实现用工信息及时对接,实现劳动力资源的合理配置。二是积极推进社会保险费的"五费合征",完善保障措施,使农民工的社保权益得到切实有效的保障。三是加大劳动保障监察力度,维护农民工基本权益。四是增加资金投入,加大支持力度,确保农转工作的顺利开展,同时探索投入机制,努力形成以政府投入为主、社会帮扶为辅的多元化筹资模式。

2007年11月2日

全面提升农村劳动者素质 扎实推进社会主义新农村建设

中共南浔区委农村工作办公室　南浔区人力资源局

（2007 年 11 月 3 日）

　　大力开展农村劳动力素质培训,加快农村劳动力向城镇和非农产业转移,是统筹城乡协调发展的重大举措。农村劳动力转移的途径主要有农业内部吸纳、民营企业就业、跨区域流动就业的"三元"就业模式。从南浔情况来看,主要是以本地转移为主,即主要在民营企业就业。根据统计资料显示,在 2004—2006 年三年中共转移 2.2 万余人,全区已累计转移农村劳动力 15.24 万人。

一、我区农村劳动力及培训现状

　　（一）农村劳动力转移就业力度不断增强。据调查,全区现有农村人口 40.54 万人（占总人口的 78.9％）,其中农村实有劳动力 21.93 万人（扣除 16 岁以上的学生和丧失劳动能力的人员）,男性为 11.39 万人,女性为 10.54 万人。当前,我区经济发展活力进一步增强,民营经济发展迅猛,尤其是劳动密集型行业企业发展迅速,为全区提供了大量的就业岗位,新区成立至今,已累计新增就业岗位 4 万个/次,吸纳了大量农村劳动力进企业工作,大批农村劳动力转移到第二、三产业就业。据统计,全区有 15.24 万农村劳动力从事第二、三产业,占农村实有劳动力的 69.5％。在第二产就业的农民主要从事工业和建筑业,第三产就业的农民具体从事交通运输、仓储、邮政、信息传输、计算机服务和软件、批发和零售、住宿和餐饮等行业。

　　（二）培训服务体系不断健全。区委、区政府把农村劳动力素质培训作为一项重要工作来抓,整合社会各培训资源,不断完善培训机制。当前,我区农村劳动力培训服务网络进一步完善,先后建立了南浔职业技能培训中心、南浔区职业技能鉴定中心,成立了湖州现代工业技工学校,申报审批了 12 个农村劳动力转移就业培训基地,并在巨人通力电梯、久立集团、丝得莉集团及先登公司等 4 家企业设立了 4 个职业技能培训基地。同时,围绕区委、区政府关于加强农村劳动力技能培训工作精神,以提高农民技能和用人单位需求为重点,开展了农村劳动力转移就业、失地农民职业技能、企业农民工技能提高等培训工作,切实做好农村劳动力转移就业技能培训工作,不断提高农村劳动力的整体素质和劳动技能,增强农民的就业能力和增收能力。

　　（三）培训制度进一步完善。制定完善了《南浔区农村劳动力转移技能培训工程考核办法》、《南浔区农村劳动力技能定点培训机构工作考核办法》和《南浔区农村劳动力技能培训工程财政补助资金管理办法》等,把培训考核工作列入了区级有关部门和各镇政府、南浔经济开发区年度目标责任考核的主要内容。按照事前申报、审查,事中巡查,事后督查的工作要求,加强对培训基地师资资格、培训时间和课程设置、参加培训农民的规范化管理和培训以后农村劳动力就业情况的跟踪管理和督查,初步建立起了一整套符合实际的农村劳动力培训与转移工作的动态管理机制。同时,为规范农村劳动力技能培训工作,提高培训班质量,制定出台了《南浔区农村劳动力技能培训操作规则》,对培训对象、培训类型及分管部门、培训学时、培训券及操作办法、开班审查、考试、发证、培训档案管理等培训要求进行了规范。培训班严格按照办班条件、规范考核、建立档案等要求,把培训质量抓到每个班和每个学员,并建立起学员转移就业跟踪回访制度。

（四）培训模式不断创新。全区各地能结合实际,创新工作方法,不断拓展培训模式,突出培训工作的新亮点。一是校校合作,提高教学质量。充分利用市、区培训资源的师资和设备等方面的优势,我区相关培训机构聘请浙江工商大学、南京林业大学、湖州师院、湖州职业技术学院、湖州信息工程学校等 56 名人力资源管理、电梯、电磁线、建筑、不锈钢、木业、家具等方面的专业教师来浔上课,共举办培训 22 班次,培训效果显著。二是校企合作,提高转移就业。各镇成校及有关培训机构加大与企业的合作,为企业职工开展"定向式"培训,全区共举办各类"校企合作"培训班 23 期,实现了理论培训与就业实践的紧密结合,受到企业的欢迎,帮助大量本地农民就近转移到企业就业。三是结合实际,培育特色培训基地。根据区域产业布局和经济发展的现状,有针对性地培育和发展有地方特色的培训项目。在农业实用技术方面,形成了无公害农产品产销培训、蚕桑生产、畜牧和水产养殖等特色农业培训;在转移培训方面,形成了轻纺、木地板、机械制造等特色块状产业培训项目,使农民培训后能更快地实现本地就业转移。

二、目前存在的主要问题

在实践中我们体会到,我区的农村劳动力培训工程在取得成绩的同时,也还存在着一些问题和困难,值得我们在今后的工作中引起重视。一是镇级培训管理工作运行机制不够健全。我区各镇、开发区虽然已成立了农民培训领导小组,有关培训职能也作了分工,但有个别镇缺乏有效的沟通机制,组织管理较分散。部门之间缺乏协调,存在着协调难、统计难、标准制定难及综合管理难等问题。二是培训课程设置和培训模式不够全面。每年我区绝大多数农村劳动力及农民工培训大都集中在各成校培训机构来完成,各成校在完成培训的规模和数量非常大。但从培训的种类来看,绝大多数还只停留在简单的知识普及和农业技术培训,对于企业专业知识的提高培训和技能培训较少,针对职工和农民的教育需求、技能提高都无法满足,培训的范围较小。三是培训机构师资力量不够强大。目前,我区各成校的师资大多数是从学校走向学校,缺乏企业实际的生产经历。由于涉及单位性质、编制等问题,学校急需的人才引不进来,一些不适应职业教育的人员又不能流动,造成了成校专业师资不足。而且外聘教师占有一定的比例,教学质量不稳,"双师型"教师严重缺乏,影响了教学质量和效果。

三、下一步对策与措施

(一)明确一个目标,强化农村劳动力转移的远景意识。加快农村劳动力向非农产业的转移,是推进我区新农村建设、发展现代农业,加快城镇化进程的有效载体。根据我区的实际情况,要以开展农村劳动力技能培训、提高农民素质为基点,以拓展就业渠道、加快农民转移为重点,以完善保障服务,构建和谐社会为支点,形成一个集培训转移、保障为一体的农村劳动力转移体系,强化农村劳动力转移的远景意识,以每年转移就业 8000 人为目标,通过 4 年的努力,再转移农村劳动力 3.2 万人,使我区第一产从业人员比例下降至 20% 以下。

(二)推进两项改革,立足从体制上保证农村劳动力的有效转移。一是推进农民培训体制的改革,进一步深化农民培训体系。要按照"面向农村、面向农民、面向市场"的农民培训方针,科学设置培训专业和培训课程,多元发展;要充分发挥各镇成校的资源优势,以创建区域性成教中心为载体,改变目前各镇成校"小而散"的状况,实现区域内联片统筹,协调培训项目,做到资源共享,并加强成校师资队伍建设;要以市场化形式运作,本着谁投资谁受益的原则,积极鼓励社会力量参与农民培训工作,按照培训的实际效果,由政府按标准给予一定的奖励。二是推进用工制度改革。大力推行职业资格证书制度和就业准入制度,在技术性职业工种中建立起素质门槛,促使劳动者参加必要的职业培训,做到上岗必先持证;认真做好职业技能鉴定工作,争取通过几年的培训,技术工种从业人员基本上都取得国家职业资格证书,持证率达到 80% 以上。

(三)强化三项培训,培育一支能学会用的农村实用人才队伍。以市场需求为导向,突出培训的针对性、实用性、科学性。一是加强农业专业技能培训,着重围绕南浔区发展高效生态农业,做好畜禽养殖、瓜果种植等特色农业的专业技能培训。二是加强农民转移就业技能培训,以增强就业竞争力、提高转移率为目标,按照产业特点和企业需求设置专业,积极配合先进制造业基地建设,重点加强钳工、车工、轴承加工、电梯安装、电子等行业的培训力度,为制造业提供有用人才,同时以旅游优势为依托,加强服务性行业培训。三是加强创业培训,以头脑灵活、文化素质较高的青年农民和农村"经纪人"为重点,着重培养他们的创业理念,提高创业能力、管理水平,实现培训一批、致富一批、带动一批的效果。

(四)提供四项服务,营造良好农民转移培训氛围。一是加强区、镇、村三级信息网络建设,完善农村就业信息网络体系,实现用工信息及时对接,实现劳动力资源的合理配置。二是积极推进社会保险费的"五费合征",完善保障措施,使农民工的社保权益得到切实有效的保障。三是加大劳动保障监察力度,维护农民工基本权益。四是增加资金投入,加大支持力度,确保农转工作的顺利开展。同时,探索投入机制,努力形成以政府投入为主、社会帮扶为辅的多元化筹资模式。

主要参考文献

[1] 亚当·斯密.论国民财富的性质及其原因的研究.商务印书馆,1981

[2] 加里·贝克尔.人力资本.北京:北京大学出版社,1987

[3] 西奥多·舒尔茨.论人力资本投资.北京经济学院出版社,1990

[4] 舒尔茨.教育的经济价值(中译本).吉林人民出版社,1982

[5] 舒尔茨.改造传统农业.北京:商务印书馆,2006

[6] 舒尔茨.经济增长与农业.北京:北京经济学院出版社,1991

[7] 迈克尔.P.托达罗.经济发展与第三世界.北京:中国经济出版社,1992

[8] 威廉·阿瑟·刘易斯.二元经济论.北京:北京经济学元出版社,1989

[9] 阿瑟·刘易斯.经济增长理论.北京:商务印书馆,1999

[10] 费景汉,古斯塔夫·拉尼斯.劳力剩余经济的发展.北京:华夏出版社,1989

[11] 贺娜.浅析我国农村人力资源的开发与增加农民收入.湖北社会科学,2002(10):79-83

[12] 王慧.中国农村人力资本影响农民收入的实证研究.中国优秀硕士学位论文全文数据库,西北工业大学,2007

[13] 李文政.论我国农村人力资源开发.重庆大学学报,2003(04):122-124

[14] 陈锡文.农民增长收需打破制度障碍.中国经济时报,2002.10.7

[15] 周坤.论人力资本的特征.中国科技论坛,1997(03):20-24

[16] 丁栋虹,刘志彪.从人力资本到异质型人力资本.生产力研究,1999(03):7-9

[17] 李建民.人力资本与经济持续增长.南开经济研究,1999(04):1-6

[18] 黄乾.人力资本产权的概念、结构和特征.经济学家,2000(05):38-45

[19] 周其仁.市场里的企业:一个人力资本和非人力资本的特别合约.经济研究,1996(06):71-80

[20] 张凤林.我国人力资本利用效率低下的原因.中国人力资源开发,1999(05):4-8

[21] 刘迎秋.论人力资本投资对中国经济成长的意义.管理世界,1997(03):55-63

[22] 余雁刚.发展人力资本财政政策选择.四川财政,1999(07):21-25

[23] 胡洁,郭全中.人力资本与统筹区域发展.兰州学刊,2005(02):35-37

[24] 姜海龙,刘大志.我国人力资本形成困境中的政府行为研究.经济纵横,
    2005(09):72—75

[25] 司强,李维梁.人力资本价值理论的演变和衡量方法.山东社会科学,2005
    (10):63—65

[26] 冯黎.中国人力资源现状分析及其对策.安徽农业科学,2006(06):112
    —113

[27] 陈爽英.人力资本的显性激励和隐性激励的组合合同分析.中国管理科学,
    2005(06):108—112

[28] 李汉通.城乡居民人力资本投资差异性比较.统计观察,2005(11):84—85

[29] 刘鸿渊.基于人力资本理论的农民收入增加长效机制问题.农业经济,2005
    (12):58—60

[30] 王金营.人力资本与经济增长—理论与实证.中国财政经济出版社,2001

[31] 沈利生,朱运法.人力资本与经济增长分析.社会科学文献出版社,1999

[32] 王志荣.我国政府供应农村基础教育的理论分析和政策选择.特区经济,
    2005(11):144—146

[33] 王彦军,李丽静.人力资本投资中政府的作用.人口学刊,2007(01):60—64

[34] 张乐天.全球化视野中的农村教育.比较教育研究,2003(12):76—78

[35] 李录堂.人力资本化的农地家庭承包和承租经营机制创新研究.科技导
    报,2004(01):20—23

[36] 李录堂.农村人力资本投资收益错位效应对农村经济的影响及对策.农
    业现代化研究,2006(04):254—257

[37] 李录堂.市场经济落后地区新型农村合作医疗路径探析.商业研究,2006
    (18):98—100

[38] 李录堂.中国农业生产率增长变化趋势研究:1980—2006.上海财经大学
    学报,2008(04):76—83

[39] 李录堂.人力资源开发视角下职业教育发展的战略思考——以陕西职业
    教育为例.职业时空,2009(03):3—4

[40] 李录堂.回流农民工创业激励机制研究.贵州社会科学,2009(04):
    70—73

[41] 林红.刍议扩大农村教育供给.厦门特区党校学报 2003(03):83—85

[42] 汪名昆.农村教育体制之变.决策咨询,2004(01):27—29

[43] 陈晓玲,尹丹.投资与收益的不对称性.农村经济,2004(01):77—78

[44] 万小妹.制约农村教育发展的主要因素及对策.湖南师范大学教育科学学

报,2004(01):79－83

[45] 王焕庆,王淑华.解决"三农"问题离不开农村教育的发展.经济论坛,2003
(24):68－68

[46] 吴庆智.欠发达地区农村教育现状令人堪忧.经济论坛,2003(24):69－70

[47] 王国强.农村教育的现实发展观.江苏教育,2004(01):1－1

[48] 张芝雄.新中国农民负担的阶段性分解与分析.中国经济史研究,2004
(03):111－114

[49] 林毅夫.中国还没有达到工业反哺农业阶段.南方周末,2003.7.17

[50] 李国祥.我国农户要素资源收入贡献的比较分析.经济研究参考 2005
(11):32－42

[51] 樊胜根等.中国农村公共投资在农村经济增长和反贫困中的作用.华南农
业大学学报(社会科学版),2002(01):1－13

[52] 王来保.从主要发达国家对农民补贴政策的调整看如何建立我国粮食生产
直接补贴的模式.经济研究参考,2004(41):37－44

[53] 朱国林.中国的消费不振与收入分配:理论和数据.经济研究,2002(05):72－95

[54] 陈锡文.农民增长收需打破制度障碍.中国经济时报,2002.10.07

[55] 姚先国,俞玲.农村劳动力流动的人力资本约束研究.浙江省经济学会
2002年年会交流论文

[56] 任新民.我国农村劳动力流动中的人力资本趋势分析.思想战线,2003
(05):78－81

[57] 滕建华.农村人力资本投资与农村劳动力流动的相关性分析.农业技术经
济,2004(04):30－34

[58] 李志强.农村人力资本投资存在的问题与对策.安徽农业科学,2004(04):
801－802

[59] 刘文.我国农村人力资本的基本特征及投资战略研究.南开经济研究,
2004(03):22－27

[60] 宋玲妹,赵瑞玲.我国农村人力资本的现状及其对农村劳动力资源配置的
影响.学习论坛,1997(08):19－21

[61] 彭连清,周文良.改革开放以来我国农村劳动力转移状况与特征.农村经
济,2005(07):11－14

[62] 李成贵.中国的二元结构与"三农"困境.古今农业,2003(04):12－19

[63] 石玉顶.城乡分离的歧视就业政策评价.天津商学院学报,2001(04):
13－15

［64］邓道勇.就业岗位正成稀缺资源.中国经济时报,2001.4.5

［65］方竹兰.人力资本所有者拥有企业所有权是一个趋势.经济研究,1997
(06):36－40

［66］冯子标.论人力资本营运及其对再就业工程的意义.当代经济研究,1999
(06):1－5

［67］周晓,朱农.论人力资本对中国农村经济增长的作用.中国人口科学,2003
(06)

［68］孙志军.农村人口受教育水平的决定因素.中国人口科学,2003(02):59－65

［69］谭崇台.发展经济学[M].太原:山西经济出版社,2001

［70］张凤林.人力资本理论及其应用研究.北京:商务印书馆,2006

［71］叶茂林.教育对经济增长贡献的计量分析.数量经济技术经济研究,2003
(10):89－92

［72］邵锋.农村义务教育投入体制变迁及当前存在的问题与对策.河北师范大
学学报(教育科学版),2005(03):70－74

［73］熊会兵,肖文韬,毛德智.中国农村人力资本评价体系研究.农业经济问题,
2008(07):71－75

［74］王彦军,李丽静.人力资本投资中政府的作用.人口学刊,2007(10):
60－64

［75］霍学喜.中国农村经济面临的挑战和西部大开发国际研讨会综述.西北农
林科技大学学报(社会科学版),2007(05):138－140

［76］朱会利,霍学喜.陕西农民职业技术教育问题探析.西北农林科技大学学报
(社会科学版),2006(03):20－24

［77］王礼力.不完全合约与农村合作经济组织.农村经济,2008(11):123－126

［78］马立伟,王礼力.农民职业教育对农民收入影响的实证分析.农村经济,
2009(07):61－63

［79］郭亚军,郑少锋.农村居民消费与收入关系的非参数回归分析.大连理工大
学学报(社会科学版),2007(04):47－59

［80］黄乾.中国农户人力资本投资及区域差距变化的实证分析.中国人口科,
2005(06):58－64

［81］张藕香,李录堂.我国农村人力资本投资收益非均衡性分析.电子科技大学
学报(社科版),2006(06):35－40

［82］宋晓梅.政府在人力资本发展中的职能创新.内蒙古大学学报(人文社会科
学版),2004(05):25－29

[83] 李永宁. 论我国农村人力资本生产制度的缺陷与创新. 经济纵横, 2008 (01): 94—96

[84] 仇喜雪. 我国农村人力资本缺失的制度分析. 中共桂林市委党校学报 2008 (01): 37—41

[85] 贾彧. 以需求导向的新农村人力资本投资机制. 农业经济 2008(12): 55—56

[86] 白菊红, 袁飞. 农民收入水平与农村人力资本关系分析. 农业技术经济, 2003(01): 16—18

[87] 温桂荣. 积极构建农民增收的长效财政机制. 企业经济, 2007(09): 111—113

[88] 余新民. 城乡居民收入差距与教育差距的经济学分析. 江西社会科学 2008 (06): 85—88

[89] 郑长植. 基于经济学视角下的农村人力资本开发. 四川理工学院学报(社会科学报), 2008(08): 49—52

[90] 李恺, 李崇光, 余斌. 农村人力资源开发与农村经济发展的关系分析. 农业现代化研究, 2004(01): 43—45

[91] 唐平. 我国农村居民收入水平及差异研析. 管理世界, 1995(02): 173—181

[92] 姚顺波. 村级治理模式探讨. 西北农林科技大学学报(社会科学版), 2003 (02): 117—121

[93] 王征兵. 村干部激励因素贡献分析——以陕西省长武县为例. 中国农村观察, 2009(01): 51—57, 72

[94] 王征兵. 村干部考核体系创新研究. 西北农林科技大学学报(社会科学版), 2006(04): 1—4

[95] 赵力涛. 中国农村的教育收益率研究. 中国社会科学, 2006(03): 98—109

[96] 李春玲. 文化水平如何影响人们的经济收入—对目前教育的经济收益率的考察. 社会学研究, 2003(03): 64—76

[97] 雷武科, 张秀生. 人力资本投资与农民收入增长. 光明日报, 2006.2.7

[98] 钱雪亚, 张小蒂. 农村人力资本积累及其收益特征. 中国农村经济, 2000 (03): 25—31

[99] 白菊红, 袁飞. 农民收入水平与农村人力资本关系分析. 农业技术经济, 2003(01): 16—18

[100] 张帆. 中国的物质资本与人力资本估算. 经济研究, 2000(08): 65—71

[101] 王德文. 教育在中国经济增长和社会转型中的作用分析. 中国人口科学,

2003(01):22—31

[102] 叶茂林,郑晓齐.教育对经济增长的计量分析.数量经济与技术经济研究,2003(01):89—92

[103] 胡永远.人力资本与经济增长:一个实证分析.经济科学,2003(01):54—60

[104] 李世平.失地农民贫困现状源于中国农民权利贫困——换个角度谈征地补偿制度.农村经济,2006(01):27—30

[105] 张艳.我国农村人力资源现状与对策.沈阳农业大学学报(社会科学版),2003(4):310—312

[106] 李勋来.农村人力资本陷阱.对中国农村的验证与分析.中国农村观察,2005(05):17—22

[107] 周逸先,崔玉平.农村劳动力受教育与就业及家庭收入的相关分析.中国农村经济,2001(4):60—67

[108] 陆迁.论农民职业教育制度创新.西北人口,2006(01):6—9

[109] 陆迁.中国三大经济地带农村居民收入差距研究.生产力研究,2007(10):31—33

[110] 仇喜雪.中国农村人力资本投资的现状及对策.改革与战略,2004(11):44—46

[111] 蔡昉,王德文.中国人力资源开发利用面临的挑战与政策选择.教育发展研究,2003(04):59—64

[112] 郑桦,王艺.我国农村人力资源的开发现状及其对策.资源开发与市场,2003(01):43—45

[113] 周金泉,郭全中.发达国家人力资源开发战略比较及启示.经济纵横,2007(01):74—76

[114] 李德志.我国政府加强农村人力资源能力建设的责任与对策.吉林大学社会科学学报,2007(01):71—76

[115] 魏敏.我国农村人力资源开发现状及对策分析.经济师,2005(09):146—147

[116] 宋希斌.关于开发农村人力资源的对策思考.理论前沿,2003(24):32—33

[117] 蒋秧生.浅析农村人力资源开发的制约因素及主要措施.经济研究导刊,2006(02):41—43

[118] 罗剑朝.农村信用社改革的制约因素及对策.陕西农业科学,2008(03):

164—165

[119] 林毅夫.建设社会主义新农村需注意五个问题.中国西部科技,2006(24):
12—12

[120] 贾金荣.关于新农村建设基本模式的思考.商业时代 2008(28):6

[121] 贾金荣.现阶段中国农民问题的实质及其解决途径.华中农业大学学报
(社会科学版),2003(03):1—2

[122] 李跃华.论社会主义新农村建设中人力资本投资.湖北经济学院学报(人
文社会科学版),2008(01):78—79,157

[123] 胡繁荣.农村人力资本开发与培养新型农民.江西农业学报,2008(20):
126—127,130

[124] 焦国栋.新农村建设应加强农村人力资源开发.光明日报,2006.7.8

[125] 代模,杨舜娥,李 婷.工业反哺农业、城市支持农村的财政思考.经济研究
参考,2006(45):14—23

[126] 赵建华.银监会副主席唐双宁:建设新农村需 15 万到 20 万亿元.中国新
闻社,2006.7.29

图书在版编目（CIP）数据

"空心村"之困惑:我国农村人力资本投资效率研
究／刘中文著. —杭州:浙江大学出版社，2012.3
　ISBN 978-7-308-08830-5

　Ⅰ.①空⋯　Ⅱ.①刘⋯　Ⅲ.①农村－人力资本－人力
投资－研究－中国　Ⅳ.①F323.6

中国版本图书馆 CIP 数据核字（2011）第 121720 号

"空心村"之困惑
——我国农村人力资本投资效率研究

刘中文　著

责任编辑	徐　静
封面设计	刘依群
出版发行	浙江大学出版社
	（杭州市天目山路 148 号　邮政编码 310007）
	（网址:http://www.zjupress.com）
排　　版	杭州中大图文设计有限公司
印　　刷	杭州杭新印务有限公司
开　　本	710mm×1000mm　1/16
印　　张	13.5
字　　数	275 千
版 印 次	2012 年 3 月第 1 版　2012 年 3 月第 1 次印刷
书　　号	ISBN 978-7-308-08830-5
定　　价	37.00 元